系统科学金融理论应用研究
The Applied Research of the Finance
Theory of System Science

货币政策多目标交互行为
协调、优化与控制

Coordination, Optimization and Control of the
Multi-objective Interaction Behavior of Monetary Policy

刘　超　马玉洁 等著

科 学 出 版 社
北 京

内 容 简 介

本书以系统科学金融理论为基础,采用非线性科学、系统动力学和复杂性科学等系统科学研究方法,对经济发展新常态条件下货币政策多目标系统的有效性、交互性、协调性,以及货币政策多目标优化控制的实现路径及方法进行了系统研究,对货币政策多目标交互行为协调、优化与控制理论与方法体系进行了探索。

本书是系统科学金融理论的应用与实践,具有极强的前沿性、普适性、包容性和可拓展性,代表未来金融理论尤其是货币政策理论的发展方向。

本书可供经济学、金融学、管理科学、社会学、系统工程等相关领域的管理者、高校教师、研究生及其他科研人员学习参考。

图书在版编目(CIP)数据

货币政策多目标交互行为协调、优化与控制/刘超等著.—北京:科学出版社,2016.12

ISBN 978-7-03-051056-3

Ⅰ.①货… Ⅱ.①刘… Ⅲ.①货币政策–研究 Ⅳ.①F820.1

中国版本图书馆 CIP 数据核字(2016)第 297710 号

责任编辑:马 跃/责任校对:杜子昂
责任印制:徐晓晨/封面设计:无极书装

科学出版社 出版
北京东黄城根北街 16 号
邮政编码:100717
http://www.sciencep.com

北京厚诚则铭印刷科技有限公司 印刷
科学出版社发行 各地新华书店经销

*

2016 年 12 月第 一 版 开本:720×1000 1/16
2018 年 1 月第二次印刷 印张:16 1/2
字数:333 000

定价:112.00 元
(如有印装质量问题,我社负责调换)

本书得到下列基金项目支持：

国家自然科学基金项目"货币政策多目标交互行为协调控制研究"（项目编号：61273230）

山东省"金融产业优化与区域发展管理协同创新中心"项目暨山东省社科规划重大委任课题（批准号：14AWTJ01-4）

北京现代制造业发展研究基地

首都社会建设与社会管理协同创新中心

自　　序

　　系统科学是研究系统的功能与结构关系、演化和调控规律的学科，系统工程是系统科学面向应用的方法体系。《系统科学范式下的金融理论研究》于 2010 年 8 月 4 日发表在《光明日报》（理论版），该文提出了金融理论研究新范式，随后被《新华文摘》全文转载。同年系统科学范式下金融理论相关研究获得教育部人文社科、国家哲学社会科学规划项目资助，2013 年由科学出版社出版了专著《系统科学金融理论》，该专著采用系统科学范式，以非线性科学、系统动力学、复杂性科学及其计算机仿真技术为基础，构建了较为完善的系统科学金融理论体系，包括其构成、科学基础、核心思想、内涵、研究方法、适用研究对象、特点等，克服了现代金融理论与行为金融理论的不足，是多学科交叉研究的结果，具有前沿性、普适性和包容性，为研究经济金融运行中产生的重大实际问题、揭示金融系统演化规律，提供了可靠的理论基础。

　　《系统科学金融理论》中明确指出，系统科学金融理论是以系统科学范式为指导，以系统科学的原理、理论、方法和技术手段，并与金融学、经济学等领域的知识融合，运用综合集成、系统建模、计算机仿真技术、系统控制等方法，分析金融系统的非线性、系统动力学、复杂性特性，揭示金融系统的演化、转化、协同与控制的一般规律，从而实现对金融系统的认知、预测、优化和控制的理论体系。

　　以系统科学金融理论为指引，克服现代金融理论、行为金融理论研究范式的不足，探索研究金融危机后经济金融系统运行中产生的重大问题，特别是金融危机后，全球经济一体化、金融全球化、金融创新进程加快，金融资源配置引发的金融竞争加剧，在传统货币政策最终目标物价稳定、经济增长、充分就业、国际收支平衡基础上增加了金融稳定这一目标；随着中国经济发展进入新常态，对货币政策提出了新要求，使得货币政策传统最终目标由粗放转为精细，不仅关注经济增长的数量，还要关注经济增长质量（经济结构调整与升级、创新驱动、金融稳定相协同），2012 年底我们提出了货币政策多目标交互行为协调性的概念，并以"货币政策多目标交互行为协调控制研究"为题申报了国家自然科学基金信息学部"社会经济系统分析与计算机模拟"方向的项目，获得支持。

　　项目申报书明确指出，货币政策多目标的不一致性、非线性和复杂性使得传统方法难以揭示和实现货币政策多目标的交互协调运作，因此本书采用综合集成非线性、系统动力学和复杂性等系统科学理论及其计算机仿真技术，即系统科学金融理论的方法研究货币政策多目标之间的交互协调行为，找出其协调运作的条件、路径与方法，实现对货币政策多目标的认知、优化与控制。

在随后的研究中我们发现,引入经济新常态条件下的货币政策及其目标的复杂性、多目标性、区间性、动态性和时滞性决定了构建怎样的货币政策系统以及如何构建,即货币政策区间动态多目标交互行为协调、优化与控制问题是当前理论界迫切需要解决的问题。首先,货币政策系统及其多目标具有复杂性。货币政策系统是具有多层次、动态性、开放性、交互性、自适应性、涌现性等复杂特征的整体,货币政策及其多目标之间存在多重反馈,具有复杂性、时滞性和动态性。其次,货币政策多目标间具有不一致性。传统最终目标(物价稳定、经济增长、国际收支平衡、充分就业)之间的不一致性已在理论界和实践中获得验证,经济新常态下经济增长的速度(经济增长)与质量(经济结构调整、创新驱动、金融稳定),以及资源和环境约束,这些目标随经济发展阶段、资源和环境约束的变化而变化,并不总是一致,呈现动态性,经济结构的调整、技术进步创新驱动、要素生产率及资源环境约束在不同时期对经济增长的作用不同,因此各目标间存在交互复杂作用。最后,货币政策多目标均有其合理区间,具有区间性。由于经济环境及目标均存在不确定性和复杂性,各参数及其目标均有其合理区间,限定特定数值不客观,必然影响其优化有效性。正基于货币政策多目标的时滞性、动态性、复杂性、区间性,在门限效应作用下,我们证明了货币政策多目标协调性的存在,也进一步探索了经济新常态条件下货币政策多目标优化与控制的可行性。

随着复杂智能科学的发展,系统科学金融理论也不断丰富和完善,带有约束条件、区间、动态多目标金融经济问题的优化成为可能。区间动态多目标包含以下几个含义:问题有多个目标函数;问题的多个目标并非具有一致性,往往存在冲突;问题的目标函数或(和)约束函数含有的参数取值通常为区间,使得目标函数或(和)约束函数的取值也为区间;问题目标函数往往随时间或环境动态改变。

系统科学体系庞杂,因此运用系统科学金融理论的多方法(非线性科学、系统动力学、复杂性科学)研究货币政策多目标问题,需要根据研究对象的特性选择与之相适应的方法,多方法相互印证,具有交叉性和可靠性,各方法体系有内在联系,各自有又独特优势,相互补充,相互交叉印证,因而综合各方法研究结果,提炼深化,从而使得结论更加可靠。

需要进一步明确的是系统科学综合集成是实现带有约束条件下的区间动态多目标优化的科学有效方法。系统科学综合集成方法,注重采用科学理论研究成果、经验知识和专家判断力,以及计算机仿真库相集成,将理论研究成果与专家思维、思维成果、经验、知识、智慧以及各种情报、资料、信息综合集成起来,借助计算机仿真,实现人机交互,从而实现多目标条件下的科学决策。经济新常态条件下的货币政策多目标优化方案的制订需要综合集成货币政策多目标交互行为、协调性等研究成果,与专家知识经验、计算机仿真库综合集成,人机交互,发挥综合、整体、智能优势,从而找到实现经济新常态条件下的货币政策多目标交互行为协调、优化与控制的条件、路径和方法。

货币政策的多目标问题显然属于带有约束条件的区间动态多目标问题，货币政策多区间动态多目标交互行为协调、优化与控制研究基于"优化目标的多样性，各目标的不一致性，以及系统控制参数及目标的合理波动区间的存在性，目标及系统环境的动态性，系统外部的自然资源和环境约束性"条件，构建的货币政策多目标优化控制模型，这对于研究一类经济社会系统区间动态多目标优化控制问题，具有重要的现实意义和理论价值，这是未来在研究范式上的大趋势。

正是在此思路和基础上我与我的研究生一道，深入开展了系统科学金融理论在货币政策多目标交互行为协调、优化与控制上的研究，并将部分成果发表于《经济学家》《系统工程》等期刊，为了更加系统地梳理系统科学金融理论在货币政策相关问题上的研究成果，收集整理了近年来相关的研究成果，奉献给大家，以引发更多学者关注系统科学金融理论。

这些成果来源于我所主持的相关项目，我的研究生及博士后作出了重要贡献，他们是：马玉洁博士、林晓乐硕士、王婕硕士、马文腾硕士、李大龙硕士、吴明文硕士、刘丽硕士、赵钦涵硕士、徐飞鸿硕士、王超硕士、刘东硕士、陈运杰硕士、李培培硕士、陈彦硕士、张伟硕士等，博士后张品一、博士赵琪等对相关成果和文献进行了收集整理，特别感谢科学出版社马跃先生对本书的出版给予的帮助，正是他们的辛勤努力，本成果才得以出版。

该研究成果得到了国家自然科学基金项目"货币政策多目标交互行为协调控制研究"（项目编号：61273230）、山东省"金融产业优化与区域发展管理协同创新中心"项目暨山东省社科规划重大委任课题（批准号：14AWTJ01-4）；北京现代制造业发展研究基地；首都社会建设与社会管理协同创新中心等资助。

作者在研究过程中跟踪研读了大量文献资料，参考融合了国内外众多专家学者在该领域的相关研究成果，并将相关文献在每章后进行了列示，但或存在遗漏，再次对被应用或参考的相关专家、学者深表谢意，对可能被遗漏的文献作者表示歉意，并恳请他们与作者或出版社联系，以便将来再版时将他们对本书成果的贡献进行标注。

作为系统科学金融理论在货币政策多目标交互行为协调、优化与控制上的应用研究，旨在推动系统科学理论实践，丰富和发展系统科学金融理论，但由于作者水平有限，必然会有许多不足甚至疏漏之处，恳请专家学者批评指正。

刘　超

北京工业大学

北京现代制造业发展研究基地

首都社会建设与社会管理协同创新中心

山东省金融产业优化与区域发展管理协同创新中心

2016 年 8 月

目　　录

第1章 导　　言

1.1　货币政策多目标优化控制与系统科学金融理论

货币政策目标是指通过货币政策的制定和执行所要实现的某些社会经济发展目标，包括最终目标（经济增长、充分就业、物价稳定、国际收支平衡和金融稳定），中介目标（货币供应量、汇率和利率等），操作目标（法定存款准备金、公开市场操作、贴现率和存贷款基准利率）等（范从来，2010）。货币政策作为国家宏观调控的重要组成部分，随各国经济发展阶段及资源环境要素变化而不断演化发展。为应对 20 世纪五六十年代的经济增长与失业问题、20 世纪 70 年代至 80 年代初的经济"滞胀"、20 世纪 90 年代以来的金融危机，以及目前经济新常态条件下的中国经济发展等问题，货币政策目标不断适应新形势，总体上呈现动态性（刘超和马文腾，2015）。建立与经济发展相适应的货币政策成为理论界及各国政府需要解决的持续性课题。

货币政策优化改革是为适应我国经济发展新常态亟须解决的现实问题。改革开放至今，我国建立的问题导向型货币政策侧重经济短期目标的实现。通过货币政策及时调控，在一定程度上满足了转轨时期经济社会需求，为我国经济发展提供了重要支撑。但是随着国内外经济环境的复杂化、国际货币政策工具的多样化以及我国经济体制及结构的转型升级，建立在转轨时期经济发展背景下的货币政策已难以满足当前经济发展新常态条件下经济发展方式转变、产业结构升级、金融市场化改革的新需求，货币政策与经济发展状态之间以及货币政策各目标之间的矛盾日益突出，主要表现在以下方面。

（1）资金脱媒和金融创新加速发展，传统的数量型货币政策效力弱化，货币政策有效性不足（国务院发展研究中心，2014），特别是金融创新背景下影子银行体系的膨胀使传统央行主导下的结构性货币政策操作工具难以发挥较好的调控效力。

（2）利率和汇率市场化改革的推进迫使货币政策由被动式的问题导向型向主动式的市场型转化，金融市场化背景下，市场变动频率增加、市场风险增大，问题导向型货币政策已难以满足复杂多变市场环境的新需求。

（3）传统货币政策侧重经济发展数量目标的调控，但经济发展新常态的提出意味着我国经济由重数量向重质量转化，迫使货币政策调控兼顾经济发展数量与质量，导致"单一"或"双重"目标导向的货币政策无法满足当前经济转型发展需求，为货币政策提出了多目标协调兼顾的难题（刘超和扈琰璐，2013）。

（4）外部冲击与内部矛盾双重压力下，货币政策调控难度增大，经济发展新常态条件下，经济增速放缓，导致经济高速发展掩盖下的结构性问题日渐突出，货币政策调控难度加大，现有货币政策体制难以从根本上解决问题，亟须进行货币政策体制改革。

货币政策已成为制约我国经济社会持续健康发展的重要因素，因此，在经济发展新常态背景下，货币政策优化改革成为当前我国经济社会发展战略性调整的重要组成部分。特别是当前我国经济面临新常态的四期叠加（增长速度换挡期、结构调整阵痛期、危机之后消化期、国际经济重组期）情况下，厘清经济发展新常态各约束条件与货币政策常规各目标之间的复杂作用关系，探索货币政策常规各目标与经济发展新常态约束条件的协调性，找到实现经济发展新常态条件下货币政策系统的多目标优化方案，以提高金融资源配置效率、防范金融风险，支撑经济新常态转化成为当前我国货币政策制定和执行战略调整的重要内容。

系统科学，特别是系统科学金融理论的提出为货币政策多目标协调与优化提供了科学有效的研究方法。现有研究由于受研究方法和研究范式的局限，往往只考虑某一约束条件或货币政策系统的一个或几个目标，缺乏从复杂性角度对多约束、多目标的货币政策系统交互性、协调性、区间性、动态性和优化的研究。而系统科学作为研究复杂系统的一般属性，系统生成、演化、转化、涌现、协同与优化控制的一般规律的学科，不仅可以在揭示规律的基础上认知系统，还可以在认知系统的基础上通过仿真技术实现对系统的优化调控。随着经济系统、金融系统的开放性和复杂性程度的提高，带有多约束条件的货币政策系统优化的多目标性、动态性、可持续性需求越来越突出，系统科学理论及其计算机仿真技术的发展恰好为解决此类问题提供了科学方法。研究团队已经探索了系统科学及其计算机仿真技术在金融以及多目标交互行为优化与控制等方面的研究应用，取得了开创性研究成果，为系统科学研究范式下的货币政策多目标优化与控制研究奠定了基础。

综上，经济发展新常态为货币政策的制定与实施提出了更高的要求，而系统科学理论与方法能够对新时期货币政策多目标协调与优化问题进行全面、深入、系统的研究。为此，本书首先对国内外不同时期的货币政策选择进行对比研究，分析货币政策系统的演化规律，认知和评价货币政策系统的有效性；在此基础上，研究经济发展新常态条件下货币政策多目标系统内部同层次之间、不同层次之间以及货币政策系统与经济发展新常态之间的交互行为，探究货币政策多目标的交互作用机理；进一步论证经济发展新常态条件与货币政策多目标间的可协调性，探寻货币政策多目标协调控制的实现路径及方法，提出我国经济发展新常态条件下的货币政策制定和调控方案；最后研究失业率、通货膨胀、影子银行、汇率市场等热点经济及金融问题的非线性、系统动力学和复杂性特征，从而系统认知货币政策与经济发展的关系，为政府制定相关调控政策提供充分、全面的理论依据与决策支持。上述研究不仅对丰富货币政策研究范式和研究方法具有重要学术价值，而且对提高货币政策的有效性、促进经济社会健康可持续发展、适应经济新常态具有重要的现实意义。

1.2　货币政策多目标优化与控制研究动态

货币政策作为国家宏观调控的重要组成部分，其目标随一国经济发展阶段及资源环境要素变化而不断演化发展。如何根据一定时期国家的宏观经济环境，进行货币政策目标选择和多目标协调与优化是经济新常态条件下亟须解决的关键科学问题。本部分从货币政策目标相关理论的演化发展、货币政策与经济新常态之间的关系、货币政策多目标交互关系、货币政策多目标协调性评价、货币政策多目标优化与控制五个方面，对现有研究进行系统梳理和分析。

1. 货币政策目标相关理论的演化发展

货币政策目标的选择是近百年来国内外研究的热点问题，也是当前迫切需要解决的经济问题。货币政策目标是货币政策的核心，货币政策效果如何表现为货币政策目标是否实现。在经济学理论界和各国的经济实践中，货币政策及其目标在不断发展变化。

在理论研究上，西方国家的货币政策主要分为凯恩斯学派和货币主义学派两大阵营。凯恩斯学派认为经济现象错综复杂，货币政策的制定应以双重或多重目标为主；而货币主义学派代表人物弗里德曼认为，多重目标制下存在货币政策有效性难以评估、多目标之间难以兼得、政策实施难度大等问题，主张货币政策实施“单一规则”。这两种观点在国内外均有大量支持者，对于货币政策采用单一目标还是多目标的争论从未停止。

Bernanke 和 Woodford（1997）实证分析了实施通货膨胀目标制的代表性国家，发现目标清晰且责任明确的通货膨胀目标制确实能够提高货币政策的透明度，而且通货膨胀目标制可以明确政策决策者的责任、防止通货膨胀的出现，从而维持物价水平的稳定，稳定国家的长期通货膨胀预期。Mishkin 和 Schmidt-Hebbel（2006）采用了向量自回归模型和脉冲响应函数对实施和未实施通货膨胀目标制的国家的经济状况进行分析，认为实施了通货膨胀目标制的国家可以有效地降低通货膨胀和通货膨胀预期。我国学者卢宝梅（2009）研究了我国货币政策所面临的困境和通货膨胀目标制稳定价格机制，认为在通货膨胀目标制下稳定价格使得货币政策操作更具有前瞻性和灵活性，建议我国应明确价格稳定才是货币政策最主要的目标，避免牺牲内部平衡来追求外部平衡，构建灵活的通货膨胀目标制的货币政策。也有部分学者支持货币政策实行多目标。如易纲和赵晓（1998）认为在制定宏观经济政策时，需要兼顾多重目标，同时又都要有所牺牲，建议采用多重政策工具寻求宏观政策的平衡点。何运信和曾令华（2004）通过对我国的总供给曲线进行实证研究后，认为我国货币政策必须盯住双重目标，而不能只盯住通货膨胀目标。可见，单一目标和多目标之争一直伴随着货币政策的发展和完善。正是因为这两种观点都存在合理性和不足，因此有必要进一步对货币政策目标的关系进行研究。

在实践中，每个国家的货币政策目标的选择并非一成不变，在不同的经济环境下，各国会以国家宏观利益为出发点制定不同的货币政策目标。货币政策在实际操作中往往存在着不一致性，尤其是在短时期内矛盾更加突出，导致货币政策目标的选择只能有所侧重。各主要国家货币政策目标的选择情况如表1.1所示。

表 1.1　20 世纪 50 年代到 20 世纪末主要国家货币政策最终目标的演变

国家	时间	货币政策最终目标
美国	20 世纪 50 年代以前	稳定物价，促进经济均衡增长
	20 世纪 50~60 年代	稳定物价，充分就业
	20 世纪 60~70 年代	促进经济和就业增长、国际收支平衡
	20 世纪 90 年代~20 世纪末	经济适度增长，抑制通货膨胀
英国	20 世纪 50~60 年代	增加就业、国际收支平衡
	20 世纪 60 年代末	稳定物价
	20 世纪 70 年代中叶	稳定币值
	20 世纪 70 年代中叶后	抑制通货膨胀
日本	20 世纪 50~70 年代	物价稳定，国际收支平衡
	20 世纪 70 年代~20 世纪末	物价稳定，抑制通货膨胀
德国	1948 年~20 世纪末	稳定币值
中国	20 世纪 80 年代以前	国民经济发展
	20 世纪 80~90 年代初	发展经济，稳定币值
	20 世纪 90 年代~20 世纪末	保持币值稳定，促进经济增长

由表 1.1 可知，货币政策受外部环境的影响，在实际操作中往往存在着不一致性和动态性，导致货币政策目标的选择只能有所侧重而难以兼顾。

2. 货币政策与经济新常态之间关系的研究

货币政策作为宏观调控手段，要体现一定时期国家的宏观经济环境。在研究货币政策常规目标时不仅要注重子目标之间的相互关系，还要考虑货币政策常规目标和新常态约束条件之间的关系。当前中国经济正处于增长速度换挡期、结构调整阵痛期和前期政策消化期三期叠加的关键时期，作为中国经济政策重心的货币政策应该积极适应经济新常态条件。

1) 新常态下经济增长与货币政策的关系

经济增长是货币政策的目标之一，也是新常态关注的重点。不少学者就货币政策与经济增长的关系进行研究。凯恩斯认为利率的高低直接影响着人们的投资需求与消费，从而影响产出，并创造性地提出了 IS-LM 模型，提出国家政府通过调整利率的货币政策促进经济增长；随后 Friedman（1973）经过发展研究，提出只要控制了货币供应量就可以实现物价稳定和潜在的经济增长的观点。随着货币政策与经济增长之间的相关性理论的发展，各国学者在实证研究中由于研究方法、研究数据和外部约束条件的不同而得出了不同的观点。霍伟东和杜金沛（2002）认为，货币政策与经济增长之间的相关性较弱，认为货币政策既不是构成经济增长的要素，也不是经济增长的条件，从而货币政策无法推动经济增长。周其仁（2008）认为货币的大量投放会增加经济运行的制度成本从而损害经济增长。由上述文献分析可知，现有研究大多仅关注货币政策与经济增长之间的定性关系，忽略了货币增长与经济增长速度之间的定量关系。经济不仅要发展，还要关注其发展的速度、质量及可持续性，这正是新常态关注的问题之一。

经济新常态要求经济增长、经济发展告别过去传统粗放的高速增长阶段，进入高效率、低成本、可持续的中高速增长阶段。任保平和宋文月（2015）指出新常态背景下自然资源、人口、技术以及资本等要素禀赋结构发生了变化，这些变化不仅引起原有比较优势和增长红利的衰减，还制约了中国经济增长的潜力开发。在新常态的约束条件下，货币政策不应该只追求经济增长速度的提高，还需要配合稳健的货币政策与经济新常态相适应。

2) 新常态下经济结构与货币政策的关系

货币政策在经济结构调整中起着举足轻重的作用，而经济结构也对货币政策产生影响。龚晋均（2014）认为货币政策是促成经济结构转型的一把双刃剑，合理的货币政策能促进经济的可持续发展，有利于经济结构的调整，而不恰当的货币政策会直接或间接地阻碍经济结构的转型升级。何彦（2014）认为经济结构在一定程度上对于货币需求量、货币流通周期与流通速率产生能动的反作用，并对货币政策传导产生直观的影响。

货币政策对经济结构的作用机制通过运用利率、货币供应量等货币政策工具引导资金投向、调整信贷结构等方式促进经济结构调整优化。金中夏等（2013）指出利率市场化改革后，名义存款利率上升将使存款实际利率和企业资本边际成本上升，投资和资本存量增长将得到有效抑制，投资占 GDP 的比重将下降，消费占 GDP 的比重将上升，从而有利于改善经济结构和经济的可持续发展。在面对外部冲击时，利率水平的上升还可以通过经济结构调整减少宏观经济的波动，从而有利于宏观经济的长期平稳增长。可见货币政策能通过政策工具积极引导经济结构调整。

新常态条件下，我国经济结构调整面临着艰巨的任务，而这些调整离不开货币政策的配合。周小川在 2015 年的博鳌亚洲论坛上表示："中国货币政策要支持经济结构性调整。我国的货币政策仍属于常规，但已经不同于旧常态，在经济新常态下，需要运用非常规、定量的货币政策，将流动性注入经济体系。"

3）新常态下创新驱动与货币政策的关系

货币政策要积极支持创新，国务院发布《实施〈国家中长期科学和技术发展规划纲要（2006～2020 年）〉若干配套政策》把金融支持列为发展高科技企业的十大内容之一。金融支持企业技术创新已成为新形势下我国经济发展的重要途径。国外部分学者如 Lemer（2002）和 Karsai（2004）等认为应该成立风险投资机构进行股权或类似股权的投资，通过投融资实现对科技创新的支持鼓励。我国学者时丹丹（2011）指出金融发展规模和金融发展效率，都对中国高新技术产业的技术创新有明显的促进作用，金融体系对技术创新的支持有明显的滞后性。可见，关于货币政策可以通过工具的调节，支持鼓励技术创新。

新常态的增长动力不再是要素驱动和投资驱动。国务院发展研究中心对外经济研究部部长赵晋平指出，1998～2008 年，全国规模以上工业企业利润总额年均增速高达 35.6%，而到 2013 年降至 12.2%，2014 年 1～5 月仅为 5.8%（人民日报评论员，2014）。"制造业的持续艰难表明，随着劳动力、资源、土地等价格上扬，过去依靠低要素成本驱动的经济发展方式已难以为继，必须把发展动力转换到科技创新上来。"新常态下货币政策通过调节利率等工具鼓励高新技术、创新行业的发展。周小川在 2015 年的博鳌亚洲论坛上还指出："货币政策要根据我国经济新常态来进行判断，传统行业不要占据过多的金融资源，鼓励新兴行业尤其是互联网企业、高科技行业的发展。"这为货币政策适应新常态的发展指明了新方向。

4）新常态下货币政策的发展方向

新常态的提出，需要相应的货币政策配合。当前中国经济进入"四期叠加"的复杂时期，经济发展走向新常态，这对货币政策提出了战略转型的新要求。而金融市场结构失衡，增加了新常态下货币政策操作的难度；货币政策目标实质上的多维结构，给金融宏观调控带来更大压力；经济转型进入攻坚克难关键区间，增加了新常态下货币政策操作的复杂性。不少专家学者就新常态下货币政策如何发展进行研究。贾康（2014）认为，新常态下货币政策和财政政策要优化，要适合新常态的"趋稳""蓄势"与"创新"需要而服务全局。彭兴韵（2014）指出经济新常态导致货币政策环境发生了巨大变化，决定了货币政策要有"新思路"和

"新手段"。"新思路"主要体现在要盘活存量、用好增量，总量稳定、结构优化，注重定性调控；而"新手段"主要是央行要充实货币政策工具箱、增加政策工具的储备，而且要调整、扩充原有货币政策工具的职能和实用范围。可见，货币政策要通过常规政策工具和非常规政策工具的结合，使政策工具更加灵活，通过调整政策目标，使政策的偏向性更强。货币政策在新常态约束条件下，通过货币政策优化控制，积极地适应新常态。

在经济发展新常态条件下，货币政策操作存在一定难度，货币政策常规目标与新常态约束条件之间存在着复杂的交互行为，货币政策要在实现常规五个目标的基础上，体现经济中高速增长、经济结构调整、创新驱动。不仅如此，经济新常态条件下的资源与环境协调也影响货币政策的发展优化，货币政策要探索新的政策工具，使政策导向更强。新常态条件下的货币政策优化调控是经济发展新常态的必然要求，对提高货币政策的有效性，促进经济社会可持续健康发展有重要意义。

3. 货币政策多目标交互关系研究

货币政策常规目标之间和货币政策常规目标与经济新常态约束条件之间存在动态的复杂交互行为，而传统理论指导下的研究多在线性范式内，通过回归分析等方法进行，不足以揭示货币政策目标间的动态复杂关系，需要新的科学方法对这一问题进行更为深入的研究。随着系统科学的兴起和发展，非线性科学（Janacek，2000）、系统动力学（Forrester，1980）方法逐步应用到利率、汇率等经济问题研究中。一些该领域的学者对货币政策目标关系的复杂性、货币政策目标间关系的非线性表现、货币政策目标间关系的系统动力学多重反馈现象等问题进行了初步研究，相关研究文献的数量呈上升趋势。

有学者注意到货币政策目标的复杂性特征。例如，赵进文和闵捷（2005）认为货币政策多目标以非线性多重反馈的形式联系，货币政策的操作效果具有很强的非线性特征。周文和赵果庆（2012）认为在线性和静态分析框架内无法揭示通货膨胀和经济增长的复杂动态关系，因而对 VAR 模型进行非线性扩展，建立我国经济增长与通货膨胀的非线性动力系统（GDP-CPINLDS）模型。Tillmann（2011）认为央行进行货币政策操作时设定利率的行为是非线性的，随着通货膨胀的加剧，菲利普斯曲线斜率逐渐增大，因此需要非线性的利率调整方式。

还有研究采用非线性门限模型研究经济增长和物价稳定的关系。例如，吴吉林和张二华（2012）利用动态面板平滑转换模型，发现我国通货膨胀率对经济增长存在非线性门槛效应。随后 Seleteng 等（2013）和黄智淋等（2014）也以通货膨胀率作为门限变量，运用面板数据平滑转换模型，考察通货膨胀与经济增长之间的非线性关系。结果显示，当通货膨胀率低于门限值时，通货膨胀与经济增长正相关；反之，通货膨胀与经济增长负相关，即当通货膨胀率超过门限值时，通货膨胀不利于经济增长。

还有部分学者采用系统动力学方法研究货币政策多目标间的因果反馈关系。例如，Vaglio（2010）通过建立系统动力学模型分析了经济增长、社会机构复杂性以及人口"成熟"之间的关系，认为在经济增长过程中，外生地产生技术创新，从而增加了劳动分工并使社会机构更加复杂。刘超和扈琰璐（2013）根据货币政策多层次目标间的因果反馈特征，构建了经济发展系统的系统动力学模型，并通过计算机仿真，模拟出2010～2020年我国GDP增长率和失业率的发展趋势，得出通货膨胀率提高会抑制经济增长速度、使就业率上升；而人民币升值会导致经济增长速度降低、就业率下降。

由上述分析可知，货币政策多目标的动态复杂性关系开始受到学术界重视，系统科学的方法也已开始应用于货币政策目标间的复杂交互行为研究。然而，现有研究侧重于货币政策某一常规目标的非线性传导机制或货币政策常规目标中某两个目标的相互关系，尚未有对货币政策常规多目标、货币政策约束条件和外部环境之间复杂作用关系及其动态演化机制进行系统性研究。

4. 货币政策多目标协调性评价研究

货币政策有效性的标志不在于货币供应量本身或金融宏观调控过程，而在于金融宏观调控的结果，货币政策有效性应由政策目标来体现（张彩玲等，2006），因此中央银行在制定货币政策时要考虑货币政策多目标之间的协调性。

现有研究多是通过构建不同计量模型对货币政策进行评价，常用的计量方法包括风险价值法和回归分析法。例如，Sims（1980）首先提出采用风险价值法研究货币政策有效性，为货币政策效果的度量提供了新思路。闫力等（2009）运用向量自回归模型对我国货币政策的有效性进行了实证检验，得出央行应将稳定物价作为货币政策的首要目标。彭方平等（2012）采用Logistic平滑转换结构向量自回归模型分析了预期通货膨胀率对货币政策有效性的影响，结果显示，经济处于高通胀预期状态和低通胀预期状态时，货币政策的有效性存在明显的差异。总结上述研究可知，货币政策应包含多个目标的协调兼顾，各目标之间存在着复杂性和非线性关系，而上述研究并未涉及货币政策目标的复杂性特征。

近年来，随着系统科学的发展，耗散理论（Mistrulli，2011）、分形理论（张林和刘春燕，2013）、协同论（罗嘉和李连友，2009）等方法逐步应用到金融系统评价中，部分学者开始运用系统科学方法对货币政策多目标系统进行评价研究。巴曙松和栾雪剑（2009）采用系统动力学方法，对不同货币政策和财政政策组合下的经济周期发展进行仿真，评价各政策组合的有效性，并据此对我国宏观经济政策提出建议。郑勇和刘超（2014）采用耗散熵值法对货币政策五个最终目标构成的系统进行效率评价，结果显示，国际收支差额对货币政策效率影响最大。刘超和刘丽（2014）运用突变级数法对货币政策系统的突变机制进行分析，同时对货币政策系统稳定性进行实证研究，结果显示，1993、1998、1999、2008、2009以及2011年我国货币政策系统的稳定度较低，该结论与现实情况基本一致。由此可见，系统科学理论与方法能够对货币政策多目标的脆弱性、风险性、效率等方面进行复杂性、动态性评价，是货币政策多目标协调性研究发展的新方向。

不仅如此，货币政策目标受经济约束条件的影响，各目标间存在此消彼长的矛盾关系，各目标无法同时实现最优。为此，需探索货币政策各目标的合理区间。董承章（1999）最早提出货币政策目标中的通货膨胀目标值应设为区间值。随后，学者开始采用系统科学中的门限模型等方法探索货币政策各目标的合理区间。欧阳志刚和王世杰（2009）研究了通货膨胀率和经济增长率的调节区间。结果显示，当经济增长率或通货膨胀率高于调节区间的上限时，央行应以通货膨胀为主要调节目标，实施从紧的货币政策；反之，央行应以经济增长为主要调节目标，实施适度宽松的货币政策。刘超和马文腾（2015）建立了我国货币政策多目标体系，以通货膨胀率为门限变量，探寻通货膨胀率基于不同关系的最优目标区间，进而确定各目标的最优区间交集。研究结果表明，通货膨胀与货币政策其他目标之间具有明显的非线性关系，且通货膨胀率和各目标最优区间存在交集，货币政策多目标之间具有可协调性。

由上述分析可知，对货币政策多目标协调性进行研究，需考虑货币政策多目标的复杂性、动态性和区间性，而基于传统计量经济学方法的研究无法体现货币政策的上述特征。系统科学方法能够反映货币政策多目标系统的复杂性，并且能够揭示货币政策多目标系统的动态性和区间性，为货币政策多目标协调性研究提供了新思路。

5. 货币政策多目标优化与控制研究

货币政策优化问题是涉及多个优化目标的复杂动态优化问题，不仅要满足货币政策常规目标及各目标间的复杂关系，还应考虑当前宏观经济环境下的经济新常态约束条件。

复杂智能科学的发展为区间、动态多目标优化问题的求解提供了可行手段。区间动态多目标优化问题包含以下含义（巩敦卫和孙靖，2013；潘峰等 2014）：问题有多个目标函数；各目标函数并不具有一致性，而是存在此消彼长的矛盾关系；目标函数或（和）约束函数含有的参数取值通常为区间，使得目标函数或（和）约束函数的取值也为区间；问题目标函数往往随时间或环境动态改变。新常态约束条件下的货币政策多目标优化问题显然隶属于区间动态多目标优化问题。多目标优化方法已在社会系统部分研究领域得到应用，其方法体系也趋于成熟，但对金融市场、货币政策相关问题的研究较少。

在区间多目标优化理论与方法研究中，Singh 等（2011）在对高维多目标优化问题求解过程中发现，必须寻求更多的帕雷托最优解才能更加逼近高维优化问题的真实帕雷托前沿。Gong 等（2011）将含有区间参数的不确定混合多目标优化问题通过区间中点和半径的确定简化为两目标优化问题，再对两目标优化问题进行线性加权进而转化为单目标优化问题。面对高维多目标优化问题的普遍性和重要性，巩敦卫等（2014）提出融入决策者偏好的集合进化优化方法，基于决策者的目标偏好区域，将原优化问题的目标函数进行降维处理转化为期望函数，采用多目标集合进化优化方法进行求解。

区间动态多目标优化理论已开始应用于社会经济问题。地下水监测系统优化中涉及监测标准、地下水条件、污染预警、与地表水的关系等多个目标，为此 Reed 和 Kollat（2012）通过建立区间多目标优化模型对地下水监测系统优化模型构建及不确定因素进行研究。工业园区规划也是一个区间多目标优化问题，宋叙言和沈江（2014）将多目标优化方法运用到生态工业园区产业规划中，并将不可行度选择操作引入改进型非劣分类遗传算法（NSGA II）进行模型优化，所得结果与生态产业链集聚效应相吻合。

已有学者开始将多目标优化方法用于金融系统优化相关问题的研究中。例如，Branke 等（2009）采用基于包络的多目标进化优化算法解决计划投资过程中所面临的投资组合和风险控制问题。罗素梅和赵晓菊（2015）采用 NSGA II 算法求解外汇储备中资产结构优化问题的最优资产组合权重，以降低投资风险。

由上述分析可知，区间多目标优化理论与方法适于含有不确定参数的多目标优化问题的研究，这些问题需考虑多个存在此消彼长关系的目标的协同优化。货币政策优化问题同样是涉及经济增长、物价稳定、充分就业、国际收支平衡、创新驱动以及经济结构等多个目标的协同优化问题，因此，区间多目标优化理论与方法适于对经济新常态条件下货币政策多目标系统优化相关问题的研究。

6. 总结与分析

国内外学者已从多个角度对货币政策多目标关系进行了大量研究，提出了不同见解，然而随着经济的不断发展、金融市场的不断丰富、货币政策工具的不断创新，经济发展新常态各约束条件与货币政策常规多目标之间，以及各约束条件、常规各目标与外部环境之间的交互作用日趋复杂，现有理论难以揭示经济发展新常态各约束条件、货币政策常规各目标以及外部环境之间的复杂交互作用及协调关系。因此，在经济发展新常态条件下构建怎样的货币政策以推动经济可持续发展以及如何构建，即带有约束条件的货币政策多目标协调与优化问题，成为当前理论界和政府迫切需要解决的前沿、热点问题，具体包括以下五个方面。

（1）经济发展新常态为货币政策的制定与实施提出了更高的要求，需通过对比典型国家不同时期货币政策选择，为我国新时期货币政策优化调控方案制定提供经验借鉴。

（2）经济发展新常态各约束条件与货币政策常规多目标具有复杂性、动态性和不一致性，在新常态背景下对货币政策进行优化，需要厘清经济发展新常态条件与货币政策多目标之间的复杂交互行为机理。

（3）在复杂、动态的外部环境下，经济新常态各约束条件及货币政策常规目标均具有合理的区间，使经济发展新常态条件下的货币政策多目标调控由定点调控拓展到区间调控、由静态调控拓展到动态调控、由单一目标调控拓展到多目标协调优化，但如何实现区间优化并确定优化区间是现实调控中需要进一步探讨的问题。

（4）现有问题导向型货币政策难以支撑经济新常态发展需求，如何通过计算机仿真技术探求适应我国经济新常态条件的货币政策优化方案，实现货币政策区间动态多目标优化并指导实践发展，是经济发展新常态条件下货币政策多目标研究的重点问题。

（5）系统科学理论及其计算机仿真技术，特别是区间动态多目标优化理论及方法为经济新常态条件下的货币政策区间动态多目标优化研究提供了科学的研究方法，使带有约束条件的区间动态多目标货币政策优化研究成为可能，是未来货币政策多目标研究的发展趋势。

1.3　货币政策多目标优化与控制研究的关键科学问题

在经济发展新常态条件下，原有高速经济增长掩盖下的结构性问题日渐突出，传统重数量调控的货币政策效力弱化；问题导向型货币政策难以满足经济长远发展目标的新要求；在经济发展由重数量向重质量的转变过程中，货币政策多目标协调兼顾难以实现；货币政策与经济发展之间以及货币政策各目标之间的矛盾日益突出。上述问题已成为制约我国经济社会持续健康发展的重要因素，经济新常态条件下的货币政策优化改革成为当前经济转型时期亟须解决的现实问题。

在经济发展新常态背景下，货币政策优化调控不仅受到货币政策多目标系统各要素间复杂交互作用的内部约束，还受到经济增长、经济结构调整、发展驱动力、资源和环境等外部约束。要实现货币政策常规目标与新常态条件之间的协调发展，需要在把握货币政策演化历程和发展规律的基础上，厘清货币政策多目标内部因素之间、货币政策多目标与经济新常态条件之间的交互关系以及新常态条件下货币政策多目标运作机理，以此探究经济发展新常态条件下货币政策多目标的可协调性及协调优化区间，为货币政策多目标优化调控提供方向指引，并通过经济发展新常态条件下货币政策多目标优化和仿真分析，提出满足当前经济发展需求的最优货币政策方案，为经济新常态条件下的货币政策优化改革提供理论依据和决策支持。具体而言，货币政策多目标研究应包括以下四个关键科学问题。

1. 经济发展新常态条件下的货币政策演化规律研究

货币政策随一国经济发展阶段及资源环境要素变化而不断演化，呈现动态性；而经济发展新常态又为货币政策的制定提出了更高要求。要实现经济发展新常态条件下的货币政策多目标优化研究，首先需要明晰货币政策演化规律。

为此，应从历史沿革和国际比较的角度出发，分析不同国家、不同时期的货币政策选择，总结不同国家、不同时期货币政策调整的经验和教训；揭示我国探索经济发展新常态的道路和货币政策发展历程，探究我国货币政策演化机制和规律。上述研究一方面有助于新时期货币政策新工具、新方法的探索；另一方面也为后续货币政策系统交互行为、区间多目标协调性、区间动态多目标优化与仿真研究提供理论指导和实践基础。

2. 经济发展新常态条件下的货币政策多目标系统交互行为机理研究

经济发展新常态各约束条件与货币政策常规多目标具有复杂性、动态性和不一致性，在新条件背景下对货币政策进行优化，不仅要明晰货币政策系统演化规律，还需要厘清经济发展新常态条件与货币政策多目标之间的复杂交互行为机理。

为此，应基于货币政策多目标之间的多层次性、非线性、动态性、时滞性等复杂作用关系，分析货币政策各要素之间、货币政策各常规目标之间、货币政策各常规目标与经济发展新常态条件之间的交互作用关系；探究新常态条件与货币政策常规目标导向下，如何通过操作目标、中介目标以及其他非常规货币政策工具相互作用传导实现货币政策最终目标。上述研究一方面能够为经济发展新常态条件下货币政策区间动态多目标优化模型的构建提供系统要素特征及运作机理理论基础；另一方面通过要素特征及运作机理，探究经济发展新常态条件下货币政策多目标运行的关键因素变量，为后续经济发展新常态条件下货币政策多目标协调性论证与优化调控路径提供方向指引。

3. 经济发展新常态条件下的货币政策区间动态多目标协调性研究

经济新常态各约束条件及货币政策常规多目标优化均可在合理区间内实现，但要实现经济发展新常态条件下的货币政策多目标区间动态优化调控，还需要在明晰各要素特征及运作机理的基础之上，探究经济新常态条件与货币政策常规目标之间协调优化区间的存在性及可行性。

为此，应探寻货币政策多目标系统的各子系统边界，分析各子系统之间的协同机制，进而确定各子系统的最优调控区间；在此基础上，通过关键变量调控，探究经济发展新常态条件下货币政策多目标的协调性、动态协调区间及可实现的方案措施。上述研究一方面能够验证经济发展新常态条件下货币政策区间动态多目标优化的可行性；另一方面也为经济发展新常态条件下的货币政策调控指导提供方向借鉴。

4. 经济发展新常态条件下的货币政策区间动态多目标优化与控制研究

经济发展新常态条件下货币政策区间动态多目标优化具有可行性，但缺乏具体的优化路径及实践方案。此外，为提高货币政策有效性，应在政策实施前借助仿真建模、预测和调控技术，对货币政策方案的实施效果进行预测，对于未实现效果的调控措施进行及时修正。

为此，首先应构建经济发展新常态条件下的货币政策多目标优化模型，求解模型得出货币政策多目标优化的帕雷托最优解；然后构建货币政策神经网络仿真模型，对货币政策多目标系统数据和优化调控数据进行预测调控；进一步将货币政策多目标优化最优解、预测值与专家群体知识相结合，构建货币政策多目标优化的综合集成研讨厅，形成货币政策多目标优化调整方案，找到货币政策多目标优化的路径与方法。上述研究一方面为实现经济发展新常态条件下的货币政策多目标优化提供理论和方法依据；另一方面为央行货币政策调控方案的制订提供决策支持，推动新时期货币政策对经济发展的促进作用。

1.4　货币政策多目标优化与控制研究思路与方法

经济发展新常态条件下的货币政策多目标优化与控制研究应以系统科学理论及其方法实践为研究视角，提出经济发展新常态条件下货币政策多目标研究各关键科学问题的研究思路与方法。通过货币政策系统演化发展历程研究、经济发展新常态条件下货币政策多目标交互行为机理探索、货币政策多目标区间协调性验证、货币政策区间动态多目标优化与仿真四个方面的研究，最终提出经济发展新常态条件下货币政策多目标系统的优化方案。

1. 经济发展新常态条件下的货币政策演化规律研究思路与方法

揭示经济发展新常态条件下的货币政策演化规律，首先应基于货币政策相关文献梳理和理论分析，从货币政策发展的历史沿革角度，探索经济发展与货币政策变迁的关系；其次，应从各国货币政策发展历程的国际比较视角，对比分析不同经济发展阶段的各国货币政策选择，探寻货币政策演化机理；在上述研究的基础上，探索我国经济发展新常态条件下货币政策的新工具、新方法，从而为经济发展新常态条件下货币政策区间动态多目标优化研究奠定实践基础、提供理论指导及方案选择。

在研究方法的选择上，货币政策作为社会经济系统的重要组成部分，具有一定的历史发展渊源，要实现对货币政策多目标系统的研究，需要对货币政策发展历史进行梳理，而货币政策的演化和变迁又离不开经济社会环境的影响。因此，应采用文献梳理、理论分析等方法研究我国及其他典型国家的货币政策发展历程；采用对比分析等方法分析不同经济发展状态下各国货币政策选择；最后通过逻辑推理法探究我国经济发展新常态条件下货币政策的新工具、新方法。

在研究思路与方法实现的可操作性上，研究团队已完成对货币政策多目标演化相关的文献梳理；在货币政策演化的国际比较方面，研究团队已开展相关部分研究，可通过对比分析实现对各国不同经济发展阶段货币政策多目标演化的比较研究，为经济发展新常态条件下的货币政策演化规律研究奠定了基础。

2. 经济发展新常态条件下的货币政策多目标系统交互行为机理研究思路与方法

探寻经济发展新常态条件下的货币政策多目标系统交互行为机理，首先应分析经济发展新常态条件下货币政策多目标系统各要素间的交互作用关系，以揭示货币政策多目标系统特性及产生根源；其次，应研究经济发展新常态条件下货币政策多目标系统内部同层次之间、不同层次之间以及货币政策系统与经济发展新常态之间的因果反馈关系，进而认知货币政策多目标系统的传导机制；最后，研究经济发展新常态条件下货币政策多目标系统的传导路径和运作机理，探索货币政策新工具、新方法的实施路径，从而为后续货币政策多目标优化模型构建提供理论基础，并为货币政策多目标协调性论证与优化调控路径提供方向指引。

在研究方法的选择上，货币政策系统内部各要素之间、各层次之间以及货币政策系统与经济新常态等外部环境之间的复杂作用关系决定了单一的相关性研究方法不能完全揭示复杂系统的交互作用关系。因此，应采用耗散结构熵值法、混沌李雅普诺夫指数等非线性科学方法研究货币政策多目标系统各要素间的交互作用关系；采用系统动力学和复杂网络方法分析货币政策多目标系统的因果反馈关系；采用系统动力学方法探究货币政策多目标系统的传导机制和运作机理，从而实现对经济发展新常态条件下货币政策多目标系统交互行为的系统性认知。

在研究思路与方法实现的可操作性上，研究团队已运用李雅普诺夫指数法、分形 R/S 测度、非线性格兰杰因果检验等非线性科学方法对货币政策常规目标之间的交互作用关系进行了研究，并运用系统动力学构建货币政策常规目标因果反馈图，对货币政策常规多目标系统内部要素以及外部影响因素之间的交互作用关系进行分析，研究了货币政策常规多目标系统的传导机制。另外，研究团队已将复杂网络理论及其方法运用到金融系统复杂性研究中，证明了该研究思路与方法的科学性和有效性。

3. 经济发展新常态条件下的货币政策区间动态多目标协调性研究思路与方法

证明经济发展新常态条件下的货币政策区间动态多目标协调性，首先应探寻经济发展新常态条件下货币政策多目标系统各子目标系统的边界，研究各子系统之间的协同机制；在此基础上，确定各个目标子系统的最优调控范围；然后，通过关键因素变量调控，探究在经济发展新常态条件下货币政策多目标协调运作的可能性；最后，探究货币政策多目标系统的动态可协调区间，为货币政策区间动态协调优化研究奠定基础。

在研究方法的选择上，为将货币政策的优化从单一目标拓展到多目标、从定点优化拓展到区间优化，应采用耗散结构熵值法、分形风险评价法、突变级数评价法等系统边界分析方法确定货币政策各子系统的系统边界；基于协同度向量法研究各个目标之间的协同机制，以探究货币政策多目标与经济发展新常态之间的协同性；运用非线性门限模型等方法验证货币政策常规目标与经济发展新常态之间的可协调区间，进而实现对经济发展新常态条件下货币政策多目标协调性及协调区间的研究。

在研究思路与方法实现的可操作性上，研究团队已初步实现货币政策常规目标的区间协调性研究，具体包括：已运用熵值法对货币政策效率进行评价、运用突变级数法对我国货币政策系统机制进行评价、运用协同度向量法对金融监管问题进行评价、运用门限模型对货币政策常规目标之间的协调性及协调区间进行研究，从理论和方法上支撑了本研究的可行性及方法适用性。

4. 经济发展新常态条件下的货币政策区间动态多目标优化与控制研究思路与方法

实现经济发展新常态条件下的货币政策区间动态多目标优化与控制，首先应构建经济新常态条件下货币政策多目标系统优化模型，求解货币政策多目标系统满足经济新常态约束条件的帕雷托最优解；其次，构建货币政策多目标系统的神经网络预测模型，求得系统最优状态的预测值；再次，建立货币政策多目标计算机仿真、专家体系、知识体系相结合的综合集成研讨厅，将最优解与系统仿真预测结果相比较，反馈回货币政策多目标综合集成研讨厅，从而建立货币政策区间动态多目标优化体系；最后，根据上述研究结果，提出货币政策区间动态多目标优化方案，实现经济发展新常态条件下货币政策系统的区间动态多目标优化。

在研究方法的选择上，首先应采用复杂智能优化控制方法构建经济发展新常态条件下的带有约束条件和区间参数的货币政策多目标优化模型，并采用进化优化算法求解该模型；其次，应运用神经网络方法构建货币政策多目标仿真预测模型，对实际经济数据和仿真调控数据进行预测，探寻各类性能指标最优控制量序列，实现对货币政策多目标系统的预测控制；最后运用复杂系统综合集成研讨厅方法，形成专家体系、计算机体系、知识体系相结合的货币政策多目标综合集成研讨厅，探寻经济发展新常态条件下货币政策多目标动态优化调整方案，并对优化方案实践应用进行仿真模拟，实现对货币政策多目标系统的优化与实践研究。

在研究思路与方法实现的可操作性上，研究团队已将复杂性科学中的自适应性、复杂网络和综合集成研讨厅等方法以及计算机仿真技术应用于证券投资基金复杂性、金融产业集聚效应等复杂系统问题研究中，探索了金融系统的复杂自适应性、金融风险的不确定性控制，构建了货币政策多目标 BP 神经网络模型，并采用综合集成研讨厅方法探索了货币政策多目标的优化控制问题，为本书提供了技术支持和可行性保障。

1.5　货币政策多目标优化与控制研究的预期贡献

1. 货币政策多目标优化与控制研究的理论创新贡献

从当前对货币政策多目标相关理论研究来看，国内外学者已从多个角度对货币政策多目标关系进行了大量研究，为货币政策多目标研究奠定丰富的理论基础，但随着货币政策外部环境的复杂化，货币政策各约束条件、常规各目标与外部环境之间的交互作用日趋复杂，已有理论难以支撑新常态条件下货币政策多目标优化。货币政策多目标优化与控制研究对于货币政策多目标演化理论的丰富和货币政策多目标系统优化理论体系的完善发展具有重要的理论意义。

（1）通过货币政策国际比较和我国货币政策演化发展研究，丰富货币政策多目标演化理论。一方面，从国际货币政策演化的角度，对世界各国不同时期经济发展状态与货币政策进行对比分析，探究经济发展状态与货币政策变迁之间的相互作用演化机理；另一方面，对我国不同经济发展时期的货币政策目标发展以及货币政策调整进行分析对比研究，探究我国货币政策多目标演化机理，丰富货币政策多目标演化理论内涵和外延。

（2）将区间性和动态性纳入货币政策多目标系统研究中，推动货币政策多目标系统优化理论体系的完善发展。货币政策多目标优化与控制研究将货币政策多目标的协调控制从定点调控拓展到区间调控、由静态调控拓展到动态调控、由单一目标调控拓展到多目标协调优化，找到经济发展新常态条件下的货币政策各目标实现的合理区间，推动现有对货币政策多目标系统优化理论的研究。

2. 货币政策多目标优化与控制研究的实践应用贡献

货币政策多目标优化与控制研究的开展不仅对推动货币政策多目标相关理论发展具有重要的理论意义，而且对现实社会特别是当前我国经济发展新常态条件下货币政策的合理调控具有重要的实践应用价值。

（1）实现经济发展状态与货币政策变迁关系研究，为我国经济发展新常态条件下货币政策调控新工具、新方法的探索提供经验借鉴。货币政策作为一国宏观调控重要组成部分，其常规多目标随国家经济发展阶段的变化不断演化。与国外发展历程相比，我国不论是在经济发展，还是在货币政策调控方面都还有待完善。特别是我国问题导向型货币政策使货币政策往往强调某一短期的主要目标，而忽略了长期次要目标以及各目标间的动态性与协调性。货币政策多目标优化与控制从货币政策发展的历史沿革和国际比较方面入手，总结货币政策历史及经验研究结果，探究货币政策演化及变迁规律，通过总结国内外不同时期不同经济发展背景下货币政策发展历程，为我国经济发展新常态条件下货币政策调控新工具、新方法、新方案的制订提供了思路借鉴和路径选择。

（2）实现货币政策多目标系统传导机制认知，为货币政策实践新工具、新方法的实施路径探索提供科学依据。经济发展新常态的提出为货币政策的制定和实施提出了更高的要求，货币政策多目标优化与控制研究对货币政策多目标系统及经济发展新常态条件的交互性、协调性进行分析，明晰货币政策多目标系统同层次之间、不同层次之间以及货币政策系统与外部环境之间的动态作用关系和交互机理，探究货币政策多目标系统传导机制，找到货币政策多目标协调运作的关键因素变量，为货币政策工具的丰富以及货币政策调控方法的发展实践提供依据。

（3）实现货币政策区间多目标协调的可行性验证和协调区间的确定，为实践中的货币政策调控提供方向指导。传统研究中多认为货币政策多目标之间具有不可调和的矛盾，多目标协调难以实现定点协调，而新常态目标的提出又为货币政策调控提出了新的目标要求，使得货币政策多目标协调更加困难。货币政策多目标优化与控制研究通过对货币政策常规目标和经济发展新常态约束条件的分析，将区间性和动态性纳入货币政策多目标的协调性研究中，验证货币政策多目标和经济新常态多目标协调实现的可行性，并求解协调区间，为货币政策调控指导提供方向借鉴。

（4）构建经济发展新常态条件下的货币政策区间动态多目标优化模型，为货币政策新工具、新方法的实践应用效果提供预测支持。随着货币政策调控环境的复杂化，货币政策调控的工具和方法也日趋多元化，但货币政策新工具、新方法在实践应用中的效果可能会与政策制定之初预计效果存在较大差距。货币政策多目标优化与控制将经济新常态目标纳入货币政策多目标系统模型中，建立经济发展新常态条件下的货币政策多目标优化模型，并将优化方案与货币政策专家库、知识库相结合，对货币政策新工具、新方法实施效果进行仿真预测，为货币政策实践应用提供决策支持。

3. 货币政策多目标优化与控制研究的服务决策贡献

货币政策在社会经济系统中的重要地位和作用决定了货币政策研究既能为央行货币政策经济调控提供重要的决策支持，也能使相关机构和部门更加详尽地了解货币政策的作用机制，为其发展决策的制定提供支撑。

（1）实现货币政策区间动态多目标优化体系建设，为央行货币政策调控方案的制定提供决策依据。货币政策多目标优化与控制研究将货币政策专家体系、知识体系以及计算机仿真体系相结合，形成由货币政策区间动态多目标优化模型、预测控制模型以及专家智囊的动态反馈构成的货币政策多目标优化与控制综合集成研讨厅，实现货币政策调控研究的实时性、动态性、反馈性，提供货币政策研究结果的应用效能，为央行货币政策调控方案的预测和实施提供重要的决策依据。

（2）实现对货币政策作用机理认知，为相关机构和部门发展决策的制定提供重要支撑。货币政策多目标优化与控制研究通过对我国经济发展新常态条件下货币政策多目标系统同层次之间、不同层次之间以及货币政策系统与外部环境之间的作用关系研究，明确货币政策相关要素之间的交互作用关系，使经济体相关机构和部门能够辨识货币政策调控新政策可能产生的影响和作用方向，以便分析政策导向和作用力度，为相关机构和部门发展决策的制定提供重要的支撑。

1.6　货币政策多目标优化与控制研究的难点与创新之处

1. 货币政策多目标优化与控制研究难点

（1）货币政策多目标演化机理的探究。货币政策随社会经济环境的变化呈现出复杂性和动态性，如何通过对我国及其他典型国家货币政策演化历程的分析，总结各国在不同国情背景下货币政策手段、方法以及目标调整的经验，探究货币政策多目标的演化机理是本书的难点问题之一。

（2）经济发展新常态条件下货币政策多目标交互机制的探究。货币政策多目标系统具有多层次性、非线性、时滞性等特征，其内部也具有复杂交互作用关系，而经济发展新常态条件又增强了货币政策多目标系统各要素关系的复杂性。探究新常态条件与货币政策常规目标导向下，如何通过操作目标、中介目标以及其他非常规货币政策工具的相互作用传导实现货币政策最终目标，进而促进经济发展新常态调控目标的实现是本书的一大难点问题。

（3）经济发展新常态条件下货币政策多目标动态协调区间的确定。货币政策多目标系统由各子目标系统构成，各子目标存在此消彼长的关系，难以协调，而经济发展新常态又为货币政策调控提出了资源、环境等外部约束条件。如何在确定货币政策各子目标系统边界的基础上，根据经济发展新常态条件下的外部环境要求，探寻各子目标系统的最优调控范围，从而确定经济发展新常态条件下货币政策多目标动态协调区间，是本书的另一难点问题。

（4）经济发展新常态条件下货币政策区间动态多目标优化模型的构建与优化。如何根据货币政策系统的非线性、交互性、复杂性特征，以及经济发展新常态条件的外部约束，构建符合经济发展现状、满足经济发展需求的优化建模，并采用适当的优化算法进行模型求解，进而找到经济发展新常态条件下货币政策区间动态多目标优化的路径和方法，进一步建立有效的动态调控体系实现经济发展新常态条件下货币政策区间动态多目标可持续动态优化，是本书的又一难点问题。

2. 货币政策多目标优化与控制研究创新之处

（1）研究问题创新：新时期货币政策调控的新需求。"新常态"的提出既为我国经济发展设定了约束条件，也是我国未来经济发展的目标和方向。在新常态背景下，作为国家宏观政策重要组成部分的货币政策，既面临货币政策常规目标的要求，又面临经济新常态条件的约束；既面临资金脱媒和金融创新加速发展的挑战，又面临利率和汇率市场化改革的转型要求。新时期的货币政策调控成为当前我国经济社会发展需要迫切解决的问题。本书选取经济发展中的热点问题，从货币政策的多目标性、复杂性、区间性、动态性出发，将货币政策多目标调控从定点调控拓展到区间调控、由静态调控拓展到动态调控、由单一目标调控拓展到多目标协调优化，具有较强的创新价值。

（2）学术观点创新：带有约束条件的货币政策多目标优化问题建模与求解。货币政策各目标间存在此消彼长的矛盾关系，无法使各目标同时达到最优。本书创新性地提出构建带有经济新常态外部约束的货币政策多目标优化模型，采用进化优化算法求解模型，并通过神经网络预测和计算机仿真模拟研究经济发展新常态条件下的货币政策多目标优化方案及其实现路径和方法。本书对于解决包括货币政策优化在内的一类带有约束条件的多目标经济、金融优化问题具有重要的理论与方法论指导意义。

（3）研究方法创新：采用区间动态多目标优化方法研究经济发展新常态条件下货币政策区间动态多目标优化问题。现有研究受研究方法和研究范式局限，缺乏对多约束、多目标的货币政策系统的交互性、协调性、区间性、动态性和优化研究。本书采用系统科学方法，特别是区间动态多目标优化方法对经济发展新常态条件下的货币政策多目标仿真优化与实践进行研究，探求经济发展新常态条件下货币政策多目标动态优化调整方案，并对优化方案实践应用进行仿真模拟，实现对货币政策多目标系统的优化与实践研究。上述研究方法是解决一类带有约束条件的区间动态多目标优化问题的创新、科学的方法体系。

（4）分析工具创新：综合性数据分析工具的应用和综合集成结果分析工具的创建。本书创新性地将系统科学的综合集成研讨厅思想用于货币政策研究，将计算机仿真分析、货币政策专家分析、货币政策理论知识库分析三者进行结合，构建货币政策多目标系统综合集成研讨厅，对数据分析结果进行全面性和权威性分析，提高经济数据分析的准确性和实际应用性，以提升本课题研究成果在实际货币政策调控中的可行性，使货币政策能够更好地适应经济发展新常态，促进新常态目标的实现。

参 考 文 献

巴曙松，栾雪剑.2009.经济周期的系统动力学研究.系统工程，27（11）：14-19.

董承章.1999.中国货币政策中介目标的选择与调控区间的确定.统计研究，8：20-25.

范从来.2010.中国货币政策目标的重新定位.经济学家，7：83-89.

龚晋均.2014.中国金融货币政策对经济结构调整的影响.学术交流，2：118-121.

巩敦卫，孙靖.2013.区间多目标进化优化理论与应用.北京：科学出版社.

巩敦卫，王更星，孙晓燕.2014.高维多目标优化问题融入决策者偏好的集合进化优化方法.电子学报，5：933-939.

国务院发展研究中心"新时期我国财政、货币政策面临的挑战与对策"课题组.2014.新时期我国财政、货币政策面临的挑战与对策.管理世界，6：9-18.

何彦.2014.中国金融货币政策促进经济结构调整研究.理论探讨，2：105-107.

何运信，曾令华.2004.单目标制还是双目标制——基于总供给曲线特征的实证分析.数量经济技术经济研究，5：113-116.

黄智淋，成禹同，董志勇.2014.通货膨胀与经济增长的非线性门限效应——基于面板数据平滑转换回归模型的实证分析.南开经济研究，4：112-122.

霍伟东，杜金沛.2002.货币政策能推动经济增长吗.经济体制改革，4：139-142.

贾康.2014.新常态下财政和货币政策应优化.经济，10：10.

金中夏，洪浩，李宏瑾.2013.利率市场化对货币政策有效性和经济结构调整的影响.经济研究，4：69-82.

刘超，扈琡璐.2013.货币政策多层次目标间传导机制的系统动力学研究.经济问题探索，12：87-93.

刘超，刘丽.2014.我国货币政策系统的突变机制评价研究.海南金融，4：4-10.

刘超，马文腾.2015.基于门限模型的货币政策多目标可协调性研究——来自中国1993-2013年季度数据.财经科学，3：33-45.

卢宝梅.2009.汇率目标制、货币目标制和通货膨胀目标制的比较及其在我国的应用的探讨.国际金融研究，1：69-80.

罗嘉，李连友.2009.基于协同学的金融监管协同度研究.财贸经济，3：15-19.

罗素梅，赵晓菊.2015.超额外汇储备的多目标优化及投资组合研究.财经研究，1：107-117.

欧阳志刚，王世杰.2009.我国货币政策对通货膨胀与产出的非对称反应.经济研究，9：27-38.

潘峰，李位星，高琪.2014.动态多目标粒子群优化算法及其应用.北京：北京理工大学出版社.

彭方平，胡新明，展凯.2012.通胀预期与央行货币政策有效性.中国管理科学，1：1-7.

彭兴韵.2014.经济新常态和货币政策新思维.上海证券报，09.[2014-10-1].

人民日报评论员.2014.经济发展迈入新阶段.人民日报，8.[2014-8-7].

任保平，宋文月.2015.新常态下中国经济增长潜力开发的制约因素.学术月刊，2：15-22，66.

时丹丹. 2011. 金融体系对企业技术创新支持作用的实证分析. 统计与决策, 20: 150-152.

宋叙言, 沈江. 2014. 基于多目标优化的生态工业园区产业规划建模与 NSGA-II-IFD 算法求解. 中国人口、资源与环境, 24 (9): 68-74.

吴吉林, 张二华. 2012. 我国通货膨胀对经济增长的影响存在门槛效应吗——基于省级动态面板平滑转换模型的实证分析. 经济理论与经济管理, 7: 38-48.

闫力, 刘克宫, 张次兰. 2009. 货币政策有效性问题研究——基于 1998-2009 年月度数据的分析. 金融研究, 12: 59-71.

易纲, 赵晓. 1998. 寻求多重经济目标下的有效政策组合——1998 年中国客观经济形势分析与建议. 经济研究, 4: 3-13.

张彩玲, 刘玉山, 康宇虹. 2006. 货币政策效果评价研究. 哈尔滨商业大学学报 (社会科学版), 4: 12-15.

张林, 刘春燕. 2013. 日中两国不同经济时期股市的多重分形分析. 系统工程理论与实践, 2: 317-328.

赵进文, 闵捷. 2005. 央行货币政策操作效果非对称性实证研究. 经济研究, 2: 26-34.

郑勇, 刘超. 2014. 中国货币政策效率研究——基于 1993-2012 年度数据的评价. 经济与管理评论, 5: 93-99.

周其仁. 2008. 货币、制度成本与中国经济增长. 国际经济评论, 3: 10-14.

周文, 赵果庆. 2012. 中国 GDP 增长与 CPI: 关系、均衡与 "十二五" 预期目标调控. 经济研究, 5: 4-17.

Bernanke B S, Woodford M. 1997. Inflation forecasts and monetary policy. Journal of Money Credit & Banking, 29 (4): 653-684.

Branke J, Scheckenbach B, Stein M, et al. 2009. Portfolio optimization with an envelope-based multi-objective evolutionary algorithm. European Journal of Operational Research, 199 (3): 684-693.

Forrester J W. 1980. System dynamics-future opportunities. TIMS Studies in the Management Science, 14: 7-21.

Friedman M. 1973. Studies in the Quantity Theory of Money. Chicago: University of Chicago Press.

Gong D.W, Qin N.N, Sun X.Y. 2011. Evolutionary algorithms for optimization problems with uncertainties and hybrid indices. Information Sciences, 181 (19): 4124-4138.

Janacek G. 2000. Non-Linear Time Series Models in Empirical Finance. New York: Cambridge University Press.

Karsai J. 2004. Can the state replace private investors? Public Financing of Venture Capital in Hungary. Working Paper.

Lemer J. 2002. When bureaucrats meet entrepreneurs: The design of effective "public venture capital" programmes. Economic Journal, 112 (477): 73-84.

Mishkin, F, Schmidt-Hebbel K. 2006. Monetary policy under inflation targeting: An introduction. Working Papers Central Bank of Chile, 11: 5-17.

Mistrulli P E. 2011. Assessing financial contagion in the interbank market: Maximum entropy versus observed interbank lending patterns. Journal of Banking & Finance, 35: 1114-1127.

Reed P M, Kollat J B. 2012. Multi-period many-objective ground-water monitoring design given systematic model errors and uncertainty. Advances in Water Resources, 35 (1): 55-68.

Seleteng M, Bittencourt M, Eyden R V. 2013. Non-linearities in inflation-growth nexus in the SDAC region: A panel smooth transition regression approach. Economic Modelling, 30: 149-156.

Sims C A. 1980. Comparison of interwar and postwar business cycle: Monetarism reconsidered. American Economic Review, 70 (2): 250-257.

Singh H K, Isaacs A, Ray T. 2011. A pareto corner search evolutionary algorithm and dimensionality reduction in many-objective optimization problems. IEEE Transactions on Evolutionary Computation, 4: 539-556.

Tillmann P. 2011. Strategic forecasting on the FOMC. European Journal of Political Economy, 27 (3): 547-553.

Vaglio A. 2010. Economic growth, Koestler cycles and the lock chamber effect. International Review of Economics, 57 (4): 369-393.

第2章　中国货币政策评价研究

【本章导读】

货币政策是中央银行进行宏观经济调控的主要手段,在稳定物价、充分就业、促进经济增长、平衡国际收支方面发挥着重要作用。不同经济社会,或同一经济社会的不同时期,货币政策的执行效果不同。只有选择适当的货币政策工具,货币政策才能发挥其积极作用,取得预期效果;否则,货币政策不仅不能达到预期效果,反而可能加剧经济波动或抑制经济发展。货币政策有效性是指货币政策能否实现和能够在多大程度上实现其政策目标。在经济高速发展的今天,中国更需要选择适宜的货币政策,切实提高货币政策的有效性,以发挥其积极作用,实现国民经济又好又快发展。

货币政策作为宏观经济调控的主要手段,其执行效果对我国经济的平稳运行有重要的作用,一直是政府以及学术界关注的焦点,而要知道货币政策的效果就必须对其进行合理的认知和评价。货币政策是高度复杂、开放的经济系统,具有非线性、时滞性等复杂性特征,而现有研究所采用的理论模型通常较为抽象,不能准确反映货币政策的复杂性,并且传统方法往往更注重各变量之间的线性关系而忽视了变量间的非线性交互作用,不能完全反映中介变量和输出变量的准确关系,因此不足以为货币政策有效性研究提供充分的实证支持。

而系统科学中的非线性科学,能揭示货币政策系统复杂、自组织、耗散、分形等特征,通过研究货币政策系统的生成、演化、转化与协同的规律,并在揭示规律的基础上认知货币政策的有效性、稳定性、效率等。非线性科学包括协同理论、耗散理论、突变理论、分形理论等,能从不同角度评价货币政策系统,也是货币政策的预测、优化与调控的前提。基于系统科学金融理论的货币政策评价的研究不仅对丰富货币政策相关研究范式和方法具有重要学术价值,而且对提高货币政策的有效性、促进经济社会可持续性健康发展具有重要的现实意义。

本章从多个角度采用多种评价方法深入研究我国货币政策效果,对于制定有效的货币政策、使货币政策更好地发挥经济调控能力有重要现实意义。货币政策的效果体现在有效性、高效率、抗风险能力等方面,有效性是指货币政策的实施能否引起经济的变动,货币政策的效率是建立在有效性的基础上的,是指货币政策工具作用于最终目标的程度和时滞(刘传哲和何凌云,2006),稳定性是指出现经济出现波动时货币政策承受波动的能力和货币政策的稳定程度。本章从货币政策有效性、效率和稳定性三个方面,通过数据包络分析(data envelopment analysis, DEA)法、熵值法和突变级数法对货币政策的效率进行实证研究。

本章首先运用数据包络分析法,参考我国 1993~2011 年的经济金融数据,选取货币政策 4 个中介目标货币供应量、利率、信贷规模、汇率为投入变量,货币政策的 5 个最终目标经济增长、充分就业、物价稳定、国际收支平衡、金融稳定为输出变量。构建了我国货币政策相对有效性模型,对我国近年来货币政策是否具有相对有效性进行了实证研究。结果表明:投入要素之间的结构和比重的不合理以及货币政策的时滞效应导致了部分年份货币政策相对其他年份是无效的。为了促进我国货币政策的相对有效性,货币当局在制定货币政策时要科学地预期货币政策效应的时滞,调整各投入要素之间的结构和比重;金融机构要提高货币政策投入要素资源的利用率。

其次,运用非线性科学中的熵值法建立货币政策效率评价模型,对我国的货币政策效率做出科学有效的评价。通过对 1993~2012 年的货币政策最终 5 个目标的年度数据进行实证研究。此阶段的货币政策效率是逐步提高的,并且国际收支平衡是影响我国货币政策效率的主要因素,因此应该从优化产业结构、放松资本流出限制和藏汇于民三方面来改善国际收支状况并实现货币政策最终目标的协调发展和货币政策效率的提高。

最后,运用突变级数法对我国货币政策系统的突变机制和货币政策系统的稳定性进行相关的实证研究。突变级数的评价方法综合了现有层次分析法、效用函数法和模糊评价法等评价方法的优点,并且无需对指标赋予权重。对我国 1993~2012 年的经济数据进行分析,发现实体经济的影响具有一定滞后性,因此我国亟待加快经济转型升级,延伸旧的产业价值链,寻找新的经济增长点。

2.1　基于数据包络分析模型的我国货币政策的相对有效性研究

2.1.1　概述

随着经济货币化、金融深化程度的不断提高,金融危机频繁爆发,货币政策的合理运用可以有效抵御金融危机进一步扩大,减弱对本国经济发展、就业、出口等造成的冲击。2007 年,美国次贷危机爆发,并逐渐演变成席卷全球的国际金融海啸,使实体经济衰退、失业率显著增高、全球股市暴跌。在此背景下,相关专家学者研究一国的货币政策是否有效,同时为该国的货币政策的有效制定提供合理的建议。

随着各国货币政策的频繁运用,越来越多的学者对货币政策的有效性问题进行了深入的研究,以期探索出货币政策在宏观调节经济运行方面是否有效、在什么条件下有效、在长期有效还是在短期有效以及有效性的强弱等问题。例如，通过对实际产出增长率与通货膨胀率之间的长期均衡关系和短期波动检验，发现我国经济当中存在着显著的"托宾效应"，并且货币中性和超中性等性质在短期内是不成立的（刘金全和张鹤，2004）。

在研究方法上，近年来国内外学者从不同角度构建模型对货币政策的有效性进行了研究。例如，通过采集 1994～2004 年数据，采用 OLS 法，研究发现利率对经济的影响不显著，而各层次的货币供应量和 GDP 之间有稳定的关系，测算出各层次上的货币供应的增量是实际 GDP 增量的格兰杰原因，得出了货币政策存在数量上的效果（邓雄和蒋中其，2006）。通过运用 ARMA 模型对澳大利亚的数据进行了实证研究，得出运用 M2 作为衡量指标时货币具有非中性；运用 M1 作为衡量指标时货币具有中性的结论（Olekalns，1996）。

本书与以往学者的研究不同，主要借助 DEA 分析方法中的 CCR 模型构建了研究货币政策有效性的输入和输出指标体系，通过相关输入和输出指标的构建并结合有关数据对 1993～2011 年我国货币政策的有效性进行了分析，同时给出了部分有效性不足年份货币政策要素投入调整的目标，为进一步探索如何使货币政策的制定更为有效做出了有益的尝试，这是本书的创新点。

2.1.2　文献梳理

从国外的理论研究来看，可以分为货币政策无效、货币政策有效性受相关条件的限制、货币政策有效三个方面。

在货币政策无效方面，理性预期学派的代表人物卢卡斯在动态特征和理性预期假说的基础上，认为任何预期到的货币变动都不会对实体经济产生影响，只有未预期到的货币变动在短期内可能会对实体经济产生影响，但这种影响最终也会被人们不断调整的预期所抵消。

在货币政策的有效性受相关条件的限制方面，货币主义学派的代表人物弗里德曼认为在短期内货币需求的利率弹性很低，价格存在黏性，货币供应量能够对实体经济产生重要影响，从而货币政策有效。但是在长期内货币流通速度不变、货币需求函数相当稳定，从而货币政策无效，甚至在长期内货币政策只会加剧经济波动。

在货币政策有效方面，新凯恩斯主义认为经济体的不完全性使得工资和价格具有黏性，货币供应量的变动能够对实体经济产生重要影响；新古典综合学派在新凯恩斯主义名义价格黏性和理性预期学派的动态特征与理性预期假说的基础上，认为货币能够对产出和就业等实际经济变量产生强大而持续的影响。

在实证研究方面，西方学者运用不同模型对货币政策的有效性进行了研究。

Barro 和 Cordon（1983）首次运用计量分析方法将实际产出对货币进行回归，得出只有未预期到的货币政策能够对实际产出产生影响，而预期到的货币政策只能影响物价水平，不会对实体经济产生影响的结论。Lieberman 和 Hall（1997）根据最新数据研究了巴罗的季度模型，认为 Mishkin 的结论缺乏稳定性，肯定了巴罗预期到的货币政策对产出具有中性的观点。

Boschen 和 Mills（1995）运用多变量协整排除外部干扰，得出货币政策长期中性的结论。与此同时，King 和 Watson（1997）运用协整的方法，得出了多个国家货币长期中性的结论。在此基础上，Westerlund 和 Costantini（2009）运用面板协整的方法进一步得出了货币中性的结论。

国内关于货币政策有效性的研究主要集中在货币政策能否发挥宏观调控作用、货币政策的传导机制问题、如何具体选择货币政策三个方面。

在货币政策能否发挥宏观调控作用方面，有些学者认为货币政策的作用被过分高估甚至完全否定货币政策的作用。黄达（1997）认为货币政策的作用过分突出，有高估的倾向，而过分高估货币政策的作用可能会对经济产生适得其反的作用。与黄达的观点不同，谢平和袁沁（2000）对货币政策的有效性完全持否定态度，他指出货币政策多目标之间的矛盾使得货币政策无法发挥其应有的作用。

有些学者则对货币政策的作用持肯定态度。范从来（2000）认为我国并没有陷入流动性陷阱，投资和消费的利率弹性依然存在，货币政策发挥作用的条件是具备的，即使是在通货紧缩时期货币政策依然可以有所作为。戴根友（2000）也指出货币政策是总揽社会总需求的，任何积极的财政政策如果没有相应的货币政策加以配合，都可能落空，即使是在通货紧缩时期货币政策仍然有效。

在货币政策的传导机制方面，汪红驹（2003）则对货币政策传导机制影响货币政策有效性的问题进行了数量分析，也指出我国货币政策的主要传导机制是信用机制，以利率为中心的货币政策传导机制并不畅通。在此基础上，王召（2001）指出，我国的利率传导机制存在障碍，主要是因为我国对利率实行管制，利率很难作为影响全社会投资变动的信号。

在如何具体选择货币政策方面，周锦林（2002）通过运用双变量和多变量的向量自回归（vector auto-regressive，VAR）模型得出货币中性的结论，认为中国以货币供应量作为中介目标达不到预期的结果。孙华妤（2007）对中国实行传统钉住汇率制度时期的货币政策有效性进行了检验，得出了与周锦林基本一致的观点：货币供应量对产出和物价都没有实质性的影响。

与他们不同的是，李传辉（2006）运用误差修正模型得出了 M1 非中性的结论，M1 是 GDP 的格兰杰原因，因此中国目前以 M1 作为货币政策的中介目标较为合适。蒋瑛琨等（2005）运用 VAR、脉冲响应函数等方法得出了 M1 对产出和通货膨胀的影响最稳定、M2 次之、贷款的影响最不稳定的结论，因此中国仍应以 M1 作为首要的中介目标。

2.1.3　基于数据包络分析的我国货币政策有效性分析

1. 模型介绍

假设有 n 个部门或决策单元（DMU），每个 DMU 在一项经济活动中的输入向量为 $x = (x_1, x_2, \cdots, x_m)^T$，输出向量为 $y = (y_1, y_2, \cdots, y_s)^T$，那么这个 DMU 的整个经济活动可以用 (x, y) 表示，进而这 n 个 $\mathrm{DMU}_j(1 \leqslant j \leqslant n)$ 对应的输入、输出向量分别为

$$x_j = (x_{1j}, x_{2j}, \cdots, x_{mj})^T > 0, \quad j = 1, 2, \cdots, n \tag{2.1}$$

$$y_j = (y_{1j}, y_{2j}, \cdots, y_{sj})^T > 0, \quad j = 1, 2, \cdots, n \tag{2.2}$$

各 DMU 的输入和输出数据如表 2.1 所示。

表 2.1　**DMU 的输入和输出数据**

投入量权重	投入	决策单元 $(1, 2, \cdots, f, \cdots, n)$	输出	输出量权重
v_1	1	$x_{11}, x_{12}, \cdots, x_{1f}, \cdots, x_{1n}$		
v_2	2	$x_{21}, x_{22}, \cdots, x_{2f}, \cdots, x_{2n}$		
…	…	…		
v_m	m	$x_{m1}, x_{m2}, \cdots, x_{mf}, \cdots, x_{mn}$		
		$y_{11}, y_{12}, \cdots, y_{1f}, \cdots, y_{1n}$	1	u_1
		$y_{21}, y_{22}, \cdots, y_{2f}, \cdots, y_{2n}$	2	u_2
		…	…	…
		$y_{m1}, y_{m2}, \cdots, y_{mf}, \cdots, y_{mn}$	S	u_s

其中，x_{ij} 表示第 j 个 DMU 对第 i 种类型输入的投入总量且 $x_{ij} > 0$；y_{rj} 表示第 j 个 DMU 对第 r 种类型输出的产量总量且 $y_{rj} > 0$；v_i 为对第 i 种类型输入的一种度量（权），u_r 为对第 r 种类型输出的一种度量（权）；$j = 1, 2, \cdots, n$，$i = 1, 2, \cdots, m$，$r = 1, 2, \cdots, s$。x_{ij} 及 y_{rj} 为已知数据，可以根据历史资料得到，也即实际观测到的数据；v_i 及 u_r 为变量，对应的权系数向量 $v = (v_1, v_2, \cdots, v_m)^T$，$u = (u_1, u_2, \cdots, u_s)^T$。进而，可以将每个决策单元 DMU_j 的效率评价指数 h_j 定义为

$$h_j = \frac{u^T y_j}{v^T x_j} = \frac{\sum_{r=1}^{s} u_r y_{rj}}{\sum_{i=1}^{m} v_i x_{ij}}, \quad j = 1, 2, \cdots, n \tag{2.3}$$

其中，$h_j \leqslant 1$。用效率评价指数 h_j 可以对第 j 个 DMU 进行效率评价，一般来说，h_{j_1} 越大，那么 DMU_{j_1} 就越能够用较小的输入得到相对较多的输出，因而在尽可能变化权重的基础上可以探究 h_{j_1} 的最大值。以第 j_1 个 DMU 的效率指数为目标，以所有 DMU 的效率指数为约束可以得到 CCR 模型如下

$$\max h_{j_1} = \frac{\sum\limits_{r=1}^{s} u_r y_{rj_1}}{\sum\limits_{i=1}^{m} v_i x_{ij_1}} \qquad (2.4)$$

$$\text{s.t.} \frac{\sum\limits_{r=1}^{s} u_r y_{rj}}{\sum\limits_{i=1}^{m} v_i x_{ij}} \leqslant 1, j = 1, 2, \cdots, n$$

$$v \geqslant 0, u \geqslant 0$$

为了便于从经济意义和理论上做深入分析，在引入松弛变量 s^+ 和剩余变量 s^- 的基础上，通过线性规划的对偶规划来进一步判断 DMU_{j_1} 的有效性，线性规划的对偶规划为

$$\min \theta$$

$$\sum_{j=1}^{n} \lambda_j y_j - s^- = y_1$$

$$\text{s.t.} \sum_{j=1}^{n} \lambda_j x_j + s^+ = \theta x_1 \qquad (2.5)$$

$$\lambda_j \geqslant 0, j = 1, 2, \cdots, n$$

$$\theta \text{无约束}, s^+ \geqslant 0, s^- \geqslant 0$$

2. 评价规则

假设有 λ^*，θ^*，s^{*-}，s^{*+} 为对偶规划的最优解，那么可以用 CCR 模型判定经济活动是否同时为技术有效和规模有效，评价规则如下。

（1）$\theta^* < 1$ 时，DMU_{j_1} 不是 DEA 有效，且既不是技术效率最佳，也不是规模收益最佳。

（2）$\theta^* = 1$，但至少有某个输入或输出松弛变量大于零时，DMU_{j_1} 为弱 DEA 有效，且不是同时为规模有效和技术有效。

（3）$\theta^* = 1$，且 $s^{*-} = 0, s^{*+} = 0$ 时，DMU_{j_1} 是 DEA 有效的，并且此时经济活动同时规模有效和技术有效。

3. 数据选取

1）选择决策单元集合

因为我国从 1993 年开始重视货币供应量的调整，将货币供应量作为我国货币政策的重要中介指标，因此本书将 1993~2011 年 19 年作为 DMU 集合。通过对 19 年货币政策的相关数据进行分析，以期更好地对比不同年份我国货币政策的有效性。

2）建立输入输出指标体系所遵循的原则

输入输出指标体系的建立在于结合相关数据并使用 DEA 方法对货币政策的有效性进行评价，为了保证指标体系的科学性、系统性和规范性，本书根据全面性、相关性、可行性等原则构建指标体系。

4. DEA 输入输出指标体系的设计

输入输出指标体系的建立是进行货币政策有效性评价的基础，因此界定合理的输入输出指标体系是进行有效性评价的关键，本书选取了 9 个指标来设计货币政策有效性评价指标体系。

（1）本书运用 DEA 方法评价货币政策的有效性，因此输入指标应从货币政策的中介指标出发进行选取。输入指标选取规则如下。

①货币供应量：选取国家统计局公布的广义货币供应量 M2 作为衡量货币供给的指标。

②利率：由于 DEA 模型在运行时只能识别非负的指标值，而在搜集实际利率（r）数据时发现，其会存在少数的非负数据，于是需要对实际利率进行非负处理，本书将原始数据按照一定函数关系归一到某一正值区间，采用的方法如下：

$$r' = 0.1 + 0.9 * [r - \min(r)] / [\max(r) - \min(r)] \tag{2.6}$$

③信贷规模：采用各金融机构的各项贷款余额来代表信贷规模。

④汇率：采用国家统计局网站公布的直接标价法下的人民币对美元名义汇率表示汇率指标。

（2）本书运用 DEA 方法评价货币政策的有效性，因此输出指标应为货币政策的最终目标，即经济增长、充分就业、物价稳定、国际收支平衡、金融稳定，其中金融稳定通常采用 M2/GDP 来衡量金融稳定程度，通常认为这一指标比例反映了一个国家的金融深度，是衡量一国经济金融化的初级指标，该指标越大，经济金融化的程度越高。因此本书采用国家统计局网站公布的广义货币 M2 与国内生产总值 GDP 的比重来衡量我国的金融稳定水平。

输入指标和输出指标的具体数值分别如表 2.2、表 2.3 所示。

表 2.2　输入指标的具体数值

年份	M2/亿元	实际利率/%	人民币对美元汇率	金融机构各项贷款余额/亿元
1993	34879.8	0.36	5.762	32943.1
1994	46923.5	0.10	8.6187	39976
1995	60750.5	0.48	8.351	50544.1
1996	76094.9	0.77	8.3142	61156.6
1997	90995.3	0.98	8.2898	74914.1
1998	104498.5	1.00	8.2791	86524.1
1999	119897.9	0.99	8.2783	93734.3
2000	134610.3	0.79	8.2784	99371.1
2001	158301.9	0.79	8.277	112314.7
2002	185007.1	0.85	8.277	131293.9
2003	221222.8	0.72	8.277	158996.2
2004	254107.1	0.50	8.2768	178197.8
2005	298755.7	0.66	8.1917	194690.4
2006	345603.6	0.70	7.9718	225347.2
2007	403442.2	0.56	7.604	261690.9
2008	475166.6	0.44	6.9451	303395
2009	606225.1	0.92	6.831	399685
2010	725851.8	0.51	6.7695	479196
2011	851590.9	0.53	6.4588	547947

表 2.3　输出指标的具体数值

年份	GDP/百万元	GDP 平减指数/%	就业率/%	国际收支总差额/亿美元	外汇储备/外债余额
1993	2998	115.1	97.4	18	0.466757
1994	4044	120.6	97.2	305	0.437749
1995	5046	113.7	97.1	225	0.394846
1996	5846	106.4	97.0	317	0.374727
1997	6420	101.5	96.9	357	0.382726
1998	6796	99.1	96.9	64	0.372768
1999	7159	98.7	96.9	85	0.382303
2000	7858	102.1	96.9	105	0.394823
2001	8622	102.1	96.4	473	0.378211
2002	9398	100.6	96.0	755	0.383131
2003	10542	102.6	95.7	1061	0.380244
2004	12336	106.9	95.8	1901	0.377674
2005	14185	103.9	95.8	2506	0.359085
2006	16500	103.8	95.9	2848	0.364681

年份	GDP/百万元	GDP 平减指数/%	就业率/%	国际收支总差额/亿美元	外汇储备/外债余额
2007	20169	107.6	96.0	4607	0.378146
2008	23708	107.8	95.8	4795	0.349808
2009	25608	99.4	95.7	4003	0.362904
2010	30015	107.0	95.9	4717	0.367322
2011	35181	107.3	95.9	3878	0.340361

5. 模型运行结果及分析

模型是在 deap2.1 软件平台上运行的,利用 deap2.1 计算货币政策部门输出目标的 DEA 有效情况,包括综合技术效率、纯技术效率、规模效率和规模报酬等,结果如表 2.4 所示。

表 2.4　货币政策部分输入指标在各年份所产生经济效益①

年份	综合技术效率	纯技术效率	规模效率	规模报酬
1993	1.000	1.000	1.000	-
1994	1.000	1.000	1.000	-
1995	1.000	1.000	1.000	-
1996	1.000	1.000	1.000	-
1997	1.000	1.000	1.000	-
1998	0.956	0.956	1.000	-
1999	0.920	0.920	1.000	-
2000	0.928	0.928	1.000	-
2001	0.904	0.904	1.000	-
2002	0.875	0.875	0.999	Irs
2003	0.851	0.851	0.999	Irs
2004	0.888	0.889	1.000	-
2005	0.901	0.902	0.999	Irs
2006	0.916	0.916	1.000	-
2007	1.000	1.000	1.000	-
2008	1.000	1.000	1.000	-
2009	1.000	1.000	1.000	-
2010	1.000	1.000	1.000	-
2011	1.000	1.000	1.000	-

① 综合技术效率=纯技术效率×规模效率;-表示规模报酬不变;Irs 规模报酬递增。

从表 2.4 可以得出以下结论。

（1）1993～1997 年和 2007～2011 年 10 个年份的综合技术效率、纯技术效率和规模效率的值均为 1，说明有超过 50%的决策单元的货币政策投入和产出具有相对最优性，这些年份货币政策的投入和产出相对于其他年份来说是 DEA 有效的或者至少是弱 DEA 有效的。

（2）19 个年份中有 3 个年份的规模效率值小于 1，即 2002 年、2003 年和 2005 年，表明这 3 个年份的规模效益递增。同时这 3 个年份的纯技术效率值小于 1，即在纯技术效率上这 3 个年份属于技术非有效的决策单元。

上述结果的经济机理分析主要有以下几点。

（1）1993～1996 年我国实行了"适度从紧"的货币政策，一方面，央行通过相应的货币政策来合理控制货币资金投放规模，投放规模的逐步优化使得我国货币政策在此期间的规模效益达到最佳状态，在此基础上增加货币资金的投放规模有可能进一步加剧国内市场的通货膨胀和供需矛盾，而大规模地缩减货币资金的投放量又会抑制部分行业的投资需求以及消费者的消费需求，对经济的发展产生不利影响，因而在此期间我国货币政策具有规模的相对有效性；另一方面，在合理控制货币资金投放规模的前提下对货币资金的流向进行了合理调节，对符合国家产业政策、货币资金需求量大并且经济产出效益较高的部门给予必要的货币资金支持，同时央行由实施直接调控转变为实施间接调控措施使得企业能够预期到未来的经济走向，通过提高现有资金的使用和管理水平来提高货币资金的运用效率，以避免未来因货币资金流动性不足而造成企业效益的下降，因而在此期间我国货币政策具有技术的有效性。货币政策同时具有技术和规模的相对有效性使得我国货币政策在此期间的综合技术效率值为 1。

（2）受 1993～1996 年"适度从紧"货币政策的滞后影响和 1997 年亚洲金融危机的冲击，从 1998 年开始，我国经济陷入了有效需求不足的困境，导致我国在 1998～2002 年经历了 5 年的通货紧缩时期。在此期间一方面我国在保持人民币汇率不变的情况下受到东南亚各国货币相继贬值的冲击，直接导致了我国出口的下降、国际收支顺差的大幅度减少以及就业率的下降，造成了国内有效需求的不足，货币政策在外部环境的影响下效果并不明显，因此增加货币资金的投放量在此期间中的绝大部分年份并没有呈现出相应的规模效益；另一方面，企业面临着市场有效需求不足，同时在提高货币资金的运用效率方面出现了瓶颈，内部管理水平很难进一步提升，通过提升内部管理水平来提高货币资金的运用效率在此期间不再显著，因此我国货币政策在此期间有效性相对不足。

（3）2003 年下半年开始，部分行业投资过剩问题极为严重，物价再次出现了上涨苗头，通货膨胀压力日趋增大。从 2003～2006 年，货币供给的增长主要体现的是内生性特征，即随着经济增长而被动增加，尽管紧缩政策对流动性过剩与经济过热等产生了一定的效果。但一方面由于货币供给随着经济增长被动增加而缺乏对增加的货币资金流向的管理，导致货币资金流向的失调，部分行业投资相对过剩而部分行业投资相对不足；另一方面，投资相对过剩的行业对过剩资金缺乏必要的管理，而投资相对不足的行业缺乏相应的货币资金管理，导致我国货币政策呈现出技术的相对无效性。在此期间我国货币政策的综合技术效率值不为 1，主要是由货币政策的技术相对无效性造成的，我国货币政策收缩流动性的效果并不明显。

（4）2007 年我国实行了从紧的货币政策，政策目标是"防止经济增长由偏快转为过热、防止价格由结构性上涨演变为明显通货膨胀"，货币政策取得了一定的效果，国内通胀压力减缓。2008 年随着国内通胀压力减缓，央行调整金融宏观调控措施，取消对商业银行信贷规划的约束，并引导商业银行扩大贷款总量，使国内新增贷款总量创下历史新高，尽管出现了通货膨胀的趋势。2009～2011 年我国实行了适度宽松的货币政策和稳健的货币政策相结合的货币政策，就业率逐步提高，物价得到有效控制，经济发展稳中有升。在此期间一方面央行对货币供应量的投入规模进行了合理的控制，稳步地增加货币投放量，降低实际利率和人民币对美元的汇率，使得 GDP 增长量逐年增大并且国际收支总差额稳定在较高水平，说明在此期间我国的货币政策的投入取得了良好的规模效益，因而在货币政策的规模效率值为 1；另一方面我国进行了经济和产业结构的调整，支持高技术产业化的建设和产业技术进步，支持服务业发展，企业也加快了内部的自主创新进程，通过引进先进的技术、设备和管理型人才提升了资金的运用效率，使得货币政策呈现出良好的技术有效性。因此，总的来说我国的货币政策效果比较明显。

在表 2.4 中，19 个年份中货币政策的综合技术效率值最小的年份是 2003 年，以 2003 年为例列出货币政策在这些年份部分要素的投入调整目标，需要调整的目标值如表 2.5 所示。

表 2.5　2003 年货币政策部分要素投入调整目标

	指标	原始值	投入冗余值	产出不足值	达到 DEA 有效值
Output1	GDP/百万元	10542.000	0.000	0.000	10542.000
Output2	GDP 平减指数/%	102.600	0.000	7.090	109.690
Output3	就业率/%	95.700	0.000	1.053	96.753
Output4	国际收支总差额/亿美元	1061.000	0.000	569.164	1630.164
Output5	外汇储备/外债余额	1.838	0.000	0.139	1.978
Input1	M2/亿元	221222.800	−32871.079	0.000	188351.721
Input2	实际利率/%	0.720	−0.107	−0.081	0.532
Input3	人民币对美元汇率	8.277	−1.230	0.000	7.047
Input4	金融机构各项贷款余额/亿元	158996.200	−23624.946	−7120.591	128250.663

从表 2.5 可以得出以下结论。

（1）货币政策相对无效的年份出现了要素投入的冗余以及产出不足的现象，因此，对这些年份通过减少一定的货币供应量和信贷规模，降低实际利率和人民币对美元的汇率水平能够相应地增加产出，使就业率、国际收支差额以及外汇储备/外债余额达到有效率的产出水平，进而使货币政策归为有效。

（2）实际利率水平主要对投资和就业率产生影响，实际利率水平的降低能够刺激投资和生产的增加，提高就业率，降低失业率；人民币对美元的汇率水平主要对国际收支和外汇储备产生直接影响，也能够通过相应的传导机制对就业率产生间接的影响，人民币对美元汇率的降低，将增加国际收支差额以及外汇储备占外债余额的比重，刺激就业率的增加。而实际利率水平和人民币对美元的汇率水平两者的双向调节则会直接影响投资、就业率、国际收支以及外汇储备占外债余额的比重，表 2.5 中实际利率水平和人民币对美元的汇率水平的双向降低直接导致了就业率、国际收支差额以及外汇储备占外债余额的比重的增加，并使这些变量的调整值达到有效状态。

（3）实际利率水平以及人民币对美元汇率水平的降低在促进我国经济发展的同时会给我国带来通货膨胀的压力，而收缩货币供应量和信贷规模则会在一定程度上抵消我国通货膨胀的压力，避免通货膨胀率的过度上升，具体表现在表 2.5 中，尽管实际利率水平和人民币对美元的水平有所降低，但 GDP 平减指数的增加幅度并不大。

2.1.4　结论和相关政策建议

本书的研究运用了 DEA 的分析方法对 1993～2011 年的货币政策的有效性进行了分析，结果表明影响各年货币政策产出效率的因素主要是由某些货币政策投入要素的投入过量或投入不足引起的，投入要素之间的结构和比重的不合理以及货币政策的时滞效应导致了部分年份的货币政策相对于其他年份是相对无效的。为此，本书提出以下相关政策建议。

（1）银行和企业等相关机构应着力提高货币政策所投入的要素资源的利用率。通过采取有效措施如引入新的高效的管理方法、引入新的技术、拓展新的业务等努力提高金融资源的利用效率，避免金融资源的闲置，提高金融资源的产出能力，增加研发投入来研究新技术新方法，促使货币政策的投入要素得到有效合理的利用，使得货币政策的效果在技术上是有效的，进一步提高经济资源的利用效率，促进经济社会的可持续发展。

（2）货币当局在制定货币政策时应以最近年份货币政策的实施效果为参照。一方面，要根据最近年份货币政策的调整目标来合理地调整当年货币政策各投入要素之间的结构和比重，通过货币政策各投入要素之间的合理配比可以达到有效的货币政策投入产出结构，使货币政策的输出指标或货币政策的效果衡量指标不经过调整或经过略微调整即可达到 DEA 有效值；另一方面，要根据最近年份货币政策投入要素和产出的规模收益情况适时调整货币政策各要素的投入规模，从而达到最优的规模效率。

（3）货币当局在制定货币政策时应科学地预期我国货币政策效应的时滞。一方面，通过设置科学有效的监测指标以及构建符合我国现实的监测指标体系可以帮助货币当局准确或较为准确地预测时滞的状况及发展趋势；另一方面，货币当局要对每次即将采用的货币政策所可能存在的时滞做出仔细研究，并根据宏观经济自身的走向，通过调整货币政策强度使时滞尽可能在接受的范围内，尽量避免当前的货币政策对未来年份货币政策的有效性产生不良的影响。

2.2　基于耗散熵值法的中国货币政策效率研究

2.2.1　概述

货币政策是国家宏观经济政策的重要组成部分，在国民经济发展中发挥着越来越重要的作用。受 2008 年国际金融危机的影响，中国的宏观经济受到很大的冲击。政府为迅速恢复经济形势，采取了扩张的货币政策，虽然在很大程度上减弱了金融危机的影响，但是一度造成严重的通货膨胀。现阶段，中国面临更加复杂的经济状况：对内就业形势严峻，部分行业产能过剩，财政风险突出，地方债务危机严重以及资源环境约束增强；对外国际收支不平衡加剧，人民币汇率风险加大（国务院发展研究中心课题组，2009；于长革，2011）。我国的货币政策在最终的五个目标即经济增长、物价稳定、充分就业、国际收支平衡、金融稳定之间难以协调（范从来，2010）。为了适应复杂的经济情况，货币政策做了一系列的调整，都旨在熨平经济波动导致的一系列风险。但是中央银行频繁且力度较大的调控方式收效却并不明显，货币政策效率的提高对经济的平稳运行和提高社会经济福利有至关重要的作用（蔡洋萍，2011）。因此，对于货币政策效率的研究具有一定的迫切性和现实性。

货币政策多目标系统是高度复杂、开放的经济系统，具有非线性、时滞性等复杂性特征（成思危，1999）。而用传统方法研究往往更注重各目标之间的线性关系而忽视了非线性的交互作用，因此不足以为货币政策的目标决策提供充分的理论支持。

2.2.2　文献综述

货币政策的有效性和货币政策效率是国内外学者在货币政策研究过程中主要

关注的两个方面。其中货币政策的有效性是指货币政策的实施能否引起经济的变动，而货币政策的效率是建立在有效性的基础上，是指货币政策工具作用于最终目标的程度和时滞（刘传哲和何凌云，2006）。

不同学者对于货币政策的有效性研究采取了不同的方法。范从来和廖晓萍（2003）从宏观经济学的角度，运用 AS-IS-LM 模型分析了经济开放程度与货币政策有效性之间的关系，认为随着经济开放程度的提高，货币政策的价格效会有增强，因此我国的货币政策应把稳定物价作为单一目标。大部分学者都是采用计量的方法进行实证研究的，闫力等（2009）采用 HP 滤波法分离出 M1、GDP、CPI 增长率序列的趋势成分和波动成分后，运用 VAR 模型及其脉冲响应函数对我国货币政策的有效性进行了实证检验，得出央行应将稳定物价作为货币政策的首要目标。彭方平等（2012）采用 Logistic 平滑转换结构向量自回归模型分析了预期通货膨胀对货币政策有效性的影响，得出经济处于高通胀预期状态下和经济处于低通胀预期状态下，货币政策的有效性存在明显差异的结论。庞新江（2012）分别建立了名义 GDP 和实际 GDP 与货币供应量 M2 的线性关系模型，通过我国 1989～2009 年的经济数据进行实证分析，验证了货币政策的有效性。

侯合心和赵蓉（1998）从商业银行信贷量变化的角度分析了货币政策低效率的原因，并给出相应的政策建议。中国人民银行上饶市中心支行课题组（2003）针对我国加入 WTO 之后货币政策微观传导机制出现的新问题，分析了制约货币政策效率的主要因素，并给出相应的政策建议。张先锋和谢众（2003）从理论上分析货币政策传导机制中影响其效率的因素。陈利平（2007）通过构建包含时滞、传导扰动因素以及中介目标的货币政策模型，分析通货膨胀目标制和货币政策效率之间的关系，认为通货膨胀目标值无法解决中国货币政策低效率问题的结论。鄂永健（2005）通过划分货币供给的内生性和外生性，得出在不同时期，由于货币供给性质的不同，货币政策效率也会不同的结论。王智强（2010）通过 1993～2009 年的季度数据，使用随机前沿分析的方法构建模型进行实证分析，发现中国的财政政策和货币政策效率均不高，但是并未从根本上探究其效率不高的原因。

基于以上文献可以得出，无论是用宏观经济学模型还是计量模型对货币政策有效性和效率的研究都没有涉及非线性的特征，而货币政策多目标系统呈现出明显的非线性和复杂性的特性。近年来，学者已经开始运用系统科学非线性理论中的耗散结构理论研究金融系统以及货币政策。Sandow 和 Zhou（2007）运用最小熵建立新的公司财务状况评价模型，解决了在数据缺失的情况下保证评价有效性的问题。Risso（2008）通过综合时间序列和熵值法，构建企业财务危机的评价模型，并用多个国家的数据进行了实证分析，说明了模型的有效性。刘超（2013）选取 1980～2011 年 32 年的数据运用熵值法从宏观和微观的角度，对中国的银行系统进行了脆弱性评价，给出了促进银行系统稳定性建设的措施。王祥兵和严广乐（2012）结合耗散结构理论中的低浓度三分子模型，从定量的角度给出了货币政策传导系统是耗散结构的依据，并且建立了基于突变理论的货币政策传导系统的脆性综合评价模型，结合 1993～2010 年的数据进行了实证分析，证明了该评价模型的有效性。

综上所述，我们可以发现货币政策效率的研究已经进入发展阶段，同时可以看出耗散结构的熵值法在金融系统的评价中得到了较为广泛的应用，但是研究中仍然存在以下问题。

（1）在对于货币政策效率的研究中，从目前所搜寻的文献中能够看出很多学者还是停留在理论分析的阶段，加入实证分析的研究成果很少。

（2）无论是在货币政策的有效性还是在货币政策效率的研究中，学者都是通过中介目标或者操作目标对最终目标的影响来分析，很少有通过货币政策最终五个目标来进行研究。

（3）虽然熵值法的评价功能在金融系统中得到了广泛的应用，但是从目前的研究现状看，还没有运用到货币政策的效率评价的研究中。

因此，本书在前人研究的基础上，将耗散结构的熵值评价法运用于货币政策最终五个目标构成的系统中，以此来研究货币政策的效率具有一定的理论和现实意义。

2.2.3　熵值法评价模型的建立

刘传哲和何凌云（2006）提出货币政策的传导机制是个复杂的系统，但最终都是表现为一定的结果，即货币政策最终目标的实现程度。因此对由五个最终目标构成的系统进行评价属于对货币政策整体效率的评价，能够更客观地分析我国货币政策的执行状况，并为提高社会福利和实现经济可持续发展提供借鉴。

1. 熵值法评价原理

从熵的定义可以看出，熵是对系统无序程度的度量，描述系统状态性质的有序程度及其不确定性，可以通过熵值来判断一个变量的随机性及无序程度，也可以用熵值来判断某个指标的离散程度。熵值越小，指标的离散程度越小，表明系统越有序，越稳定；反之，系统越无序，越脆弱。在利用多个指标对事物进行综合评价时，对于各指标来说，指标的熵值越大，表明该指标提供的信息量越大，该指标对于评价对象的作用就越小；反之，熵值越小的指标对于评价对象的作用就越大（范文娟和张心灵，2010）。应用熵值法能够对各指标的权重进行客观赋值，使得评价结果更加客观，并且符合系统的发展规律。

运用熵值法来评价货币政策效率，不仅能够避免用传统方法对各指标进行主观赋值对评价结果的影响，还能反映出货币政策最终目标之间复杂性、非线性的交互作用。因此评价结果会更加客观、科学、有效。

2. 建立评价模型

货币政策的最终五个目标对应着五个指标，x_{ij}表示第j项指标在第i年的数值。可以根据以下步骤对我国的货币政策效率进行评价。

（1）对指标数据进行标准化和正向化。由于代表货币政策最终目标的各个指标的计量单位都不相同，为了便于比较，消除不同计量单位的影响，因此在进行综合评价之前要对各指标进行标准化处理，使各个指标的数据都落在0～1这一无量纲区间。进行标准化的方法一般有直线型、折线型等。可采用极值标准化法对原始数据进行处理，如下：

$$x'_{ij} = \frac{x_{ij} - \min|x_{ij}|}{\max|x_{ij}| - \min|x_{ij}|}, \quad 0 \leqslant x'_{ij} \leqslant 1 \tag{2.7}$$

（2）计算货币政策最终目标系统中第j项指标下，第i年的比重或者概率，如下：

$$P_{ij} = \frac{x'_{ij}}{\sum\limits_{i=1}^{n} x'_{ij}} \tag{2.8}$$

其中，p_{ij}为x_{ij}在不同方案出现的概率。

（3）计算货币政策最终目标系统各指标的熵值，如下：

$$s_j = -k \sum\limits_{i=1}^{n} p_{ij} \ln p_{ij} \tag{2.9}$$

其中，$k > 0$；$\ln$为自然对数；$s_j \geqslant 0$。如果x_{ij}对于给定的j全部相等，则$P_{ij} = \dfrac{x'_{ij}}{\sum\limits_{i=1}^{n} x'_{ij}} = \dfrac{1}{n}$，此时，$s_j$取极大值，即$s_j = -k \sum\limits_{i=1}^{n} \dfrac{1}{n} \ln \dfrac{1}{n} = k \ln n$，若令$k = \dfrac{1}{\ln n}$，则$0 \leqslant s_j \leqslant 1$，显然，$s_j$越小，第$j$项指标的差异性越大。

（4）计算货币政策最终目标系统的各指标的差异系数，如下：

$$g_j = 1 - s_j \tag{2.10}$$

g_j越大，该指标对于货币政策的效率作用越大。

（5）定义货币政策最终目标系统中各指标的权重，由于差异系数越大，指标对于货币政策效率的影响越大，因此权重应该越大，如下：

$$w_j = {g_j} \Big/ {\sum\limits_{j=1}^{n=5} g_j} \tag{2.11}$$

（6）计算综合评价值，如下：

$$r_i = \sum_{i=1}^{n} w_j p_{ij} \qquad (2.12)$$

计算出的综合评价值越高，表明该年份货币政策最终目标系统越脆弱，货币政策效率较低；反之，表明货币政策效率较高。

2.2.4 评价货币政策效率的实证分析

1. 货币政策最终目标系统脆性评价指标和数据的选取

本书选取各目标的一级指标进行数据计算，即经济增长选取 GDP 增长率，稳定物价选取消费者物价指数 CPI，充分就业选取就业率，通过 1 与城镇登记失业率的差计算，国际收支平衡选取国际收支差额，用经常项目差额和资本与金融项目差额之和表示，金融稳定选取主要商业银行不良贷款率[①]，为保证所选指标的正负向相同，在对主要商业银行的不良贷款率进行处理之前要对该组数列进行负向处理。为了保证数据的重要性、科学性和可获得性，因此选取 1993～2012 年的数据。各指标的原始数据如表 2.6 所示。

表 2.6 货币政策最终目标系统各指标原始数据表

年份	经济增长（GDP 增长率/%）	稳定物价（CPI 上年=100%）	充分就业（就业率/%）	国际收支平衡（国际收支差额/百万美元）	金融稳定（主要商业银行不良贷款率/%）
1993	14.0	114.7	97.4	11570.00	−17.1
1994	13.1	124.1	97.2	40302.00	−15.5
1995	10.9	117.1	97.1	40293.00	−15.0
1996	10.0	108.3	97.0	47209.00	−15.5
1997	9.3	102.8	96.9	57978.39	−15.0
1998	7.8	99.2	96.9	25149.57	−26.0
1999	7.6	98.6	96.9	26293.51	−36.1
2000	8.4	100.4	96.9	22441.22	−26.1
2001	8.3	100.7	96.4	52180.42	−31.0
2002	9.1	99.2	96.0	67712.83	−23.6
2003	10.0	101.17	95.7	100748.00	−17.6
2004	10.1	103.88	95.8	176811.20	−13.2
2005	11.3	101.81	95.8	256167.00	−8.9
2006	12.7	101.41	95.9	302573.40	−7.5

① 主要商业银行包括国有商业银行和股份制商业银行。

年份	经济增长（GDP 增长率/%）	稳定物价（CPI 上年=100%）	充分就业（就业率/%）	国际收支平衡（国际收支差额/百万美元）	金融稳定（主要商业银行不良贷款率/%）
2007	14.2	104.77	96.0	466064.50	−6.7
2008	9.6	105.86	95.8	466233.20	−2.45
2009	9.2	99.3	95.7	495612.10	−1.8
2010	10.4	103.3	95.9	592238.60	−1.3
2011	9.3	105.4	95.9	467184.60	−1.0
2012	7.8	102.6	95.9	176323.00	−0.95

以上数据来源于 1993～2012 年的《中国金融年鉴》《中国统计年鉴》、银监会年报、中国人民银行年报等。

2. 实证过程

（1）采用极值标准化法对原始数据进行标准化和正向化处理，根据公式（2.7）计算得到标准化的各项指标数值如表 2.7 所示。

表 2.7　货币政策最终目标系统各指标标准化数值表

年份	经济增长（GDP 增长率/%）	稳定物价（CPI 上年=100%）	充分就业（就业率/%）	国际收支平衡（国际收支差额/百万美元）	金融稳定（主要商业银行不良贷款率/%）
1993	0.969697	0.631373	1.000000	0.000000	0.459459
1994	0.833333	1.000000	0.882353	0.049481	0.413940
1995	0.500000	0.725490	0.823529	0.049465	0.399716
1996	0.363636	0.380392	0.764706	0.061376	0.413940
1997	0.257576	0.164706	0.705882	0.079922	0.399716
1998	0.030303	0.023529	0.705882	0.023386	0.712660
1999	0.000000	0.000000	0.705882	0.025356	1.000000
2000	0.121212	0.070588	0.705882	0.018722	0.715505
2001	0.106061	0.082353	0.411765	0.069937	0.854908
2002	0.227273	0.023529	0.176471	0.096687	0.644381
2003	0.363636	0.100784	0.000000	0.153578	0.473684
2004	0.378788	0.207059	0.058824	0.284571	0.348506
2005	0.560606	0.125882	0.058824	0.421249	0.226174
2006	0.772727	0.110196	0.117647	0.501152	0.186344
2007	1.000000	0.241961	0.176471	0.782709	0.163585
2008	0.303030	0.284706	0.058824	0.782999	0.042674
2009	0.242424	0.027451	0.000000	0.833594	0.024182
2010	0.424242	0.184314	0.117647	1.000000	0.009957
2011	0.257576	0.266667	0.117647	0.784638	0.001422
2012	0.030303	0.156863	0.117647	0.283730	0.000000

（2）根据公式（2.8）计算货币政策最终目标系统中第 j 项指标下，第 i 年指标值的比重或概率，具体如表 2.8 所示。

表 2.8　货币政策最终目标系统各指标概率表

年份	经济增长（GDP增长率/%）	稳定物价（CPI 上年=100%）	充分就业（就业率/%）	国际收支平衡（国际收支差额/百万美元）	金融稳定（主要商业银行不良贷款率/%）
1993	0.125245	0.131321	0.129772	0.000000	0.061337
1994	0.107632	0.207993	0.114505	0.007851	0.055260
1995	0.064579	0.150897	0.106871	0.007848	0.053361
1996	0.046967	0.079119	0.099238	0.009738	0.055260
1997	0.033268	0.034258	0.091604	0.012681	0.053361
1998	0.003914	0.004894	0.091604	0.003711	0.095139
1999	0.000000	0.000000	0.091604	0.004023	0.133498
2000	0.015656	0.014682	0.091604	0.002971	0.095518
2001	0.013699	0.017129	0.053436	0.011097	0.114128
2002	0.029354	0.004894	0.022901	0.015341	0.086024
2003	0.046967	0.020962	0.000000	0.024368	0.063236
2004	0.048924	0.043067	0.007634	0.045152	0.046525
2005	0.072407	0.026183	0.007634	0.066838	0.030194
2006	0.099804	0.02292	0.015267	0.079516	0.024877
2007	0.129159	0.050326	0.022901	0.124189	0.021838
2008	0.039139	0.059217	0.007634	0.124235	0.005697
2009	0.031311	0.00571	0.000000	0.132263	0.003228
2010	0.054795	0.038336	0.015267	0.158666	0.001329
2011	0.033268	0.055465	0.015267	0.124495	0.000190
2012	0.003914	0.032626	0.015267	0.045018	0.000000

（3）根据以上求出的概率表，运用公式（2.9）可以计算各指标的熵值 s_j，令 $k = 1 / \ln n$。结果如表 2.9 所示。

表 2.9　货币政策最终目标系统各指标熵值表

	经济增长（GDP增长率/%）	稳定物价（CPI 上年=100%）	充分就业（就业率/%）	国际收支平衡（国际收支差额/百万美元）	金融稳定（主要商业银行不良贷款率/%）
熵值	0.897302	0.841649	0.852466	0.81455	0.880079

（4）根据公式（2.10）计算各项指标的差异系数 g_i，结果如表 2.10 所示。

表 2.10　货币政策最终目标系统各指标差异系数表

	经济增长（GDP 增长率/%）	稳定物价（CPI 上年=100%）	充分就业（就业率/%）	国际收支平衡（国际收支差额/百万美元）	金融稳定（主要商业银行不良贷款率/%）
差异系数	0.102698	0.158351	0.147534	0.18545	0.119921

（5）根据公式（2.11）计算五个指标的权重，得出各指标的权重如表 2.11 所示。

表 2.11　货币政策最终目标系统各指标权重表

	GDP 增长率/%	CPI（上年=100%）	就业率/%	国际收支差额/百万美元	主要商业银行不良贷款率/%
权重	0.143844	0.2217944	0.20664356	0.25975062	0.167967

（6）根据公式（2.12）计算每年的综合评价值。所得结果如表 2.12 所示。

表 2.12　货币政策效率综合评价系数表

年份	1993	1994	1995	1996	1997	1998	1999	2000	2001	2002
r_i	0.084	0.096	0.075	0.056	0.043	0.037	0.042	0.041	0.038	0.028
年份	2003	2004	2005	2006	2007	2008	2009	2010	2011	2012
r_i	0.028	0.037	0.040	0.047	0.070	0.053	0.040	0.060	0.052	0.022

（7）对各年度的综合评价系数按升序排序，具体如表 2.13 所示。

表 2.13　货币政策效率综合评价排序表

年份	2012	2003	2002	1998	2004	2010	2005	2009	2000	1999
排名	1	2	3	4	5	6	7	8	9	10
年份	1997	2006	2011	2008	1996	2010	2007	1995	1993	1994
排名	11	12	13	14	15	16	17	18	19	20

（8）根据表 2.12 的评价结果，绘制各年度综合评价结果趋势图，如图 2.1 所示。

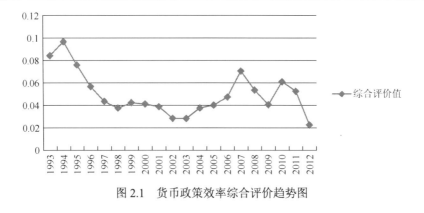

图 2.1　货币政策效率综合评价趋势图

2.2.5　结论和政策建议

1. 实证结论

通过熵值法对我国 1993~2012 年货币政策效率评价实证研究得出以下结果。

1）国际收支差额对提高货币政策效率影响最大

由表 2.9 可得：经济增长指标的熵值最大，金融稳定指标次之，熵值最小的是国际收支平衡指标。根据上述分析可知，经济增长因素对货币政策的影响力度最小，而国际收支因素影响力度最大。这是因为，中国自改革开放以来选取的都是问题导向型的货币政策，经济增长一直是政府最重视的目标，加之《中国人民银行法》的规定，我国货币政策的最终目标是在保证物价稳定的基础上促进经济增长。虽然在 1978 年以后 GDP 增长率有变化也有波动，但是一般来说都是在政府的目标预期之内的，因此经济增长这一指标对于货币政策的效率以及货币政策最终五个目标的协调发展影响力较小。从近 20 年的国际收支平衡表中可以看出，我国自 1994 年开始一直呈现"双顺差"的状态，并且规模在不断加大，正因为我国的经济增长一直依赖于出口，使得外汇占款过多，国内流动性萎缩，引发各种资产泡沫和经济结构失衡等一系列问题，所以国际收支差额成为影响货币政策效率最重要的因素。

2）我国货币政策效率在逐步提高

根据表 2.13 分析可以得出，自 1993~2012 年我国的货币政策最终目标系统的脆弱性呈现出下降的趋势，其中 1994 年脆弱性最强，货币政策效率最低，经济运行状况最差，2012 年货币政策效率最高，经济运行状况最好。

从图 2.1 可得，对我国货币政策效率的分析可以分为 1993~2002 年，2003~2007 年，2008~2012 年三个阶段。

（1）1993~2002 年。由于固定资产投资规模大力扩张以及汇率并轨，1993年中国经济进入高速增长的通道。当年 GDP 增长率为 14%，居民消费价格指数为

114.7%，而到 1994 年居民消费价格指数上涨至 24.1%，达到史上最高，GDP 增长率达到 13.1%，导致经济过热，经济秩序混乱。出于相机抉择的机制，政府采取了从紧的货币政策，积极治理通货膨胀，到 1996 年成功实现软着陆。1998 年开始我国经济受到亚洲金融风暴的影响，因此 1998 年的综合评价值略微上涨，货币政策效率有所降低，但是由于中国经济规模较大，整体来说受到的冲击不大，但实际上中国经济经历了一场很深刻的调整（周小川，2005）。这次的结构调整保证了 1998～2002 年经济的平稳运行，货币政策效率较高。

（2）2003～2007 年。2003 年，受伊拉克战争和非典疫情的影响，国内经济受到很大的影响，货币政策最终目标系统的脆弱性开始上升。到 2007 年中国经济存在社会固定投资增长过快，物价水平波动剧烈，国际收支继续保持"双顺差"的问题，国际收支调节和内部经济调控的难度逐渐加大。加之 2007 年国内金融环境不稳定，货币供应过多，外币大量涌入，导致国内经济又出现了很大的波动，货币政策效率出现了一定程度的回落。

（3）2008～2012 年。2008 年全球金融危机爆发，美国、欧盟、日本等中国主要的出口国都陷入经济疲软，严重影响贸易出口量，国际收支差额增速减缓；另外，国内开始扩大内需，政府投放四亿资金刺激经济，因此在国际经济环境依旧严峻的情况下，我国的经济形势有转好的趋向。2009 年美国和欧盟经济好转，出口贸易量又有一定程度的恢复，国际收支顺差额持续扩张，货币政策效率又一次出现了下降。2010 年以后，政府在保增长的同时，加大"促内需，调结构"的政策力度，坚定不移地实行结构调整和增长方式的转变，防范金融风险，使得 2012 年首次扭转了"双顺差"的局面，资本与金融账户出现逆差，经济运行状况达到新的高度。

从以上的分析可以看出，熵值法的评价结果和现实情况基本吻合，证明了该评价模型的有效性和科学性。

2. 政策建议

从上面的实证分析过程中可以看出国际收支差额是影响货币政策效率的最重要的因素。本书就如何减少国际收支顺差规模来提高货币政策效率，实现货币政策最终五个目标的协调发展给出相应的政策与建议。

1）加强技术引进，优化产业结构

自 1993 年以来，中国的经济增长一直是依靠庞大的净出口额和工业化的发展。但是过快的发展导致国内污染严重、能源危机，再加上国际大宗商品价格上涨，中国老龄化导致的劳动力成本上升，使得目前的经济增长方式不具有可持续性。

加强技术引进，优化产业结构是解决当前经济问题的最为有效的办法。从国内市场情况来看，优化产业结构，提高第三产业的比重，扩大国内消费需求，不仅能够促进经济增长，而且由于第三产业的行业性质能够提供更多的就业机会，国内就业状况会得到很大程度的改善。从国际市场来看，引进新的技术，扩大国内消费需求，就会增加进口需求，减小经常项目差额，促进国际收支平衡；另外，外汇储备减少，央行可投放的基础货币很大程度的降低，对于国内金融稳定和物价稳定都起了积极作用。

从以上分析中可以看出，加强技术引进，优化产业结构能够在保证经济增长的同时，实现稳定物价、充分就业、国际收支平衡和金融稳定的协调发展，因此货币政策效率能够得到很大的提高。

2）加大海外投资，放松资本外流限制

人民币在国际市场上的升值预期导致我国的资本与金融账户在经常项目顺差的情况下，依旧保持庞大的顺差规模，这表明国内存在大量的投机资本，而人民币的资源配置效率较低。所以，一方面为促进国际收支平衡的实现，对于本币外流要放松限制，积极开拓投资渠道，提高海外投资收益率，这样本国居民的收入情况会得到改善，收入提高会促进国内消费需求，加速产业结构优化的进程，改善目前国内就业状况；另一方面，工业发展迅速导致现阶段国内稀缺资源相当匮乏，因此在人民币"走出去"的过程中，要重视对矿产、能源等稀缺资源的投资，从而保证我国经济的可持续发展。

放松对资本外流的限制不仅能够促进国际收支平衡，而且也能实现经济增长和充分就业的目标，有利于提高货币政策的执行效果和社会福利。

3）变藏汇于国为藏汇于民，鼓励民间资本进入外汇市场

根据我国目前的结售汇制度，中资外贸企业能够保留进出口总额的20%的资金，居民每年只允许换汇5万美元，用于正常项目下的旅游等事宜。在现行汇率管理体制下，我国的外汇储备已经日益逼近"极限"，央行将不堪重负，因此要加速藏汇于民的进程，将外汇投资的自主权放回到企业和个人手中。

落实藏汇于民的根本之道还在于人民币国际化，而人民币走出去的机遇也正是建立在藏汇于民的基础上。因为如果中国民间对外投资逐渐增加，民间换汇的需求就会变大，导致中国的资本管制逐渐放松，实现资本项目的可自由兑换。

允许民间资本进入外汇市场一方面可以减轻政府的管理负担，外汇储备进入民间后，可以分散投资风险，提高外汇储备的收益率；另一方面，也能在一定程度上缓解目前国内居民投资渠道过于狭窄，进而产生各种资产泡沫的问题，弱化货币错配引发的各种风险，促进国内金融稳定和物价稳定。由此可见，民间资本进入外汇市场可以同时实现国际收支平衡、金融稳定和国内物价稳定的协调发展，保证我国经济的可持续发展。

2.3　我国货币政策系统的突变机制评价研究

2.3.1　概述

自 20 世纪 90 年代以来，经济全球化、金融国际化飞速发展已经成为世界经济发展的主要趋势之一，全球经济和金融系统之间表现出越来越高的关联性，两者的交互作用也日益复杂，这不仅提高了金融资源在全球范围内的资源配置效率，也在一定程度上扩大了风险在全球各个经济体之间的传导效应，进一步扩大了经济系统的随机涨落作用，而货币政策常常被用来调和经济系统中的这种涨落。货币政策工具、操作目标、中介目标、最终目标、规则、传导机制以及货币政策效应等的组合称为货币政策系统，决策层大多选择搭配货币政策和财政政策实施有效的财政金融措施，实现对国民经济的宏观调控，促进金融安全、高效、稳健运行，推动宏观经济的稳定健康持续发展。

货币政策系统作为非线性复杂社会经济系统的组成部分，其自身也是一个非线性复杂系统（王祥兵和严广乐，2012）。在货币政策系统中存在最终目标、中介目标、操作目标等多重目标，同时涉及利率、汇率、就业率、通货膨胀率等多种变量，并且在货币政策系统的动态演化过程中存在着各种随机的涨落，在各种变量和目标的非线性作用机制下，微小的随机涨落得到放大形成巨涨落，最终导致货币政策系统发生突变，传统线性均衡的经济理论无法解释货币政策系统演化过程中的非线性现象。因此，本书在研究国内外相关文献的基础上，运用突变理论对货币政策系统的突变机制进行分析，同时对货币政策系统的稳定性进行相关的实证研究，以论证货币政策系统突变机制的理论分析。

2.3.2　文献梳理

传统的经济学理论基于线性逻辑假设揭示了货币政策系统的运行演化规律，即各经济主体对货币政策的反应是一致的，这也就意味着货币政策系统中各变量之间是通过线性的模式进行交互作用。但是，实际的经济运行状态则是微观经济主体对同一货币政策往往表现出一定的差异性，进而会引起货币政策变量间的交互作用由线性走向非线性，货币政策系统表现出非线性的特征，如在高通货膨胀时期，微观经济主体往往有更高的欲望调整现金持有量；而在低通胀时期，微观经济主体由于存在调整价格的成本，对前期通胀的反应往往不敏感。

基于线性理论的研究框架，国外学者 Carrasquilla（1998）运用 VAR 模型以哥伦比亚 1980~1996 年的宏观数据为研究样本，对货币政策的效应进行了相关研究。研究显示，货币政策实施后，利率和资产价格会发生变化，但是消费没有显著变化。同时期，Rocha 应用描述性统计的方法对秘鲁的货币政策传导渠道进行了相关研究，研究表明秘鲁的货币政策大多依赖于利率传导渠道，而信用渠道不明显。随着非线性科学的发展，货币政策系统的非线性特征越来越受到相关学者的关注，国外学者以实证研究的方式，运用 Hamilton（1994）提出的浮动法对美国的货币政策操作效应进行了相关研究，认为在 1979 年以前美国的货币政策表现出明显的非线性特征，而在 1979 年之后美国货币政策的非线性特征不够明显。国内学者赵进文和闵捷（2005）用单方程非线性 STR 模型对我国货币政策操作效应进行了实证研究，结果表明我国货币政策操作效应存在非线性特征，且转换函数为逻辑型函数的形式。随后，彭方平（2007）同样运用 STR 模型对我国货币政策传导机制中的非线性问题进行了相关研究，揭示了我国货币政策系统的非线性作用机制，并提出了相关的政策建议，认为货币政策应根据不同的信贷状况做出调整。与之不同，刘超和张伟（2012）从货币政策目标的角度出发，运用系统动力学原理构建了反馈模型、结构流图和方程，在此基础上进行了实证研究，揭示了货币政策目标间的非线性交互作用。

现有的相关研究较多地采用实证验证货币政策效应、货币政策目标或货币政策工具等某一方面的非线性特性，对货币政策非线性机制的理论研究较少，本书拟将货币政策工具，货币政策操作目标、中介目标、最终目标，货币政策规则，货币政策传导机制以及货币政策效应等的组合看作一个系统，并就整个系统的突变机制进行理论分析，在此基础上运用突变级数法对其进行实证检验。

2.3.3　我国货币政策系统的突变机制分析

法国数学家托姆 1972 年提出的突变理论主要是对某种系统或运动过程的研究，从一种稳定状态跨越中间的不稳定状态向另一种稳定状态的跃迁。突变理论在自然和社会领域具有重大的应用价值。从数学角度讲，突变理论是基于奇点的理论，即针对不同的势函数，据此对各种临界点进行分类，从而对在临界点附近的非连续跃迁现象进行研究。突变理论与耗散结构论、协同论一起，在有序与无序的转化机制上，将系统的形成、结构和发展联系起来，成为推动系统科学发展的重要学科之一（彭方平，2007）。突变理论的理论核心是在研究过程中即使是对系统形态的基质所具特性或作用力本质一无所知，仍有可能在某种程度上理解形态发生的过程（勒内·托姆，1989）。

1. 货币政策系统突变机制

货币政策系统作为一个动态的演化系统，存在两个或多个不同的稳定平衡态，在经济开放和全球化条件下，国际资本流动、金融创新和投融资工具多样化发展导致货币政策安排中成本和效益关系处于不断的变动之中。一方面，作为开放的系统，货币政策系统受到外部政治、经济、金融、技术等环境因素的影响，通过和外部环境之间的相互作用、相互影响，进行物质、能量和信息的交换，使得货币政策系统发生变化以适应变化了的外部环境；另一方面，货币政策系统中存在着各种随机涨落，这些涨落不断地通过各子系统、主体元素之间的非线性作用机制形成巨涨落，在货币政策系统内、外界因素的影响和制约下，系统的状态参量逐渐偏离平均值，从而形成各种随机涨落，在系统发生突变的临界区域附近，涨落会使系统偏离定态解；在临界点处，货币政策系统中控制参数的微小变化使得货币政策系统由一种稳定态跨越中间的不稳定态跳跃到另一种稳定态，实现系统的组织结构、制度结构、功能、运行机制在复杂巨系统层次上演化，这一转变是突然完成的，稳定态的形式取决于控制参数的运动轨迹或路径。在货币政策系统的演化过程中，存在着系统层级跃迁、转换或创生的过程，即 MST（the meta system transition）过程，这一过程具体通过货币政策系统的结构体现，在演化过程中，通过 MST 过程，货币政策系统最终会成为一个多层次跃迁系统。货币政策系统最终到达的稳定平衡态取决于控制参数的变化方向，当控制参数沿原路径返回时，系统不会回到最初的稳定平衡态。货币政策系统在整个突变的过程中内部结构发生了巨大变化以适应新的外部环境和自身发展（图 2.2）。

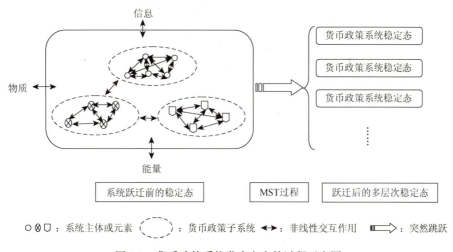

图 2.2　货币政策系统发生突变的过程示意图

2. 货币政策系统突变的根源

货币政策系统的突变并非凭空出现的，它具有可以查询的客观根源和能够用科学揭示的产生机制。货币政策系统是由众多的经济主体（元素）、目标、规则等构成的非线性复杂系统，各经济主体之间具有多重反馈性，根据苗东升论述的系统涌现性来源于构材效应、规模效应、结构效应和环境效应（苗东升，2006），结合货币政策系统的上述特性，对货币政策系统的现实突变来源做以下初步探讨。

1）反馈效应

所谓反馈，是指一个过程或系统的输出（结果）通过某种途径返回到出发点，并作为该过程或系统的输入（或输入的一部分），从而对下一个输出产生影响。这种影响如果是对过程或系统输出的激励，则称为正反馈；如果是对输出的抑制，则称为负反馈。

在货币政策系统内部，正反馈会使经济主体增加自身适应学习能力，逐渐做出理性、正确的判断，而负反馈会导致经济主体无法进行适应学习，阻碍货币政策系统的突变进程。货币政策系统内部各经济主体会不断加强那些与正反馈相关的机制，从而使得这些机制越变越强。当货币政策系统内部的反馈机制运行到临界点时，货币政策系统就会从一种稳定态跃迁到另一种稳定态，完成整个突变过程。

2）元素效应

货币政策系统是由元素或组分（各经济主体、目标、规则等）构成的，货币政策系统的整体突变性归根结底来自于内部的元素或组分。突变是货币政策系统的元素或组分的结构、成分相互作用相互影响的过程中发生的瞬时变化，最终导致货币政策系统由一种稳定态跃迁到另一种稳定态。一方面，货币政策系统的突变特性必定受到各经济主体特性、目标选择、规则的制约，并非任意的元素或组分都可以造就特定整体的突变性，而要求产生货币政策系统整体突变性的元素、组分或个体具有一定的性状，包括组分或元素本身的特征、环境的约束、接收信息的反应以及相互的作用、运行机制等；另一方面，货币政策系统的元素和组分之间发生非线性、相干性的作用，使得货币政策系统的内部结构发生变化，元素之间的相互作用导致货币政策系统的有序和无序。

3）层级效应

首先，突变是货币政策系统整体（或系统的高层次）具有而部分（或系统的低层次）不具有的属性、特征或功能。其次，突变是由货币政策系统等级层次提升产生的结果。系统层次结构的提升往往会产生一种高层次等级具有而低层次不具有的新质的突变，同时也意味着货币政策系统结构向着复杂化方向发展。最后，货币政策系统整体（高层次）的突变来源于部分（或低层次），这表明，货币政策系统整体所具备的新的属性特征来源于原来没有此特征的系统的部分，货币政策系统突变性的主要标识就是系统高层次中新质的产生以及系统层次之间的不可还原性。

4）结构效应

在货币政策系统中，要保证货币政策系统的可持续发展，货币政策系统的稳健运行，不仅需要良好的目标结构、高效的操作工具组合，而且还需要高效率的运行规则，因此，为了使实施的货币政策达到预期的效应，就应该选择合适的货币政策工具，制定高效的货币政策规则，并将两者有效地组合起来，以实现预期的货币政策目标。

5）环境效应

货币政策系统在与外界环境进行物质、能量和信息的交流交换的同时，从中获得资源，努力开拓自己的生存空间，并形成边界，建立与外部环境相互作用的渠道和方式。货币政策系统凭借这些渠道和方式与环境进行物质、能量和信息的交流与运动，以此来决定如何通过整合或组织其他部分以实现突变，来适应环境的约束，提高抗干扰能力等，突变的结果是产生新的货币政策结构，以实现预定的货币政策目标。

以上几个方面都是货币政策系统产生突变的现实来源，但这并不意味着它们必须同时具备才能产生突变。事实上，它们之中的某几个组合也可能产生突变，具体的货币政策系统突变来源的相互作用如图 2.3 所示。

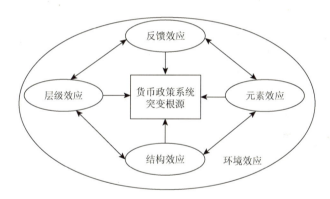

图 2.3　货币政策系统层次突变示意图

2.3.4　我国货币政策系统的突变机制评价研究

经济现实中，在某一时期和一定条件下，货币政策系统的主要变量利率、信贷、汇率、资产价格与货币供应量存在着某种特定的联系而呈现出相对稳定的变化态势，或者货币政策系统在整体上是稳定的，但是在其局部，货币政策系统主要变量却不断地在系统内起伏、波动，产生涨落影响系统整体的稳定与安全，使系统内部各个子系统功能耦合、互相适应的货币政策系统稳健性状态受到破坏，货币政策系统制度结构、功能等非均衡演化导致系统的风险积聚，从而丧失部分或全部功能的系统演化状态，表现为货币政策系统在某种条件下的突然崩溃，引起通货膨胀、金融危机、经济危机等恶性经济现象的爆发，所以本书将采用货币政策稳定度指标来衡量货币政策系统的突变机制。

由于货币政策系统的非线性和突变性特征，本书运用基于突变理论的突变级数法对我国的货币政策系统进行评价研究，以验证上述的理论分析。

突变级数法以突变理论为基础，从系统的非线性和复杂性入手建立系统的评级指标体系，由于系统的状态发生突变是由落在分歧集内的控制变量引起的，所以可以根据这一特性来建立评价模型，最终达到对复杂非线性系统的认识。突变级数的评价方法综合了现有层次分析法、效用函数法和模糊评价法等的优点，并且无需对指标赋予权重，突变级数评价方法通过对分歧集的归一化处理，得到一种突变模型模糊隶属度函数，进而对评价对象进行综合评价。常用的突变模型及其归一公式如表 2.14 所示。

表 2.14 常用的 3 种突变模型及其归一公式

突变模型	势函数	归一公式
尖点突变模型	$V_{ab}(x) = \dfrac{1}{4}x^4 + \dfrac{1}{2}ax^2 + bx$	$x_a = a^{1/2}, x_b = b^{1/3}$
燕尾突变模型	$V_{abc}(x) = \dfrac{1}{5}x^5 + \dfrac{1}{3}ax^3 + \dfrac{1}{2}bx^2 + cx$	$x_a = a^{1/2}, x_b = b^{1/3}, x_c = c^{1/4}$
蝴蝶突变模型	$V_{abcd}(x) = \dfrac{1}{6}x^6 + \dfrac{1}{4}ax^4 + \dfrac{1}{3}bx^3 + \dfrac{1}{2}cx^2 + dx$	$x_a = a^{1/2}, x_b = b^{1/3}, x_c = c^{1/4}, x_d = d^{1/5}$

其中，x 为系统的状态变量。$V(x)$ 为 x 的势函数，a，b，c，d 为控制变量，系统的平衡曲面方程是通过对系统突变模型的势函数求一阶导数 $V'(x)=0$ 得到的，系统的平衡曲面奇点集由突变模型势函数二阶导数 $V''(x)=0$ 得到，通过联立一阶导数方程 $V'(x)=0$ 和二阶导数方程 $V''(x)=0$ 可以得到分解形式的分歧方程。如果系统内的各控制变量满足分歧方程，那么就意味着系统发生了突变。

归一公式是运用突变理论对系统进行综合评价判断的基本运算公式，其主要思想是转化状态变量表示的质态，使其归一化，即将系统内部中不同质态的各控制变量通过归一化处理转化为同一种质态，以便于进行相互比较，然后在此基础上对系统内的各控制变量进行量化递归运算，从而得到系统评价系数，即系统的总突变隶属函数值，并以此为依据，对系统进行综合评价和分析结果。

基于突变级数法，综合分析评价系统时，需注意以下三种常用的评价准则。

（1）非互补准则：若描述系统运行的各控制变量与状态变量不能互相弥补其不足，即各控制变量对状态变量的作用不可以相互替代，那么状态变量 x 值的选取应遵守"大中取小"的原则。

（2）互补准则：若描述系统运行的各控制变量与状态变量可以相互弥补其不

足，即各控制变量对状态变量的作用可以相互替代，那么状态 x 值的选取应为通过计算各控制变量获得的状态变量的平均值。

（3）过阈互补准则：若在系统中只有各控制变量要求达到一定的阈值后，各控制变量与状态变量才能相互弥补其不足，则状态 x 值的选取应遵守按过阈值后取平均值的原则。

1. 指标体系的构建

综合考虑货币政策系统的构成、突变机制以及可操作性，从货币政策传导、货币政策目标和外部经济三个方面构建指标体系，根据突变级数评级理论层级指标一般不超过四个的原则，对层级指标进行了主成分因子提纯，选取信贷增长率、居民储蓄增长率、M2 增长率、实际利率水平、实际汇率水平、股票市值/GDP、市盈率、股指波动率、GDP 增长率、CPI 增长率、GDP 平减指数、负债率、实际利用外资增长率、贸易差额/GDP 和外汇储备/M2、固定资产投资增长率 16 个底层指标，运用因子分析法确定各个指标在整个指标体系中的顺序，最后确定的货币政策系统稳定度评价指标体系（表 2.15）。

表 2.15　因子特征值、贡献比例及累计贡献比例

因子	特征值	贡献率/(%)	累计贡献值/(%)
1	3.38	56.63	56.63
2	2.79	21.18	77.81
3	0.98	11.01	88.82
4	0.73	6.07	94.89
5	0.56	2.21	97.1
6	0.34	1.72	98.82
7	0.21	0.93	99.75
8	1.398×10^{-2}	0.23	99.98
9	1.315×10^{-3}	2.192×10^{-2}	100

以货币政策传导为例，第一步，对原始数据进行标准化处理，然后求解相关系数矩阵及其特征值，如表 2.15 所示。

2. 实证研究

在数据分析的过程中，由于底层原始指标具有不同的取值范围和度量单位，没有可比性，所以对原始数据进行无量纲化处理，转化到 0~1，无量纲化处理后的数据如表 2.16 所示。

表 2.16 无量纲化处理后的原始数据

年份	X_{111}	X_{112}	X_{113}	X_{121}	X_{122}	X_{131}	X_{132}	X_{133}	X_{141}	X_{211}	X_{221}	X_{222}	X_{31}	X_{32}	X_{33}	X_{34}
1993	0.501	0.401	0	0.506	0.588	0.025	0.496	0.828	0.641	1	0.751	0.058	0.03	0	0	0
1994	1	0	0.431	0.351	1	0.012	0.016	0	0.405	0.709	1	0.137	0.07	0.826	0.285	0.029
1995	0.736	0.341	0.538	0.287	0.851	0	0	0.228	0.114	0.467	0.77	0.177	0.047	0.858	0.415	0.011
1996	0.557	0.68	0.727	0.427	0.641	0.067	0.41	0.84	0.286	0.392	0.49	0.21	0.034	0.901	0.331	0.162
1997	0.214	0.822	0.855	0.226	0.359	0.139	0.48	0.89	0.118	0.257	0.167	0.362	0.038	1	0.603	0.16
1998	0.457	1	0.936	0.531	0.601	0.143	0.334	0.549	0.334	0.105	0	0.789	0.047	0.681	0.605	0.17
1999	0.198	0.85	1	0.095	0.153	0.21	0.424	0.331	0	0	0	0.679	0.048	0.697	0.453	0.359
2000	0	0.73	0.897	0.08	0.056	0.402	0.734	0.383	0.18	0.136	0.113	0.849	0.025	0.008	0.386	0.136
2001	0.09	0.715	0.9	0	0.237	0.319	0.479	0.697	0.297	0.03	0.128	0.789	0.04	0.707	0.356	0.183
2002	0.193	0.777	0.939	0.169	0.301	0.243	0.435	0.165	0.447	0.028	0.078	0.91	0.027	0.508	0.395	0.268
2003	0.313	0.677	0.888	0.435	0.309	0.223	0.423	0.238	0.859	0.332	0.089	0.819	0.028	0.168	0.341	0.362
2004	0.103	0.547	0.826	0.124	0.219	0.158	0.24	0.208	0.817	0.267	0.253	0.737	0.03	0.561	0.099	0.49
2005	0.227	0.661	0.852	0.053	0.285	0.117	0.11	0.26	0.793	0.498	0.238	0.576	0.014	0.087	0.634	0.611
2006	0.193	0.68	0.8	0.138	0.2	0.287	0.368	0.296	0.71	0.542	0.269	0.424	0.01	0.098	0.812	0.687
2007	0.189	0.491	0.628	0.213	0	1	1	0.766	0.748	0.287	0.577	0.271	1	0.803	0.814	0.746
2008	0.237	0.56	0.431	0.279	0.548	0.369	0.116	1	0.774	0.325	0.245	0.489	0	0.495	1	0.561
2009	0.658	0.715	0.526	1	0.365	0.498	0.577	0.849	1	0.241	0.339	0	0.396	0.858	0.58	0.911
2010	0.316	0.59	0.457	0.364	0.381	0.588	0.182	0.747	0.71	0.483	0.451	1	0.485	0.704	0.917	1
2011	0.199	0.622	0.661	0.224	0	1	1	0.912	0.787	0.683	0.41	0.494	0	0.521	1	0.801
2012	0.239	0.696	0.897	0.056	0.3	0.123	0.116	0.274	0.835	0.524	0.25	0.606	0.015	0.092	0.667	0.643

指标 X_{11} 由 X_{111}、X_{112}、X_{113} 构成非互补型燕尾突变模型，所以 $X_{11} = \mathrm{MIN}$ $(X_{111}^{1/2}, X_{112}^{1/3}, X_{113}^{1/4})$，指标 X_{12} 由 X_{121}、X_{122} 构成非互补型尖点突变模型，所以 $X_{12} = \mathrm{MIN}(X_{121}^{1/2}, X_{122}^{1/3})$，指标 X_{13} 由 X_{131}、X_{132}、X_{133} 构成非互补型燕尾突变模型，所以 $X_{13} = \mathrm{MIN}(X_{131}^{1/2}, X_{132}^{1/3}, X_{133}^{1/4})$，指标 X_{22} 由 X_{221}、X_{222} 构成非互补型尖点突变模型，所以 $X_{22} = \mathrm{MIN}(X_{221}^{1/2}, X_{222}^{1/3})$。经计算 1993～2012 年货币政策突变评价二级指标数据如表 2.17 所示。

表 2.17　货币政策系统稳定度评价二级指标值

年份	X_{11}	X_{12}	X_{13}	X_{14}	X_{21}	X_{22}	X_{31}	X_{32}	X_{33}	X_{34}
1993	0	0.711337	0.158114	0.641	1	0.387088	0.03	0	0	0
1994	0	0.592453	0	0.405	0.709	0.515514	0.07	0.826	0.285	0.029
1995	0.698637	0.535724	0	0.114	0.467	0.561467	0.047	0.858	0.415	0.011
1996	0.746324	0.653452	0.258844	0.286	0.392	0.594392	0.034	0.901	0.331	0.162
1997	0.462601	0.475395	0.372827	0.118	0.257	0.408656	0.038	1	0.603	0.16
1998	0.676018	0.728697	0.378153	0.334	0.105	0	0.047	0.681	0.605	0.17
1999	0.444972	0.308221	0.458258	0	0	0	0.048	0.697	0.453	0.359
2000	0	0.282843	0.634035	0.18	0.136	0.336155	0.025	0.008	0.386	0.136
2001	0.3	0	0.564801	0.297	0.03	0.357771	0.04	0.707	0.356	0.183
2002	0.439318	0.411096	0.49295	0.447	0.028	0.279285	0.027	0.508	0.395	0.268
2003	0.559464	0.659545	0.472229	0.859	0.332	0.298329	0.028	0.168	0.341	0.362
2004	0.320936	0.352136	0.397492	0.817	0.267	0.502991	0.03	0.561	0.099	0.49
2005	0.476445	0.230217	0.342053	0.793	0.498	0.487852	0.014	0.087	0.634	0.611
2006	0.439318	0.371484	0.535724	0.71	0.542	0.518652	0.01	0.098	0.812	0.687
2007	0.434741	0	0.935529	0.748	0.287	0.647127	1	0.803	0.814	0.746
2008	0.486826	0.528205	0.4877	0.774	0.325	0.494975	0	0.495	1	0.561
2009	0.811172	0.714657	0.705691	1	0.241	0	0.396	0.858	0.58	0.911
2010	0.562139	0.603324	0.566705	0.71	0.483	0.671565	0.485	0.704	0.917	1
2011	0.446094	0	0.977234	0.787	0.683	0.640312	0	0.521	1	0.801
2012	0.488876	0.236643	0.350714	0.835	0.524	0.5	0.015	0.092	0.667	0.643

指标 X_1 由 X_{11}、X_{12}、X_{13}、X_{14} 构成互补型蝴蝶突变模型指标，所以 $X_1 = (X_{11}^{1/2} + X_{12}^{1/3} + X_{13}^{1/4} + X_{14}^{1/5}) / 4$，指标 X_2 由 X_{21}、X_{22} 构成非互补型尖点突变模型指标，所以 $X_2 = \mathrm{MIN}(X_{21}^{1/2}, X_{22}^{1/3})$，指标 X_3 由 X_{31}、X_{32}、X_{33}、X_{34} 构成非互补型蝴蝶突变模型指标，所以 $X_3 = \mathrm{MIN}(X_{31}^{1/2}, X_{32}^{1/3}, X_{33}^{1/4}, X_{34}^{1/5})$。经计算 1993～2012 年货币政策突变评价二级指标数据如表 2.18 所示。

表 2.18　货币政策系统稳定度评价一级指标值

年份	X_1	X_2	X_3	年份	X_1	X_2	X_3
1993	0.609538	0.728791	0	2003	0.854365	0.576194	0.167332
1994	0.418626	0.801826	0.264575	2004	0.756769	0.51672	0.173205
1995	0.573931	0.683374	0.216795	2005	0.755641	0.705691	0.118322
1996	0.805869	0.626099	0.184391	2006	0.79275	0.736206	0.1
1997	0.723552	0.506952	0.194936	2007	0.646602	0.535724	0.929477
1998	0.827331	0	0.216795	2008	0.822953	0.570088	0
1999	0.541331	0	0.219089	2009	0.927813	0	0.629285
2000	0.564606	0.368782	0.158114	2010	0.849045	0.694982	0.696419
2001	0.549764	0.173205	0.2	2011	0.653846	0.826438	0
2002	0.773886	0.167332	0.164317	2012	0.762966	0.723878	0.122474

指标 X 由 X_1、X_2、X_3 构成互补型燕尾突变模型，所以 $X = (X_1^{1/2} + X_2^{1/3} + X_3^{1/4}) / 3$，经计算得到 1993～2012 年间的 X 值见表 2.19。

表 2.19　货币政策系统稳定度指标值

年份	X	年份	X
1993	0.560	2003	0.7987
1994	0.7644	2004	0.7725
1995	0.7736	2005	0.7820
1996	0.8028	2006	0.7852
1997	0.7708	2007	0.8661
1998	0.5306	2008	0.5788
1999	0.5681	2009	0.6180
2000	0.6997	2010	0.9069
2001	0.6559	2011	0.5823
2002	0.6891	2012	0.7876

为了更加直观地观察，将结果转化为折线图 2.4。

2.3.5　结论分析

由实证结果可以看出 1993 年、1998 年、1999 年、2008 年、2009 年、2011 年我国货币政策系统的稳定度较低，1993 年，我国经济出现过热现象，作为推动我国经济增长主要因素的固定资产投资高速增长，增速高达 58.6%，大大超过了以往的增长速度，投资需求带动了消费需求，加剧了商品市场的供给情况，造成

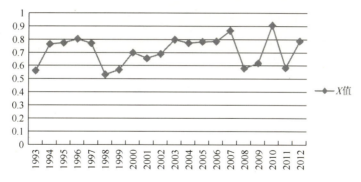

图 2.4　1993～2012 年我国货币政策系统稳定度折线图

了当年全国商品零售价格指数上升了 21.7%，产生了较严重的通货膨胀，金融市场结构失稳，外部经济环境的变化以及内部涨落因子的扰动使得我国这一时期的货币政策系统处于极度脆弱的状态中。

1994～1997 年，实行适度从紧的货币政策，严格控制信贷规模，大幅提高存贷款利率要求银行收回乱拆借的资金，使固定资产投资逐年回落，与财政政策配合，1996 年成功实现经济的软着陆，经济增长幅度回落到 9.6%，通货膨胀率降到 6.1%，1997 年进一步巩固软着陆的成果，实现了"高增长、低通胀"，这一时期货币政策系统运行较平稳。虽然这一期间的通货膨胀得到有效的抑制，但是由于此次调整力度有些过大也为后来国内需求不足埋下了隐患。

1998～1999 年，1997 年下半年爆发的东南亚金融危机，使我国的外贸出口受到重挫，对国民经济造成重大影响，同时 1998 年的特大洪涝灾害给我国经济发展造成了重大损失，社会有效需求不足，经济存在振荡衰退、大幅下滑的危险，上一时期经济调整力度过大，加之外部环境的冲击，使得我国经济增长的速度大幅度降低，出现一定程度的通货紧缩。同时，多年来货币政策系统也积累了大量的金融风险，国际、国内经济环境的动荡、国内洪涝灾害的冲击扩大了货币政策系统内部的反馈效应，使得这一时期货币政策系统的稳定性较低。

2000～2007 年，上一时期，针对有效需求不足、通货紧缩等问题，在货币政策方面采取了取消贷款限额控制，降低法定存款准备金率，逐步扩大公开市场业务，改革存款准备金制度，扩大对中小企业贷款利率的浮动幅度等一系列措施，这些措施的实施增加了货币政策系统中的负反馈效应，货币政策系统趋于平稳。

2008～2009 年，2007 年下半年，我国经济发展出现过热现象，通货膨胀形势严峻，在 2008 年上半年采取从紧的货币政策抑制通货膨胀，自 2008 年 7 月至 2008 年年底，美国次贷危机急剧恶化为国际金融危机，我国经济发展势头急转直下，出口大幅下滑，部分企业陷入困境，就业压力明显加大，给经济平稳发展带来巨大挑战，外部环境效应以及系统内部之间的反馈效应和元素效应加剧了货币政策系统的随机涨落，使得货币政策系统处于不稳定状态中。

2010 年，为了降低国际金融危机对我国经济的影响，政府实行适度宽松的货币政策，同时配合积极的财政政策，扩大国内需求，扭转经济下滑趋势，提振市场信心，这一系列政策的效应增加了货币政策系统中的负反馈作用，货币政策系统的稳定度也有所提高。

2011～2012 年，随着欧债危机的加深和扩散，全球经济复苏受阻，2011 年下半年以来全球经济开始步入二次调整期；国内经济呈现经济增速同比下降但物价涨幅同比上升的复杂局面，我国货币政策系统中的随机涨落因素增加，使得货币政策系统的稳定度下降。2012 年，稳健货币政策的效果显现，国内通货膨胀率下降，经济开始复苏，货币政策系统的稳定度也有所上升。

由以上分析可以看出，我国的经济发展和货币政策的实践与货币政策系统突变机制的理论描述是吻合的，突变级数法构建的货币政策系统突变评价模型能够科学、客观地评估我国货币政策系统的稳定性。

参 考 文 献

蔡洋萍. 2011. 模型不确定性下的最有货币政策研究. 北京：中国金融出版社：2-3.

陈利平. 2007. 通货膨胀目标制并不能解决我国货币政策低效率问题——一个基于政策时滞和扰动冲击的研究. 经
　　济学，4：1115-1126.

成思危. 1999. 复杂科学与系统工程. 管理科学学报，2：1-7.

戴根友. 2000. 关于我国货币政策的理论与实践. 金融研究，3（9）：41-45.

邓雄，蒋中其. 2006. 中国货币政策有效性的实证考察. 统计与决策，3（1）：20-24.

鄂永健. 2005. 货币供给性质的变化对货币政策效率的影响. 沈阳师范大学学报（社会科学版），5：89-92.

范从来，廖晓萍. 2003. 开放经济下货币政策的有效性研究. 当代财经，7：37-41.

范从来. 2000. 通货紧缩时期货币政策的有效性. 经济研究，5（7）：23-26.

范从来. 2010. 中国货币政策目标的从新定位. 经济学家，7：83-89.

范文娟，张心灵. 2010. 基于熵值法的农业上市公司经营业绩分析. 生产力研究，6：90-93.

国务院发展研究中心课题组. 2009. 中国：在应对危机中寻求新突破. 管理世界，6：4-18.

侯合心，赵蓉. 1998. 间接货币政策效率状况及原因透析. 金融研究，8：19-23.

黄达. 1997. 宏观调控与货币供给. 北京：中国人民大学出版社.

蒋瑛琨，刘艳武，赵振全. 2005. 货币渠道与信贷渠道传导机制有效性的实证分析——兼论货币政策中介目标的选
　　择. 金融研究，4（5）：70-79.

勒内·托姆. 1989. 突变论：思想和应用. 上海：上海译文出版社.

李传辉. 2006. 货币中性问题的实证研究. 山东省农业管理干部学院学报，3（1）：34-38.

刘超，张伟. 2012. 我国货币政策目标间因果反馈及仿真——基于系统动力学视角. 吉首大学学报（社会科学版），
　　2：88-96.

刘超. 2013. 系统科学金融理论. 北京：科学出版社：73-81.

刘传哲，何凌云. 2006. 货币政策效率、效果及有效性辨析. 学术论坛，7：104-107.

刘金全，张鹤. 2004. 我国经济中"托宾效应"和"反托宾效应"的实证检验. 管理世界，3（5）：38-45.

苗东升. 2006. 论系统思维（六）：重在把握系统的整体涌现性. 系统科学学报，14（1）：1-5.

庞新江. 2012. 我国货币政策的有效性及对策建议. 当代经济研究，（01）：55-59.

彭方平，胡新明，展凯. 2012. 通胀预期与央行货币政策有效性. 中国管理科学，20（1）：1-7.

彭方平. 2007. STR 模型及我国货币政策传导非线性研究. 武汉：华中科技大学.

孙华妤. 2007. 传统钉住汇率制度下中国货币政策自主性和有效性：1998 到 2005. 世界经济，4（1）：28-29.

汪红驹. 2003. 中国货币政策的有效性研究. 北京：中国人民大学出版社.

王祥兵，严广乐. 2012. 货币政策传导系统稳定性、脆性及熵的关系——基于耗散结构和突变理论及实证分析. 系统工程，4：10-17.

王召. 2001. 对中国货币政策利率传导机制的探讨. 经济科学，2（5）：8-14.

王智强. 2010. 中国财政政策和货币政策效率研究——基于随机前沿模型的实证分析. 经济学动态，8：45-49.

谢平，袁沁. 2000. 利率政策理论与实践. 金融研究，8（2）：32-37.

闫力，刘克宫，张次兰. 2009. 货币政策的有效性研究——基于 1990-2009 年月度数据的分析. 金融研究，12：59-71.

于长革. 2011. 当前中国宏观经济形势分析与政策建议. 河北经贸大学学报，3：37-41.

张先锋，谢众. 2003. 我国货币政策效率的障碍性因素分析. 合肥工业大学学报（社会科学版），2：41-45.

赵进文，闵捷. 2005. 央行货币政策操作效果非对称性实证研究. 经济研究，2：26-34.

中国人民银行上饶市中心支行课题组. 2003. 货币政策围观传导机制与政策效率研究：后 WTO 时期的新现象. 金融研究，1：109-119.

周锦林. 2002. 关于我国货币“中性”问题的实证研究. 经济科学，5（1）：61-65.

周小川. 2005. 中国宏观调控形势的变化与货币政策操作. 中国金融，8：6-7.

Barro R J，Cordon D R. 1983. A positive theory of monetary policy in a natural rate model. Journal of Political Economy，4（91）：589-610.

Boschen J F，Mills L O. 1995. Tests of long-Run neutrality using permanent monetary and real shocks. Journal of Monetary Economics，5（2）：25-44.

Carrasquilla A. 1998. Monetary policy transmission：The Colombian case. BIS Policy Papers，3：81-104.

Hamilton J D. 1994. Time Series Analysis. Princeton University：Press Princeton.

King R G，Watson M W. 1997. Testing long-run neutrality. Economic Quarterly，8：41-56.

Lieberman M，Hall R E. 1997. Economic：Principles and Applications. London，UK：Thomson Press.

Olekalns N. 1996. Further evidence on the Fisher effect. Applied Economics，28（7）：851-856.

Risso W A. 2008. The informational efficiency and the financial crashes. Research in International Business & Finance，22（3）：396-408.

Sandow S，Zhou X L. 2007. Data-efficient model building for financial applications. The Journal of Risk Finance，8（2）：133-155.

Westerlund J，Costantini M. 2009. Panel cointegration and the neutrality of money. Empirical Economics，36（1）：1-26.

第3章 货币政策多目标交互行为研究

【本章导读】

货币政策目标是指通过货币政策的制定和执行所要实现的社会经济发展目标，包括最终目标（稳定物价、经济增长、充分就业、国际收支平衡、金融稳定），中间目标（货币供应量、汇率和利率等），操作目标（法定存款准备金、公开市场操作、贴现率和存贷款基准利率）等。作为复杂社会经济系统的组成部分，货币政策自身各目标间存在着多层次、非线性、时滞性等特性，使货币政策多目标间的交互作用关系复杂化。随着全球经济一体化的深入，国际政治、经济、金融环境更加复杂多变，货币政策目标的变化频次加快，经济波动加剧，使得货币政策多目标的协调运行更加困难。正确认知货币政策多目标间的交互关系，对于提高货币政策有效性、实现经济新常态下的社会经济发展目标具有重大战略意义。

货币政策目标的选择是近百年来国内外学者研究的热点问题，也是当前迫切需要解决的现实经济问题。然而，国内外学者受研究手段、认知程度的制约，主要采用线性、还原论的方法，侧重于研究各目标的线性关系，导致经济学家从不同的视角得出不同的结论，在货币政策目标的选择、货币政策多目标关系的确定上产生分歧。随着系统开放程度和经济环境复杂程度的不断提高，现实中货币政策多目标间的关系已非传统经济理论所描述的那样简单、固定，而是常常发生"异常"的情况，如经济高速增长的同时却可能伴有较低的通货膨胀。传统理论对货币政策多目标间交互性的线性认知，已经不足以为货币政策多目标决策提供充分的理论支持，因此需要寻求新的科学方法对这一问题进行更为深入的研究。

货币政策多目标交互行为包括货币政策多层次目标之间的信息传递过程、各层次目标内部的相互制约和促进的关系、各层次目标和外部环境之间的资源流通等。在由操作目标到最终目标的信息传导过程中存在着复杂多重反馈特征，各层次目标内部也存在非线性交互特征。因此本章运用系统科学中系统动力学和复杂性等系统科学方法和仿真技术，对货币政策多目标的交互行为进行研究，能够全面、深入地认知货币政策多目标间的交互作用，为未来货币当局的政策实施提供有力的参考。

本章首先通过系统动力学对货币政策多目标（最终目标、中间目标和操作目标）之间和内部的因果反馈关系进行研究。系统动力学是系统科学理论与计算机仿真紧密结合、研究系统反馈结构和行为的一门科学，认为系统的行为模式与特性主要取决于其内部的结构。对于货币政策多目标之间，由于非线性因素作用，往往表现出反直观的、千姿百态的动态特征，需要把货币政策多目标系统看成一个反馈的系统，定性与定量结合、系统综合推理的方法进行研究。本章以货币政策层次目标间的传导为研究对象，系统全面地研究我国货币政策有效性，并对政策工具的运用进行模型预测，研究货币政策多目标同层次之间、不同层次之间、各层次与环境之间的交互行为。

对于货币政策多层次目标之间的传导过程，根据系统动力学的方法和 Vensim 仿真技术构建货币政策多目标模型，预测货币政策四个中介目标未来十年趋势，并建立政策方案模拟货币政策效果，分析货币政策不同目标之间的敏感性，揭示货币政策多目标交互行为的协调机理。研究结果表明所选取的四个操作工具指标都对 M2 的存量有影响，人民币汇率和贷款利率对 M2 的影响最明显，法定存款准备金率和再贴现率的变动对 M2 影响偏弱；进一步研究交互行为，模拟 M2 变动 12%对最终目标的影响，发现 M2 的增加对通货膨胀的影响最明显，对经济增长和金融稳定的促进作用较显著，而对就业和国际收支平衡的影响较小。

对于货币政策最终目的之间的关系，构建经济发展系统的反馈模型、结构流图和方程，以计算机仿真和模拟为辅助手段，通过对相关参数的确定和调控模拟，揭示货币政策目标间的相互作用，结果表明四大最终目标之间既有一致性又有矛盾性，通货膨胀率的提高会抑制经济增长速度，从而使 GDP 增长率下降，也会使失业率下降，从而缓解就业问题；人民币升值对我国经济发展会产生不利影响，汇率升值会使外资流入减少，出口增长趋缓，从而使经济增长速度降低，并且会使出口量下降，产出下降，失业率上升。因此，综合调控各个目标的实现度，才能有效促进经济的稳定发展。

其次，本章从复杂网络的视角研究货币政策多目标之间的作用机制。复杂网络是研究系统整体规律的科学，一个系统只要存在相关关系都可以将这个系统抽象为网络来研究，货币政策多目标系统存在着复杂的相关关系，可以用复杂网络的方法进行研究。系统中的各个主体由网络中的各个节点表示，而网络中抽象的连边可以表示主体之间的相互作用。

本章的研究将货币政策多目标体系中每一个目标都可以看成一个主体，变量之间的灰色关联度值量化主体间的连边，以此构成货币政策多目标体系网络。运用复杂网络的系统科学方法，选用我国 1993～2012 年经济金融数据，以多目标间的灰色关联度分析为依据，构建相应的货币政策多目标体系网络，对我国货币政策多目标之间的作用机制进行实证研究。结果表明我国货币政策多目标体系具有明显的小世界特征；当前经济形势下，利率传导机制将扮演越来越重要的角色，同时，应继续坚持以通货膨胀作为我国货币政策调控的首要目标。

3.1　基于系统动力学的货币政策多目标交互行为研究

3.1.1　概述

　　货币政策目标的选择是近百年来国内外研究的热点问题，也是当前迫切需要解决的经济问题。货币政策已经成为一国调控宏观经济最重要的工具之一（王君斌等，2013），各个国家的中央银行都通过对货币政策目标体系的设定和监测来制定和执行货币政策。与发达市场经济国家相比，中国的货币政策显得更加复杂。我国货币政策具有多重目标，包括保持较低水平的通货膨胀、促进经济增长、保持相对较高的就业率、维持平衡的国际收支水平以及稳定的金融环境（范从来，2010）。

　　然而，随着全球经济一体化的不断深入，国际政治、经济、金融环境多变，我国货币政策多目标的协调运行更加困难，货币政策目标的变化频次加快，经济波动加剧。尤其是2008年金融危机爆发以来，全球经济"再平衡"的外部力量和我国经济结构调整的内在力量叠加，使得我国依靠"投资+出口"的传统经济增长模式面临"被动式"调整；人民币升值压力、国际量化宽松的货币政策等因素导致中国经济呈现高度的复杂性，通货膨胀、利率、汇率等问题成为关键而亟须解决的问题。同时，中国经济走入非常复杂的境况：一方面要保证一定的GDP增长水平以实现增加就业、促进经济增长的目标，另一方面微观运行中如劳工成本增加，资源供给不足等诸多问题凸显，通货膨胀压力增强，国际收支不平衡加剧，人民币汇率风险加大（国务院发展研究中心课题组，2009）。这种复杂多变的国内外经济环境，客观上要求实现货币政策多目标协调发展。因此，货币政策多目标的协调兼顾成为当前经济理论界迫切需要研究的基础性课题。

　　综上，深入系统地研究货币政策多目标交互行为，探讨实现货币政策多目标之间协调运作的路径，不仅对丰富货币政策多目标系统的研究范式和方法有重要的理论价值，而且对提高货币政策有效性，最大限度增加社会经济福利（Okano，2010），促进我国经济社会的可持续发展有重要的现实意义。

3.1.2　文献综述

　　从重商主义时代到金融全球化的今天，国内外学者对货币政策所涉及的目标选择、目标相关性以及传导机制进行了大量的研究，并取得了丰硕的成果。

　　货币政策多目标的选择始终是一个长盛不衰的研究主题。在理论研究上，凯恩斯学派认为经济现象错综复杂，因此货币政策的制定以多重目标为宜，并主张权衡性货币政策；而货币学派代表人物弗里德曼（Milton，1973）认为多重目标难以兼顾，主张实行"单一规则"的货币政策（Puu和Sushko，2004），即根据经济增长率和人口增长率确定一个相对固定的货币供应量增长率。在国内，既有学者支持实行单一货币政策目标，如卢宝梅（2009）认为应采取通货膨胀目标制的货币政策框架，追求长期价格稳定的单一目标，维护人民币对内价值和对外价值的稳定，从而维护金融稳定；也有学者支持货币政策实行多目标，如易纲和赵晓（1998）认为在制定宏观经济政策时，需要兼顾多重目标，同时又都要有所牺牲，建议采用多重政策工具寻求宏观政策的平衡点。何运信和曾令华（2004）通过对我国的总供给曲线进行实证研究后，认为我国货币政策必须盯住双重目标，而不能只盯住通货膨胀目标。在实践中，各国货币政策目标的选择也不是一成不变的。国内外不同的经济条件下，每个国家会以国家宏观利益为出发点制定不同的货币政策目标，而不是局限于单一固定的货币政策目标（Romer，2009；尹振涛，2011）。

　　在对货币政策目标相关性的探索方面，传统经济理论也存在不同的观点。Mishkin（2004）认为，经济增长通常有利于提高就业状况，而稳定物价和充分就业却经常发生冲突。Debelle（1997）认为通货膨胀目标和汇率目标共存并不现实，中央银行很难向公众明确传达其稳定物价而非其他货币政策目标的意图。王国松（2009）采用了 Kydland 和 Prescott（1982）的动态时间不一致性模型并依据我国1982～2004 年期间相关统计数据，结合格兰杰因果检验法得出：我国货币政策的币值稳定目标在理论上存在对内物价稳定、对外汇率稳定的冲突性。部分学者也对中介目标和最终目标的相关性进行了研究。如在货币供应量、信贷总量与货币政策目标的相关性方面，刘超等（2013）通过对货币政策多目标间传导机制的建模分析，揭示了变动货币供应量对最终目标的不同影响。李斌（2001）应用多元反馈时间序列模型，对 1991～2000 年的季度数据进行检验后发现，信贷总量和货币供应量都与货币政策最终目标变量有很高的相关性，只是信贷总量的相关性更大一些。庞欣等（2013）通过对我国上市银行 2005～2012 年面板数据的分析，认为我国商业银行盈利能力与货币政策信贷传导能力有很大相关性。

　　此外，不同学者对于货币政策传导机制问题进行了大量的研究。Bernanke 和 Gertler（1995）实证分析了 GDP 及其各组成部分对货币政策冲击的反应并描述了信贷渠道是如何解释这一现象的，他们讨论了货币政策传导的两个重要方面：资产负债表渠道和银行贷款渠道，认为货币总量无法检验信贷渠道理论。Bernanke 和 Blinder（1992）利用动态矢量模型，证实了美国的货币政策传导机制中利率渠道为最主要的渠道。Kuttner 和 Mosser（2002）研究发现货币政策对实体经济的影响比十几年前要弱化很多，这要归因于金融创新的不断发展和货币政策操作自身的问题，货币政策传导机制的改变刺激了金融创新，例如，证券化的增长、住宅投资融资渠道的改变等，并最终会影响经济的稳定。王祥兵和严广乐（2012）通过对货币政策传导系统的稳定性、脆性和熵值关系的分析，认为中国的经济发展和货币政策的实践与货币政策传导系统演化的理论是吻合的。苏飞（2012）运用结构因子向量自回归模型，探讨货币政策的传导效果，结果表明市场预期的确会对货币政策的传导产生一定影响。孙小丽（2006）选取1998~2005年的季度数据，分别对利率传导机制、信贷传导机制和股市传导机制进行了实证研究，通过单位根检验和格兰杰检验后发现信贷传导机制是这一时期我国货币政策的主要传导机制。

从当前对货币政策的研究中可以发现，国内外学者从多个角度对货币政策多目标间关系进行了大量研究，提出了不同的见解，为货币政策多目标交互行为协调控制的研究奠定了良好的基础。然而，我国作为发展中国家，又处于市场经济转型的关键时期，传统理论指导下的相关研究尚不足以应对当前复杂多变的经济环境，必须采用更加科学的方法对其进行深入研究。本书考虑到货币政策的复杂性和重要性，通过构建货币政策传导系统的系统动力学模型，以层次目标间的传导为研究对象，系统全面地研究我国货币政策有效性，并对政策工具的运用进行模型预测，研究货币政策多目标同层次之间、不同层次之间、各层次与环境之间的交互行为，实现对货币政策多目标交互行为的认知、优化和控制，为未来货币当局的政策实施提供有力的参考。

3.1.3 模型反馈关系分析

1. 货币政策系统动力学特性分析

1）系统动力学及其特点

系统动力学（system dynamics，SD）始创于1956年，是一门分析研究信息反馈系统的学科，主要用来研究社会、经济、生态和生物等一类具有高度非线性、高阶次、多变量、多重反馈、复杂时变特点的大系统的问题。在方法上，采用定性与定量相结合的方法，进行系统分析、综合与推理，借助DYNAMO系列模拟语言和Vensim建模模拟软件等计算机模拟技术模拟模型进行研究。

2）货币政策系统动力学建模的思想、原理和目的

（1）货币政策建模的指导思想。货币政策系统遵循因果规律，具有非线性、反直观性、时滞性、惯性，并且与环境之间具有多重反馈的交互作用。利用系统动力学进行货币政策的研究具有可行性、可控性、可测性。建立货币政策系统要以系统论、控制论和信息论为指导思想，使模型建立在当代最新科学的基础上。

（2）货币政策系统建模的原则。模型是实际系统的"实验室"，是真实系统的简化与代表，应防止按真实世界建模的错误倾向。同时，由于对客观事物认识有限，所以也只能建立阶段性的、能够达到预定目标和满足预定要求的相对有效的模型。

（3）货币政策系统建模的目的。运用系统动力学对货币政策系统建模，从定

量到定性相结合的角度反映货币政策发展系统运行机制的方法，观测系统的行为特性，找到系统中起主要作用的反馈回路和政策的杠杆作用点，为政府制定相应的货币政策提供依据。

2. 子系统划分

货币政策系统是一个非常复杂而巨大的社会经济动态系统，要研究这一巨系统，需要对其各子系统进行综合研究，明确各个子系统在货币政策实施过程中的功能和地位，即必须跳出货币政策来研究货币政策，从货币政策的操作目标（法定存款准备金率、再贴现率、公开市场操作等）、货币政策的中介目标（利率、货币供应量 M2、汇率等）、货币政策的最终目标（经济增长、充分就业、物价稳定、国际收支平衡、金融稳定）等方面来研究货币政策，进一步把货币政策系统划分为经济增长子系统、物价子系统、国际收支子系统、就业子系统和金融稳定子系统。通过对五个子系统中因素变量相互影响的分析，选取 M2、同业拆借利率、国内生产总值、国际收支差额、通货膨胀率、失业率、金融机构借贷总量为主要因素变量，研究货币政策目标之间的相关关系。

3. 主导反馈回路和变量分析

由于货币政策系统较为复杂，普通方法无法清晰地描述反馈回路的机理。因果关系图有利于掌握货币政策系统的结构及其行为的动态特性。运用系统动力学方法，通过分析所选取的因素变量之间相互影响的反馈机制，运用 Vensim 软件，构建了货币政策多目标系统之间 180 条反馈回路，并画出因果关系图，如图 3.1 所示。

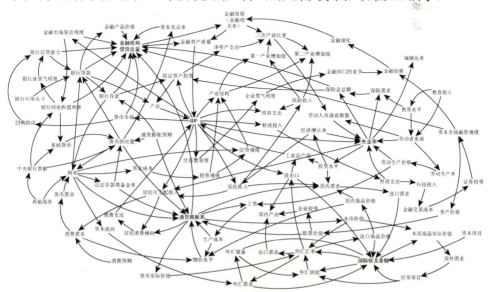

图 3.1　货币政策系统因果关系图

货币政策系统因果反馈关系中涉及多种不同的变量类型，为了构建货币政策系统的动力学模型，更清晰地分析不同要素之间、要素与外部环境之间的相关关系和内在机制，基于面向对象的建模原则，把系统中多变量分为状态变量、速率变量、辅助变量，如表 3.1 所示。

表 3.1　模型中的主要变量、变量类型和单位

变量类型	主要变量	
	最终目标变量	操作目标变量
状态变量	GDP（亿元） 通货膨胀率（%） 国际收支差额（亿元） 失业率（%） 金融机构借贷总量（亿元）	M2（亿元） 再贴现率（%） 银行同业拆借利率（%） 人民币汇率中间价（%） 法定存款准备金率（%）
速率变量	GDP 年增加额（亿元/年） 国际收支差额增加额（亿元/年） 金融机构贷款增加额（亿元/年） 不良贷款率（%）	M2 增加额（亿元/年） 人民币汇率变化量（%）
辅助变量	存贷比（%）　　　　　居民储蓄存款增加额（亿元/年）　职工工资总额（亿元） 贷款增长率（%）　　　股票市价总值（亿元）　　　居民幸福指数（%） 投资规模（%）　　　　城市人口（万人）　　　　　工业生产总值（亿元） 出口总额（亿元）　　　城市化水平（%）　　　　　消费增长指数 进口总额（亿元）　　　中央银行票据（亿元）　　　货币乘数（%） 科技投入（亿元）　　　金融稳定指数（%）　　　　保险金总额（亿元） 居民可支配收入（亿元）银行存款总量（亿元）　　　资本充足率（%） 固定资产投资额（亿元）银行贷款总量（亿元）　　　社会保险基金支出（亿元） 人民币汇率变化率（%）居民边际储蓄倾向（%）　　社会保险金收入（亿元） 税收收入（亿元）　　　第一产业增加值（亿元/年）信贷规模（亿元） 外汇储备（亿美元）　　第二产业增加值（亿元/年）股票筹资额（亿元） 流动性（%）　　　　　第三产业增加值（亿元/年）消费增长系数（%） 资产负债比率（%）　　财政收支差额（亿元）　　　财政收入（亿元） 职工人数（万人）　　　国际大宗商品价格指数（%）财政支出（亿元）		

4. 货币政策系统结构方程式和结构流图构建

对因果反馈回路中重要的参数变量进行选择，本书运用 Eviews 软件，选取 2002～2012 年的数据，对各相关因素变量进行回归检验，确定其相关系数，构建了方程式，其主要方程式如表 3.2 所示。货币政策传导系统结构流图见图 3.2。

表 3.2　货币政策系统主要方程式

1. GDP 增长率=0.096×消费增长系数+0.062×投资增长系数+0.629×净出口增长系数−1.743×失业率−0.006×通货膨胀率+0.0023×金融稳定指数

2. M2 增长率=7.8998+0.00124×外汇储备增加额+0.00073×中央银行对政府贷款+0.581434×贷款增长率

3. 就业增长率=−0.997538+0.0159776×GDP 增长率+0.302588×净出口增长率+0.000886104×固定资产投资增长率+0.012×金融相关率

续表

4. 通货膨胀率=0.080418×M2 增长率+0.02522×进口商品价格指数−2.42768×失业率+5.11417×流动性+11.2

5. 失业率=5.36−005×职工平均工资+0.386803×人民币汇率中间价−0.006453×GDP 增长率+1.5

6. 贷款增长率=（0.5×存贷比+1.81284×GDP 增长率−9×贷款利率−1.25×法定存款准备金率）/100

7. 居民储蓄存款变化率=（0.000133×居民可支配收入+2.86999×名义存款利率−1.07942×通货膨胀率）/100

8. 实际利率=−0.77×GDP 增长率−0.96×通货膨胀率+0.29×失业率+0.11×国际收支差额

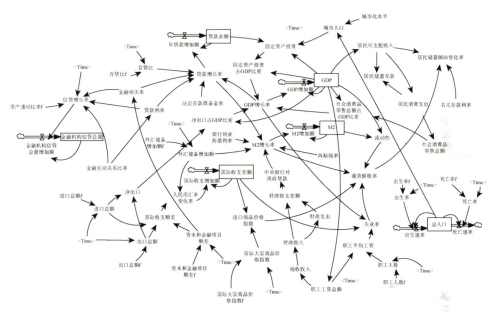

图 3.2　货币政策传导系统结构流图

3.1.4　实证分析

1. 模型历史检验

1）模型边界检验

货币政策多目标系统涉及的主要变量包括最终目标相关变量 GDP、通货膨胀率、失业率、国际收支差额、外汇储备增加额、金融机构借贷总量等变量，以及操作目标变量 M2、同业拆借利率、人民币汇率等变量，从基本模拟对 GDP 增长率和货币供应量 M2 等指标预测可以看出，该系统基本可以通过这些变量之间的相互关系反映出来。因此可以认为所构建的货币政策多目标系统与实际系统近似。数据从国家统计局、中经网、中国人民银行、中国银监会、IMF 国际金融数据库整理得到。

2）模型有效性检验

为检验变量对模型的有效性进行测试，将 2008 年设为基年，模拟时间范围为

2008～2012 年,其中变量的实际值均来自国家统计局公布的统计年鉴。其中,GDP
增长率历史检验见表 3.3,仿真图见图 3.3。货币供应量 M2 历史检验见表 3.4,仿
真图见图 3.4。

表 3.3　GDP 增长率历史检验表

年份	GDP 增长率实际/%	GDP 增长率仿真/%	相对误差/%
2008	9.64	9.64	0
2009	9.21	9.29	0.89
2010	10.45	10.58	1.2
2011	9.24	9.4	1.7
2012	7.8	8.02	2.8

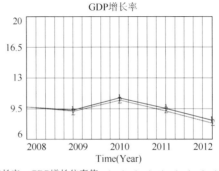

图 3.3　2008～2012 年 GDP 增长率模拟仿真图

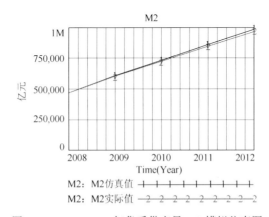

图 3.4　2008～2012 年货币供应量 M2 模拟仿真图

表 3.4　货币供应量 M2 历史检验表

年份	货币供应量 M2 实际值/亿元	货币供应量 M2 仿真值/亿元	相对误差/%
2008	475166.6	475166.6	0
2009	606225.0	610378.4	0.69
2010	725851.8	734154.1	1.14
2011	851590.9	864632.6	1.53
2012	974200.0	991356.3	1.76

通过对比贷款余额的仿真值和真实值（图 3.5）发现，2008～2009 年贷款余额仿真值和实际值之间误差较小，而 2009 年和 2010 年的误差相对较大，原因是模型在设计贷款余额的变化因素时未能将临时性的政策（如 4 万亿的经济刺激计划、扩大贷款规模等）因素考虑在内。

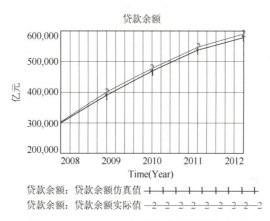

图 3.5　2008～2012 年贷款余额模拟仿真图

通过对比 2008～2012 年通货膨胀率的实际值和仿真值（图 3.6）发现，模型的模拟较实际地反映了通货膨胀率变动的大致情况，2008 年受国际金融危机、输入性因素的影响物价回落，2010 年又开始出现一定的物价上涨现象，模型的模拟效果较好。

由图 3.7 失业率仿真值和实际值对比得知，模型模拟效果良好。由菲利普斯曲线可知，通货膨胀率的提高导致失业率的下降，如图所示，自 2011 年起呈现出通货膨胀率提高，失业率缓慢下降的趋势。

由图 3.8 中 2008～2012 年国际收支差额的实际值和仿真值对比误差不是特别明显，自 2008 年以来，我国国际收支差额降至国际公认的合理区间，体现了国内经济发展方式转变、涉外经济政策调整的成效，也是国外经济金融形势的反映，同时显示出人民币汇率正逐渐趋于合理均衡水平。

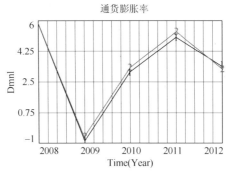

图 3.6　2008～2012 年通货膨胀率仿真模拟图

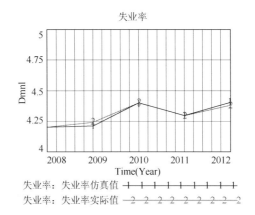

图 3.7　失业率仿真模拟图

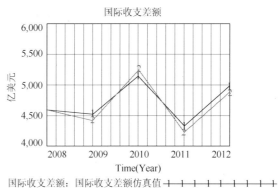

图 3.8　国际收支差额仿真模拟图

通过对上述两个变量的模拟值和真实值进行对比后发现，模型运行最初三年的误差值相对较小，随着不确定因素的增加，后期的误差值相对较大，但是误差控制在 2%以内，表示模型有效性良好，基本可以反映真实的货币政策传导系统。

2. 主要指标的预测和趋势分析

模型通过历史性检验以后，就可以运行模型来对货币政策传导系统的主要因素变量的发展趋势进行预测。本书着重预测了存款准备金率、一年期存贷款利率、人民币汇率中间价以及基础货币、再贴现率等政策工具的变化趋势，为未来货币当局采取货币政策措施提供参考依据。如图 3.9～图 3.14 所示。

根据模型预测结果可以看出：到 2020 年为止，我国的存款准备金率、利率和再贴现率等货币政策工具的运用仍然存在一定的波动和起伏，由于整个国民经济和市场的不稳定，加之国际环境的不断变化，货币政策工具的调整会更加频繁。

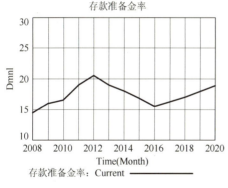

图 3.9　存款准备金率预测趋势图

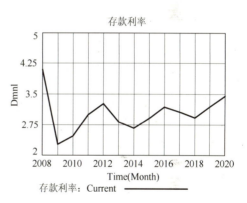

图 3.10　存款利率预测趋势图

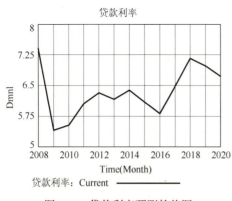

图 3.11　贷款利率预测趋势图

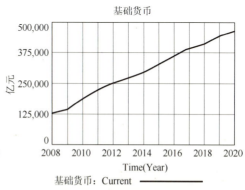

图 3.12　基础货币预测趋势图

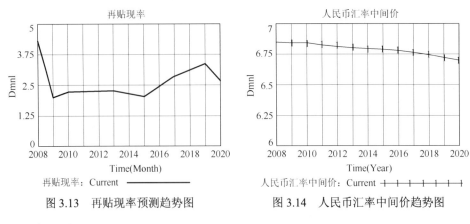

图 3.13　再贴现率预测趋势图　　　　图 3.14　人民币汇率中间价趋势图

3. 政策模拟

1）操作目标对 M2 的影响分析

为了对货币政策传导效果进行分析，选取法定存款准备金率、再贴现率、贷款基准利率和人民币汇率作为监测变量，货币供应量作为中间变量，以 2012～2020 年作为模拟时间区间设置了以下四种政策方案，模拟货币政策工具的变动对货币供应量的影响。其中法定存款准备金率的初值为 20，再贴现率初值为 2.25，一年期贷款基准利率为 6.31，人们币汇率为 6.3（1 美元=6.3 元人民币），图 3.15～图 3.18 中纵坐标 1M 表示一百万亿人民币。表 3.5 为模拟方案。

表 3.5　模拟方案

模拟方案	法定存款准备金率（%）	再贴现率（%）	贷款基准利率（%）	人民币汇率（%）	M2 变动值/%
方案一	提高 1%	不变	不变	不变	0.51
方案二	不变	提高 1%	不变	不变	0.23
方案三	不变	不变	提高 1%	不变	0.68
方案四	不变	不变	不变	降低 1%	0.85

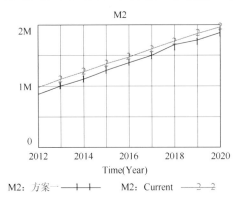

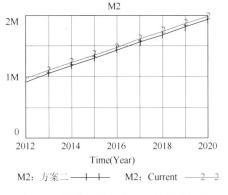

图 3.15　调控法定存款准备金率 M2 的变动情况　　　图 3.16　调控再贴现率 M2 的变动情况

　　由图 3.15 可以看出，当其他条件不变时，法定存款准备金率变动一个单位，货币供应量 M2 反向变动 0.51 个单位。法定存款准备金对商业银行具有刚性作用，它的上升迫使商业银行收缩信贷规模，进而对货币乘数产生影响。变动准备金率对调控货币供应量有一定的影响，但是随着该项政策工具的使用频率的增加和准备金基数的增大，效果逐渐减弱。

　　由图 3.16 可知，当其他条件不变时，再贴现率增加 1 个单位，货币供应量反向变动 0.23 个单位，货币供应量对贴现率的变动不敏感。因为再贴现是商业银行解决资金短缺的最后手段，商业银行具有选择权，当再贴现率提高时商业银行有权选择其他途径筹集资金，因此它对货币存量的影响最小。

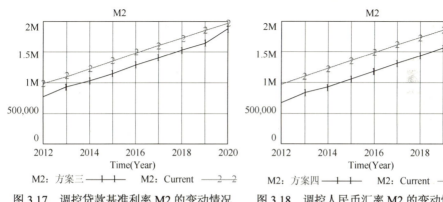

图 3.17　调控贷款基准利率 M2 的变动情况　　　图 3.18　调控人民币汇率 M2 的变动情况

　　由图 3.17 可知，货币供应量对贷款基准利率的敏感性比较高，贷款利率提高1%，货币供应量变动 0.68%。由于信贷渠道是现阶段我国货币政策传导的主要渠道，因此贷款利率的变动对 M2 存量的影响也较大。但是我国仍然是以管制利率为主的国家，包括存、贷利率在内的多种利率仍由中央银行代表政府制定，这在一定程度上影响了利率对资源配置结构调整的作用。

　　由图 3.18 可知，汇率变动 1%，货币供应量变动 0.83%，这是由于我国常年国际贸易顺差，造成大量的外汇占款，中央银行必须投放本币以回笼外币，货币供应量对汇率的敏感性最强。

　　2）M2 对最终目标的影响分析

　　在货币政策传导过程中，货币供应量有着承上启下的重要作用。由于它的可测性和可控性，作为我国的中介目标，它一方面起着政策工具和操作目标效果指示器的作用，另一方面起着将中央银行的政策措施过渡到最终目标的作用。因此，在货币政策传导的系统动力学模型中，选择货币供应量 M2 作为中间变量，考察它的变动对宏观经济目标的影响情况。假设货币供应量 M2 的初值 97.42 万亿元。由于近 5 年 M2 变化率在 12% 左右，模拟政策方案调整 M2 变化 12%，其模拟结果如图 3.19～图 3.23，其中 Current 1 为无政策影响的模拟结果，Current 2 为 M2 增加 12%后的模拟结果。

如图 3.19 所示，M2 变化 12%，GDP 变动 5.65%，说明央行通过调整 M2 可以刺激经济运行。货币供应量 M2 增长能够引起 GDP 的增长，GDP 的增长 又会在一定程度上推动 M2 的增长。政府只要坚持按照货币供应量与经济增 长之间的稳定关系供给货币，就能使公众形成和保持对货币政策的信心，采 用货币政策进行调控的效果将更加灵敏有效，通货膨胀的预期也将得到有效 的管理。

由图 3.20 可知，长期内通货膨胀率对 M2 的敏感性很强，M2 增加会导致通 货膨胀率的增加，且每增加 12%，就会导致通货膨胀率增加 6.12%，央行实施货 币政策，货币供给的扩张或者紧缩最后都将在价格水平的膨胀或者收缩上体现 出来。

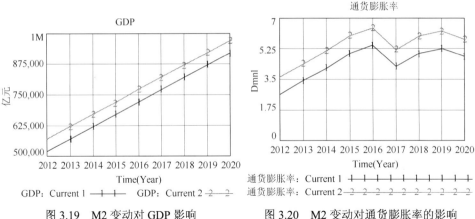

图 3.19　M2 变动对 GDP 影响　　　　图 3.20　M2 变动对通货膨胀率的影响

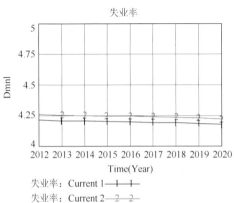
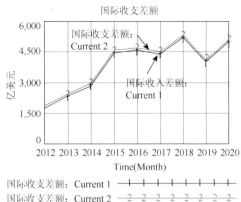

图 3.21　M2 变动对失业率的影响　　　　图 3.22　M2 变动对国际收支差额的影响

由图 3.21 可知，虽然货币政策在就业问题上能够起到一定促进作用，但是 M2 变动对失业率的影响不明显，当 M2 变动 12%，失业率降低了 3.132%，我国现阶段情况表明，经济增长并不等同于就业增长，如果只注重以货币和资本的投入刺激经济总量的快速增长，而忽视在此过程中存在的资本和技术对劳动力的大量替代，就会形成高增长和低就业并存的困难局面。

由图 3.22 所示，国际收支对 M2 敏感性不强。当 M2 变动 12%，国际收支增加 2.784%。随着我国经济的发展，对外开放的程度进一步增加，国际收支的顺差也越来越大。中国实行的是外汇结售汇制度，企业和银行的剩余外汇通过结售的形式被央行吸收，对应的是央行向国内市场发放大量的基础货币。

如图 3.23 可知，金融机构借贷总量对 M2 变动敏感性很高，所以通货控制货币供应量来操作货币政策对我国金融稳定性是有效的。当 M2 变动 12%时，金融机构借贷总量变化 4.231%。货币供应量作为现阶段我国货币政策的中介目标对最终目标的影响作用是灵敏的。

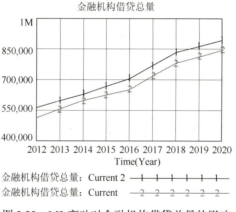

图 3.23　M2 变动对金融机构借贷总量的影响

从模拟结果来看，我国坚持以稳定物价、降低通货膨胀率为主要目标的货币政策方向是正确的，其对物价的影响是最显著的，因此应该把货币政策调控的重点放在稳定物价水平上。M2 对经济增长和金融稳定的促进作用也是比较显著的。失业率和国际收支对货币供应量的反应并不显著。

3.1.5　结论与展望

根据模型预测结果可以看出，未来十年我国的存款准备金率、利率和再贴现率等货币政策工具的运用仍然存在一定的波动和起伏，由于国际环境的不断变化，国民经济和市场的不稳定，货币政策工具的运用和调整会更加频繁。

由于我国常年国际贸易顺差，造成大量的外汇占款，中央银行必须投放本币以回笼外币，因此对于汇率的波动 M2 的反应最敏感。信贷渠道是现阶段我国货币政策传导的主要渠道，因此贷款利率的变动对 M2 存量的影响也较大。法定存款准备金对商业银行具有刚性作用，它的上升迫使商业银行收缩信贷规模，进而对货币乘数产生影响。再贴现是商业银行解决资金短缺的最后手段，因此商业银行具有选择权，当再贴现率提高时商业银行有权选择其他途径筹集资金，因此它对货币存量的影响最小。在成熟的市场经济条件下，利率途径是货币政策传递的主要途径，利率对货币政策的效果在中期是有较大影响的，是行之有效的途径。但由于多年来我国实行利率管制，限制了利率传递途径的形成，导致利率传递作用无法正常发挥，特别是对主流金融工具的利率我国仍旧实行管制。如银行贴现率、存贷款利率。因此从主要的货币政策工具的角度来讲，实行管制的利率机制严重制约了货币政策通过利率渠道传导的效果。

通过模拟结果来看，最终目标对中介目标（货币供应量）的敏感性不同。通过分析货币供应量对宏观经济的影响后发现，货币供应量对物价的影响最显著，因此应该把货币政策调控的重点放在稳定物价水平上，坚持以稳定物价、降低通货膨胀率为主要目标的货币政策。同时，货币供应量对经济增长的促进作用比较显著，但我国货币供应量的增长远超 GDP 增速的现象使得货币供给存在一定隐患，因此不应将增发货币作为促进经济的主要手段。此外，失业率和国际收支对货币供应量的反应并不显著，政策效果有限，不应将它们作为货币政策调控的主要对象。

3.2　我国货币政策目标间因果反馈及仿真
——基于系统动力学视角

3.2.1　概述

中央银行货币政策的实施经过一定的传导过程，将其影响导入一国经济的实际领域达到既定的目标，这就是货币政策的目标，又称货币政策的最终目标。通过货币政策的制定和实施所期望达到的最终目的，这是货币政策制定者——中央银行的最高行为准则。货币政策的目标一般可概括为：稳定物价、充分就业、经济增长、国际收支平衡和金融稳定。货币政策目标之间的关系较复杂，既有一致性又有矛盾性。

首先，物价稳定和充分就业之间的矛盾。要维持实现充分就业目标，就要牺牲一定的物价稳定，而要维持物价稳定，又必须以提高若干程度的失业率为代价；其次，物价稳定与经济增长之间的矛盾，若以通货膨胀政策刺激经济，暂时可能会导致经济增长，但最终会使经济增长受到严重影响；再次，经济增长与国际收支平衡之间的矛盾。要消除逆差必须压缩国内需求，而紧缩货币政策又同时会引起经济增长缓慢乃至衰退；最后，物价稳定与国际收支平衡之间也存在矛盾。为了平抑国内物价，增加国内供给，就必须增加进口，减少出口，导致国际收支逆差。总之，实际经济运行中，要同时实现四个目标非常困难。因此，在制定政策目标时，要根据国情在一定时间内选择一个或两个目标为货币政策的主要目标，从而合理调控汇率水平，使其与当前的经济目标相适应。

本书的创新点在于运用系统动力学的方法对经济发展系统进行研究，构建了经济发展系统的因果反馈模型，找到货币政策目标间的相互作用关系，并运用计算机对经济发展系统进行仿真与预测。克服了以往研究中系统反馈机制和制约因素不清及动态模拟预测困难的缺点，通过对经济发展系统仿真与运行参数调控模拟，依据调控结果得出结论，提出相关政策建议。

3.2.2　货币政策目标间关系研究的文献梳理

货币政策目标的选择问题一直是理论界研究的热点问题，国内外相关学者对此做了大量研究，取得了一定的进展。

1. 国内外研究现状及发展动态分析

1）货币政策目标的定位及其动态演变

在理论研究上，凯恩斯学派认为经济现象错综复杂，因此货币政策的制定以多重目标为宜，并主张权衡性货币政策；而货币学派代表人物弗里德曼认为多重目标难以兼顾，主张实行"单一规则"的货币政策，即根据经济增长率和人口增长率确定一个相对固定的货币供应量增长率（Puu 和 Sushko，2004）。这两种观点在国内外均有大量支持者，对于货币政策采用单一目标还是多目标的争论从未停止。在国内，既有学者支持实行单一货币政策目标，如卢宝梅（2009）认为应采取通货膨胀目标制的货币政策框架，追求长期价格稳定的单一目标，维护人民币对内价值和对外价值的稳定，从而维护金融稳定；也有学者支持货币政策实行多目标，如易纲和赵晓（1998）认为在 1998 年制定宏观经济政策时，需要兼顾多重目标，同时又都要有所牺牲，建议采用多重政策工具寻求 1998 年宏观政策的平衡点。何运信和曾令华（2004）通过对我国的总供给曲线进行实证研究后，认为我国货币政策必须盯住双重目标，而不能只盯住通货膨胀目标。

2）对货币政策多目标间关系的相关研究进展

以往研究中多采用线性的研究方法对货币政策目标间的关系进行研究。如凯恩斯（Keynes，1936）在《就业、利息和货币通论》中认为增加货币供应量、降低利率等货币政策可以刺激投资和消费，具有促进充分就业、经济增长的积极作用，提出了充分就业和经济增长的货币政策目标；而弗里德曼（Milton，1973）主张货币政策的长期目标应该是保持物价稳定。这两种观点都从一种假设出发，而将结论推广到全部的经济系统，因而产生了争论。同时，传统经济理论对货币政策目标（物价稳定、经济增长、充分就业和国际收支平衡）之间关系的研究也存在不同的观点。Mishkin（2004）认为，经济增长通常有利于提高就业状况，而稳定物价和充分就业却经常发生冲突。

然而现实中，货币政策多目标间的关系并不像传统的经济理论所描述的那样简单、固定，而是常常发生"异常"的情况。如张晓慧（2010）指出，在全球经济一体化加剧、金融自由化加快的背景下，全球经济高速增长的同时却伴随着较低的通货膨胀。这说明货币政策多目标间的关系远比传统经济学理论所描述的更复杂、多变。

在最终目标的层面，当国际收支盈余与国内通货膨胀并存时，典型的"米德冲突"便出现了（Edward，1951）。Debelle（1997）认为通货膨胀目标和汇率目标共存并不现实，从实践经验可以看到，中央银行很难向公众明确传达其稳定物价而非其他货币政策目标的意图。王国松（2009）采用了 Kydland 和 Prescott（1982）的动态时间不一致性模型并依据我国 1982~2004 年期间相关统计数据，结合格兰杰因果检验法得出，我国货币政策的币值稳定目标在理论上存在对内物价稳定、对外汇率稳定的冲突性。

部分学者也对中介目标和最终目标的相关性进行了研究。如在货币供应量、信贷总量与货币政策目标的相关性方面，李斌（2001）应用多元反馈时间序列模型，对 1991~2000 年间的季度数据进行检验后发现，信贷总量和货币供应量都与货币政策最终目标变量有很高的相关系数，只是信贷总量的相关性更大一些。

对于操作目标同中介目标和最终目标的关系，主要体现在对货币政策传导关系的研究上。潘红宇和邓述慧（2000）认为短期内货币政策行动对实际经济量具有重要的作用，银行贷款是我国货币政策传导的主要渠道。彭方平和连玉君（2010）、瞿强（2001）从金融体系的变化、资产价格与货币政策目标、资产价格在货币政策传导中的地位和目前各国央行在实践中对资产价格的处理方法等方面，对资产价格与货币政策的关系进行了总结。Chang 和 Chien（2010）认为利率上升将导致企业所持有的运营资本成本增加，进而影响企业的边际成本和产品价格，因此，货币冲击对通货膨胀水平的影响则是通过企业投资决策对总需求间接影响来实现的。

此外，货币政策多目标系统中的其他环境要素实际上与货币政策目标间也存在着多种联系，如 Sara 等（1993）应用股市交易规模、波动率等指标衡量股市发展水平，并与 GDP 增长率进行回归后发现股市与经济增长之间存在高度的正相关关系。裴平和熊鹏（2003）认为货币政策传导过程中有大量货币不是被传导并作用于生产、流通和消费等实体经济环节，而是"渗漏"到股票市场"漏斗"和银行体系"黑洞"，其效应构成了实现货币政策目标的反制力量。仲伟周等（2009）以货币政策传导中的居民消费和投资行为为研究对象，运用实验经济学方法，考察居民行为对货币政策传导的影响。研究发现在我国社会保障制度不健全的现状下，居民行为在很大程度上制约着货币政策传导的有效性。赵进文和高辉（2009）认为资产价格波动会对货币供应产生结构性影响，改变货币政策的传导机制。

3）应用系统动力学对货币政策目标关系的研究

系统动力学是一门用于研究和处理社会、经济、生态等一类大系统问题的学科。它可在宏观与微观的层次上对复杂、多层次、多部门的大系统进行综合研究。近年来，应用系统动力学的方法对货币政策目标间动力学关系的研究主要集中在就业与经济增长问题、货币政策效应与金融稳定等方面。

国内外学者应用系统动力学的方法对就业状况和经济增长进行了研究。Vaglio（2010）通过建立系统动力学模型分析了经济增长、复杂性以及人口"成熟"之间的关系，认为经济增长表示为一种过程，外生地产生技术创新，从而增加了劳动分工并使社会机构更复杂。魏伟（2011）应用系统动力学理论与方法，初步构建一个 FDI 对中国制造业就业数量与质量影响的系统动力学模型。在验证模型强壮性与有效性的基础上，通过调整不同的政策变量，找到了增加就业人数、提高人均工资的政策组合。

部分学者应用系统动力学的方法建立模型来模拟货币政策的效应，以期为现行宏观经济政策的制定提供依据。刘超和刘丽（2011）运用系统科学的观点对金融理论进行了研究，首次提出了系统金融理论的概念。罗天勇（2009）把经济运行系统作为货币动力学系统来研究，通过定义货币流通速度，推导出货币运动的数学物理模型。据此提出应控制货币总量，确保货币供应量的持续稳定增长，实现一国经济的稳定高能运行，达到国家输出价值观的目标。巴曙松和栾雪剑（2009）使用系统动力学工具，建立仿真模型，对不同货币和财政政策组合下的经济周期发展进行仿真，得出了对比数据以及一些对政策组合效果的评价结论，并据此对我国宏观经济政策提出了一些建议。刘超和张伟（2012b）运用系统动力学的方法建立了汇率与经济发展系统动力学模型，通过调整参数对比人民币汇率中间价的变化，并据此对我国汇率政策的制定提出了一些建议。

其他学者则针对某一关键指标对金融稳定的影响展开了研究。魏巍贤（1999，2000）应用非线性系统动力学理论研究了汇率的复杂性，进而提出了基于非线性系统动力学理论的人工神经网络结构的确定方法。李巍和张志超（2009）研究了股票和债券市场的开放性对金融不稳定的影响，并应用切换系统最优控制模型分析了中国证券市场开放的最优时点选择。

2. 文献述评

从当前对货币政策多目标间关系的理论研究来看，国内外学者从多个角度对货币政策多目标间关系进行了大量研究，提出了不同的见解。但是，传统理论指导下的相关研究尚不足以应对当前复杂多变的经济环境，必须采用更加科学的方法对其进行深入研究。采用系统动力学及其计算机仿真技术来研究货币政策多目标问题，已经得到相关领域学者的关注，其优势逐步显现，是未来货币政策目标研究发展的必然趋势。

系统动力学理论及其仿真技术为货币政策多目标交互行为研究提供了科学的方法，在传统经济学理论范式下建立起来的货币政策，不论是主张单一目标还是相机抉择都是以各目标间的线性关系为基础，不足以应对当前复杂多变的经济环境。随着经济开放性和复杂性程度的提高，货币政策目标的动态性、不一致性、多层次性越来越突出，需要新的科学方法对货币政策多目标系统同层次之间、不同层次之间、各层次与环境之间存在的关系进行研究。更深层次地探讨货币政策目标间相互影响问题，选用系统动力学模型，模拟经济发展系统运行机制，从而揭示货币政策目标之间的关系，为货币政策的制定提供坚实的理论基础。

3.2.3　经济发展系统的系统动力学仿真与预测

1. 经济发展系统动力学建模的思想、原则和目的

（1）建模的指导思想。该模型是分析货币政策目标间相互影响的一种手段和工具，最终要侧重于实际应用。在模型的经济意义和数学检验两者之间，要立足于经济意义上能够自圆其说，不能单纯追求数学理论的圆满。建立经济发展系统模型要以系统论、控制论和信息论为指导思想，使模型建立在当代最新科学的基础上。此外，模型涉及的参数要兼顾经济、社会等各个方面，并以现行的统计口径为基准。

（2）建模的原则。建立经济发展系统的系统动力学模型应坚持面向问题、面向过程与面向应用的原则，集中于问题与矛盾，仅处理那些随时间变化和来自反馈回路的问题。模型实际上是实际系统的"实验室"，是真实系统的简化与代表，应防止原原本本、一一对应按真实世界建模的错误倾向。同时，由于人对客观事物的认识是螺旋式上升的，因此也只能建立阶段性的、能够达到预定目标和满足预定要求的相对有效的模型。

（3）建模的目的。建立经济发展系统的系统动力学模型的主要目的是促进经济更好地发展，促进该系统中各要素之间的联系与合作。运用系统动力学对系统

建模是探索一种从定量和定性相结合的角度反映经济发展系统运行机制的方法，观测系统的行为特性，找到货币政策目标间作用的反馈回路和杠杆作用点，为政府制定相应的政策提供依据。

2. 经济发展系统的结构

1）子系统的划分

作为复杂的经济发展系统，系统中的各个因素存在复杂的因果反馈关系，因此构建其系统动力学模型的主要任务是划分经济发展系统的结构及子系统。按照系统分解原理，该系统是由经济增长子系统、物价子系统、国际收支子系统和就业子系统之间相互影响相互作用而构成的，具有非线性、高阶次、多重反馈的特点。

（1）经济增长子系统。经济增长子系统主要包括固定资产投资、社会消费品零售总额、净出口等指标因素对经济发展的影响。经济增长通常是指在一个较长的时间跨度上，一个国家人均产出（或人均收入）水平的持续增加。经济增长率的高低体现了一个国家或地区在一定时期内经济总量的增长速度，也是衡量一个国家或地区总体经济实力增长速度的标志。决定经济增长的直接因素：投资量、劳动量、生产率水平。用现价计算的 GDP 反映一个国家或地区的经济发展规模，用不变价计算的 GDP 计算经济增长的速度。

（2）物价子系统。在一国发生通货膨胀的情况下，该国货币所代表的价值量就会减少，其实际购买力也就下降，于是其对外比价也会下跌。通过物价子系统中各个变量的相互作用，构成经济发展系统的反馈回路。目前，国内普遍存在人民币升值预期，国际投机性资金大量涌入国内。为维持现汇稳定，央行必然在外汇市场买入外汇。外汇储备的增加直接导致 M2 的增加，加大国内需求，从而使国内通货膨胀压力增大。

（3）国际收支子系统。随着经济全球化，一国的对外开放程度不断增强，一国的汇率水平也受国际物价水平的影响，例如，受国际粮食价格、国际石油价格等的影响。汇率对国际收支的影响是最直接的。不能为了国际收支平衡而牺牲经济稳定增长和国内充分就业等目标，因为长期的国际收支平衡正是建立在经济长期稳定增长的基础之上的。

（4）就业子系统。经济发展水平受国内就业率的影响，就业率的提高影响人民的收入。充分就业、经济增长与政府作用存在着密切关系，在金融危机背景下研究这种关系就更有意义。充分就业是经济增长的目的和基础，其作为促进经济增长的重要内生因素对经济增长具有支撑作用，存在着主动性影响。而政府是推动充分就业的主体，它是通过货币政策调节来实现充分就业、促进经济增长的。

2）主要因素变量

经济发展系统是具有内部动态结构与反馈机制的开放系统，具有高度非线性、高阶次、多变量、多重反馈、复杂时变等特点。影响货币政策目标间关系的因素众多，通过对四个子系统中因素变量相互影响的分析，找到五个主要因素变量：国内生产总值、经济增长率、通货膨胀率、利率、失业率。

3）主导反馈回路及结构流图

由于经济发展系统的复杂性，无法只凭语言和文字对系统的结构和行为作出准确的描述，数学方程也不能清晰地描述反馈回路的机理。因果关系图有利于掌握经济发展系统的结构及其行为的动态特性。运用系统动力学的方法，在找到五个主要因素变量的基础上，通过分析变量之间相互影响的反馈机制，运用 Vensim 软件，构建了经济发展系统 13 条主导环路的反馈回路图，如图 3.24 所示。

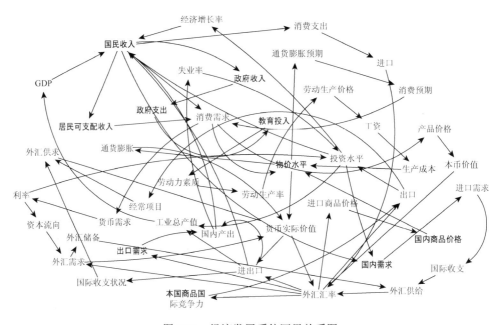

图 3.24 经济发展系统因果关系图

（1）GDP→国民收入→政府收入→政府支出→教育投入→劳动力素质→劳动生产率→劳动生产价格→工资→生产成本→物价水平→货币实际价值→外汇汇率→进出口→工业总产值→GDP

（2）GDP→国民收入→居民可支配收入→消费需求→物价水平→货币实际价值→外汇汇率→进出口→工业总产值→GDP

（3）失业率→投资水平→国内需求→进口需求→国际收支→外汇供给→外汇汇率→国际收支→出口需求→国内产出→失业率

（4）失业率→投资水平→工业总产值→GDP→国民收入→居民可支配收入→消费需求→物价水平→外汇汇率→国际收支→出口需求→国内产出→失业率

（5）通货膨胀预期→消费预期→消费需求→产品价格→本币价值→外汇汇率→进口商品价格→国内商品价格→物价水平→通货膨胀预期

（6）通货膨胀→货币实际价值→外汇汇率→进口商品价格→国内商品价格→物价水平→通货膨胀

（7）利率→资本流向→外汇供求→货币价值→外汇汇率→进出口状况→国内产出→国民收入→消费需求→货币需求→利率

（8）利率→投资水平→国民收入→国内需求→进口需求→国际收支→外汇供给→外汇汇率→进出口状况→国内产出→国民收入→消费需求→货币需求→利率

（9）外汇储备→外汇供给→外汇汇率→进出口状况→外汇需求→外汇储备

（10）经济增长率→国民收入→消费支出→进口→外汇汇率→出口→投资水平→经济增长率

（11）经常项目→外汇供求→货币价值→外汇汇率→本国商品国际竞争力→国外需求→经常项目

（12）物价水平→货币实际价值→外汇汇率→进口品价格→国内商品价格→物价水平

（13）汇率水平→货币价值→进出口状况→国际收支状况→外汇市场供求→货币价值→汇率水平

在构建 13 条主导反馈回路的基础上，建立经济发展的系统动力学因果反馈模型，并对模型中的相关变量进行分析研究，揭示经济发展系统的运行机制。

3. 经济发展系统的仿真

1）主要方程式

虽然因果关系图可以简明地描绘经济发展系统内各要素之间的因果关系和系统结构，但它不能显示系统各变量之间的定量关系。因此，对系统动力学模型进行定量分析时，结构方程式是不可缺少的组成部分。结构方程式是用专门的DYNAMO 语言建立的，并运用 Eviews 软件，选取 1998～2008 年 11 年的数据，对各相关因素变量进行回归检验，确定其相关系数，构建主要方程式。

（1）经济增长子系统。

GDP 增长率=0.110543+固定资产投资占 GDP 比重×0.002573+净出口占 GDP 比重×0.558651-社会消费品零售总额占 GDP 比重×0.097683

总人口=INTEG（出生速率-死亡速率，132802）

M2 增长率=7.8998+0.00124×外汇储备增加额+0.00073×中央银行对政府贷

款+0.581434×贷款增长率

（2）物价子系统。

通货膨胀率=0.080418×M2 增长率+0.02522×进口商品价格指数–2.42768×失业率+5.11417×流动性+11.2

贷款增长率=（0.5×存贷比+1.81284×GDP 增长率–9×贷款利率–1.25×法定存款准备金率）/100

居民储蓄存款变化率=（0.000133×居民可支配收入+2.86999×名义存款利率–1.07942×通货膨胀率）/100

（3）国际收支子系统。

财政收支差额=财政收入–财政支出

国际收支顺差=出口总额–进口总额+资本和金融项目顺差

人民币汇率变化率=–0.000302×（国际收支顺差/外汇储备增加额）–0.0004198

（4）就业子系统。

失业率=5.36×10^{-5}×职工平均工资+0.386803×人民币汇率中间价–0.006453×GDP 增长率+1.5

2）仿真检验流图

在经济发展系统因果关系图的基础上，结合相关方程和变量，运用 Vensim 软件，绘制出该系统结构流图，如图 3.25 所示。

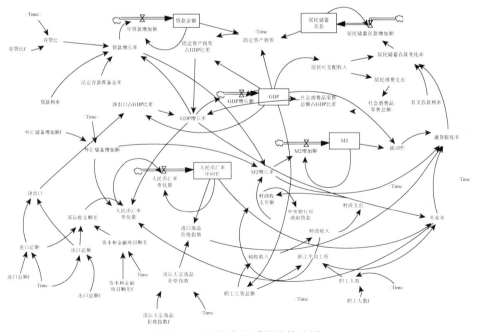

图 3.25　经济发展系统结构流图

4. 经济发展系统预测

1）模型边界检验

经济发展系统涉及的主要因素变量有 GDP、国际收支顺差、失业率、通货膨胀率、外汇储备净增加额等，从基本仿真对外汇储备净增加额、GDP 等指标预测可以看出，该系统基本可以通过这些变量之间的相互关系反映出来，因此可以认为所构造的经济发展系统模型与实际系统近似。

2）模型有效性检验

对模型进行历史仿真检验，以外汇储备增加额、GDP 和失业率为检验变量，时间范围为 2008～2010 年，检验结果如表 3.6～表 3.8 所示。根据历史验证结果，外汇储备增加额、GDP 和失业率的仿真值与历史值误差较小，模型通过有效性检验。

表 3.6　GDP 历史检验数据表

年份	GDP 实际值/亿元	GDP 仿真值/亿元	相对误差
2008	314045.4	314045	−0.0000012
2009	340902.8	350123	0.027
2010	401202	384877	−0.04

数据来源：2009～2011《中国统计年鉴》

由以上结果计算相关系数：

$$R^2 = 1 - \frac{\sum_i (y_i - \hat{y}_i)^2}{\sum_i (y_i - \overline{y}_i)^2} = 0.999$$

式中，y_i 为第 i 年的实际值；$\hat{y}_i$ 为第 i 年的仿真值；$\overline{y}_i$ 为实际值的平均值。

模型对国内生产总值拟合的相关系数为 0.999。

表 3.7　外汇储备净增加额历史检验表

年份	外汇储备增加额实际值/亿元	外汇储备增加额仿真值/亿元	相对误差
2008	4177.81	4177.81	0.000012
2009	4531.22	4531.22	0.0013
2010	4481.86	4482.13	0.0255

数据来源：2009～2011《国际收支平衡表》

由以上结果计算相关系数：

$$R^2 = 1 - \frac{\sum_i (y_i - \hat{y}_i)^2}{\sum_i (y_i - \overline{y}_i)^2} = 0.998$$

模型对外汇储备净增加额拟合的相关系数为 0.998。

表 3.8　失业率历史检验表

年份	失业率实际值/%	失业率真值/%	相对误差
2008	4.2	4.2	0
2009	4.3	4.19	−0.109
2010	4.4	4.4	−0.026

数据来源：2009~2011《中国统计年鉴》

由以上结果计算相关系数：

$$R^2 = 1 - \frac{\sum_i (y_i - \hat{y}_i)^2}{\sum_i (y_i - \overline{y}_i)^2} = 0.999$$

模型对失业率拟合的相关系数为 0.999。

3）仿真结果

模型通货有效性检验后，经运行通货膨胀率、GDP、GDP 增长率、人民币汇率中间价、失业率，得到 Vensim 输出的仿真结果如图 3.26～图 3.31 所示。

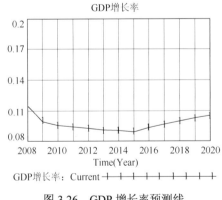

图 3.26　GDP 增长率预测线

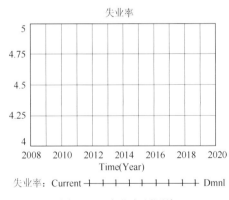

图 3.27　失业率预测线

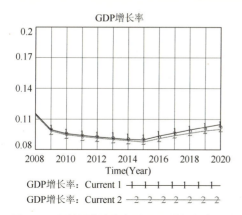

图 3.28 调控通货膨胀率后 GDP 增长率变化线
（备注：Current1 为原模型生成 GDP 增长率线；Current2
为膨胀率上调一个百分点时生成 GDP 增长率线）

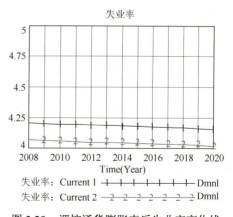

图 3.29 调控通货膨胀率后失业率变化线
（备注：Current1 为原模型生成失业率线；Current2 为
通货膨胀率上调一个百分点时生成失业率线）

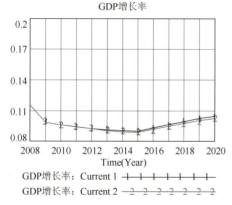

图 3.30 调控汇率后 GDP 增长率变化线
（备注：Current1 为原模型生成 GDP 增长率线；Current2
为人民币汇率中间价下调一个百分点时生 GDP 增长率线）

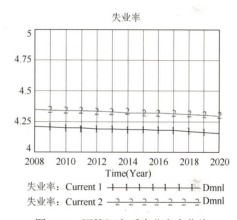

图 3.31 调控汇率后失业率变化线
（备注：Current1 为原模型生成失业率线；Current2 为
人民币汇率中间价下调一个百分点时生成失业率线）

依据仿真结果，可以得出以下结论。

（1）GDP 增长率：如图 3.26 所示，未来 GDP 增长率始终保持正值，2011～2015 年间，GDP 增长率呈下降趋势，自 2015 年开始到 2020 年间，GDP 增长率开始呈现上升趋势。由于 2011 年宏观政策调控组合为"积极的财政政策"和"稳健的货币政策"，而在此期间通货膨胀率不断升高，给经济增长带来负面影响，经济增长速度适度放缓，因此在 2011 年后 GDP 增长率略有下降，而后有所回升。因此，高的通货膨胀率对经济发展是不利的。

（2）失业率：如图 3.27 所示，未来失业率呈缓慢下降趋势。自 2011 年开始，通货膨胀率不断升高，由菲利普斯曲线可知，通货膨胀率的提高必然伴随失业率的下降，因此，自 2011 年开始，伴随着不断上升的通货膨胀率，失业率一直呈现缓慢下降趋势，但波动幅度不大。

（3）如图 3.28 所示，如果将通货膨胀率上调一个百分点，Current 1 代表调整前 GDP 的增长率，Current 2 代表调整后 GDP 的增长率，调整后 GDP 的增长率略有下降趋势，在短期内这种变化并不明显，但在长期中可以看出 GDP 增长率明显呈下降趋势。表明通货膨胀率的提高对经济发展是不利的，因为通货膨胀会通过降低储蓄率来降低经济增长速度；通货膨胀还会给经济带来结构方面的问题，例如，产业结构和分配结构方面的问题。而在较温和的通货膨胀率范围内，长期增长与通货膨胀的对应关系不太明显，因为长期经济增长是资源和制度决定的，而长期的通货膨胀率是由货币供应的增长速率决定的。

（4）如图 3.29 所示，如果将通货膨胀率上调一个百分点，Current 1 代表调整前失业率，Current 2 代表调整后失业率，调整后失业率呈现下降趋势，在短期内这种变化并不明显，但在长期中可以看出 GDP 增长率明显呈下降趋势。通货膨胀会导致物价上涨，生产者剩余增加，从而刺激产出，这样就创造了就业岗位，失业率就降低了。

（5）如图 3.30 所示，如果将人民币汇率中间价下调一个百分点，Current 1 代表调整前 GDP 增长率，Current 2 代表调整后 GDP 增长率，调整后 GDP 呈现下降趋势，说明人民币升值会对我国经济发展产生不利影响，汇率升值会使外资流入减少，出口增长趋缓，从而使经济增长速度降低。

（6）如图 3.31 所示，如果将人民币汇率中间价下调一个百分点，Current 1 代表调整前失业率，Current 2 代表调整后失业率，调整后失业率呈现明显上升趋势，这表明人民币升值会使我国失业率提高。我国是一个劳动力廉价的国家，从而与其他国家相比商品的成本相对要低很多，这个原因正是中国近代出口业在外国竞争的一个重要优势。如果人民币升值，会使出口量下降，产出下降，从而就会导致厂商减少劳动力的使用，失业率上升。

3.2.4　结论与政策建议

1. 结论

本书通过对经济发展系统进行分析，找到了影响经济目标波动的关键因素，构建了经济发展系统的系统动力学模型，并通过计算机仿真模拟出 2010～2020 年我国 GDP 增长率和失业率的发展趋势，并通过对通货膨胀率和汇率的调控分析出经济目标之间的相互影响关系。结果表明：

（1）通货膨胀率的提高会抑制经济增长速度，从而使 GDP 增长率下降。

（2）通货膨胀率的提高会使失业率下降，从而缓解就业问题。

（3）人民币升值对我国经济发展会产生不利影响，汇率升值会使外资流入减少，出口增长趋缓，从而使经济增长速度降低。

（4）人民币升值，会使出口量下降，产出下降，失业率上升。

本模型在结构上与实际情况相符合，仿真检验结果与历史数据误差较小，可以为宏观经济政策的制定提供决策支持。

2. 政策建议

我国的四大经济目标为：经济增长、物价稳定、充分就业和国际收支平衡。它们之间既有一致性又有矛盾性。通过上述仿真预测结果发现，物价水平过高时，人民币汇率呈现下降趋势，本币有升值压力，同时，经济发展也会受到阻碍，但失业率会有所下降。因此，合理控制物价水平，综合调控各个目标的实现度，才能有效促进经济的稳定发展。综合上述仿真与预测结果，对货币政策提出以下建议。

（1）保持较低的存贷款利率，最终实现利率市场化。为使商业银行可以更好地履行为经济生活融资的义务，应保持较低的存款利率，这样可以减少商业银行存款利息的支出，从而降低商业银行的成本，增加盈利。央行应运用货币政策依据经济发展的需要，扩大货币供应量，增加基础货币的投放，从而扩大银行的贷款规模，加大对企业的投入。

（2）控制信贷总量、优化信贷结构。一方面，央行可以运用"窗口指导"的手段规定商业银行的整体信贷额度，明确各个季度信贷投放进度的比例，使信贷总量做到均衡发展；另一方面，灵活运用货币政策工具，调控货币总量，如加大央行票据的发行力度、运用利率政策引导资金流向、必要时启动特种存款等。针对不同地区、不同产业、不同金融机构实行货币差额供给，如实行"窗口指导"、比例限制、贴息政策、再贷款政策、差别利率政策等，满足产业政策对货币的不同需求。优化信贷资金运用的方向，重点支持中小企业、自主创新、战略性新兴产业发展、产业转移等方面的信贷需求。具体包括：发展中小企业金融服务专营机构，完善组织架构；建设中小企业信用担保体制，积极发展应收账款、股权、专利权质押贷款，无担保无抵押贷款等的信贷产品。优化信贷期限结构，适当增加票据及短期贷款，减少中长期贷款，使其回归到合理水平。

（3）灵活运用汇率手段，积极应对外部冲击。建立人民币汇率目标区，根据人民币汇率波动的实际情况和宏观经济形势，设置目标区的上下限，保持人民币长期调节的灵活性及短期汇率的稳定性，使中央银行有更大的汇率干预空间。放松对外汇率浮动幅度的限制，为银行营造一个市场化程度更高的竞争环境，促进人民币汇率的生成更加科学化、理性化。改进和完善中央银行的干预机制，充分发挥市场的作用，央行进行有选择的干预，只有在市场受到不良因素的长期干扰时，央行才采取措施进行调控。这样既有利于对外经济贸易公平竞争和国内经济结构的调整，也有利于积极发挥市场的价格信号作用，实现内部均衡。

（4）支持第三产业、扶持中小企业。第三产业的发展，可以很好地缓解我国的就业问题。从就业发展趋势看，第三产业的就业情况占据重要位置。因此，应运用货币政策加大商业银行对第三产业的信贷规模，从而促进第三产业的发展，缓解就业加力，增加就业人数。此外，应加大鼓励金融创新的力度，结合第三产业的特点，给予其更多的资金支持，为失业人员创造更多的就业机会。

融资问题是限制中小企业发展的重要问题，中小企业的发展受到限制的同时，也限制了其提供就业岗位的能力。应运用货币政策建立和健全我国中小企业的融资制度。因此，货币政策应倾向于放松对中小企业的贷款限制。为了增加就业机会，扩大就业人数，政府除了应该加大对私营企业的金融扶持外，政策措施方面还可以选择适度发展区域性中小银行。

3.3　复杂网络视角下的货币政策多目标体系研究

3.3.1　引言及文献综述

货币政策是各国政府调控经济的重要手段之一，在宏观经济调控过程中发挥着举足轻重的作用（徐涛，2001）。特别是 2008 年以来，受金融危机的影响，货币市场和信贷市场一度出现全球性的流动性短缺现象。为此，各国政府各自实行量化宽松的货币政策，以期通过增强市场流动性带动经济增长。从我国来看，为抗击金融危机的负面影响，中国人民银行采取了适度宽松的货币政策，如降低法定存款准备金率等，有效遏制了经济下行趋势，使中国经济实现"保 8"增长（高山等，2011）。而针对货币政策实施、传导过程的复杂性，货币政策如何实施，进而如何有效影响宏观经济运行一直是各国政府及中央银行最为关注的问题，也成为学术界研究的重点和热点问题。通过对先前文献的梳理，国内学者对货币政策的研究重心主要集中在两个方面：一是货币政策目标体系选取方面的研究，包括对最终目标、中间目标及操作目标的选取；二是对货币政策有效性问题的研究，其中大多数集中在对货币政策传导机制的研究方面。

针对货币政策目标体系方面。

（1）货币政策最终目标。传统理论认为货币政策存在五大目标：经济增长、物价稳定、充分就业、国际收支平衡和金融稳定。目标之间存在着比较复杂的关系，既有相互一致的一面，又彼此之间存在着矛盾（刘超和张伟，2012a）。针对此方面，范从来（2010）提出相同看法，同时，他还针对不同国家货币政策的实践情况，提出货币政策目标具有由多目标转向单一目标收敛的特征，我国货币政策最终目标经历了经济增长向物价稳定的转变。1995 年，《中国人民银行法》将我国货币政策目标确立为"保持货币币值稳定，并依此促进经济增长"，以法律的形式界定了目前中国货币当局的首要目标（曹家和，2003）。

（2）货币政策中间目标。中间目标作为央行衡量货币政策效果的短期目标变量必须满足相关性、可控性和可测性三个要求。各国在货币政策实施过程中通常选用利率、汇率、货币供应量和通货膨胀率作为中间目标。而对于已经建立起来的中间目标（王劲松和虞吉海，2000），随着经济体制、调控目标等经济环境的变化，其对货币政策传导的适宜性也会遭受不同的挑战。因此，对于中间目标的选取也应该根据经济形势的变化适时做出调整。早在 20 世纪 60 年代，国外学者就曾提出类似观点。Poole（1970）提出，在经济收缩期宜采用利率作为中间目标，而在经济扩张期则倾向于货币供应量。我们所要关注的是所选取中间目标与宏观经济的关系是否稳定。1993 年，中国人民银行开始采用货币供应量（M2）作为我国货币政策的中间目标。而在中国处于金融体制改革和通货紧缩时期的背景下，王劲松和虞吉海（2000）指出，传统的利率和货币供应量作为货币政策中间目标的局限性已更加明显，应该采取通货膨胀率作为中间目标。同时期，徐涛（2001）也提出相同的看法。卢宝梅（2009）通过对比汇率目标制、货币目标制和通货膨胀目标制在不同时期对各国经济的调整作用和存在的问题，特别针对我国长期内外经济不平衡的背景下，需对货币政策的调整方式做出改变，进而采取通货膨胀目标制的货币政策框架。而针对货币供应量不再适合作为我国货币政策的中间目标，部分学者提出相反意见。曾华和吴姝妍（2007）为研究货币供应量和利率对经济增长的影响，通过对我国 1998～2005 年相关数据进行单位根检验等验证方法进行实证研究后得出，目前我国把货币供应量作为货币政策中间目标具有合理性，而利率则不具备。而涂晓兵（2008）通过比较分析利率、汇率、货币供应量和通货膨胀率作为我国货币政策中间目标的合理性和不稳定性后指出，我国货币政策中间目标的选取不应该是某个单一目标制，而应是一个目标体系。

针对货币政策有效性方面的研究。货币政策的有效性指的是货币政策是否能够有效地对产出、就业、消费等真实的经济变量产生影响，从而促进经济的持续稳定发展。而对货币政策有效性方面的研究主要集中在货币政策传导机制方面。货币政策传导机制是指中央银行运用货币政策工具影响中间目标，进而最终实现既定政策目标的传导途径与作用机理。将不同学派对货币政策传导机制的不同看法归纳为两大类：货币途径（包括利率传导、非货币资产价格传导和回避传导）和信贷途径（蒋瑛琨等，2005）。我国货币政策传导机制及有效性问题一直是国内众多学者研究的重点和热点。通过运用不同的研究视角和研究方法，学者们对我国货币政策的传导机制进行了实证研究，也引起了新的争论热潮。徐厦楠（2004）通过深度解读利率传导机制和我国经济发展的现状，从理论角度指出利率机制是我国货币政策最重要的传导机制，但对利率的行政管制严重制约着利率机制的有效性。李琼和王志伟（2006）运用单位根检验、协整检验、Granger 因果检验等检验方法，通过对 1994～2004 年我国 M2、GDP 等季度数据进行实证研究得出，我国当前主要是货币渠道作为货币政策的传导机制，相比之下信贷渠道尚未建立起来。与此同时，盛朝晖（2006）运用实证研究提出相反意见，他指出由于我国尚未完全实现利率市场化，因而在货币政策传导过程中，信贷渠道明显优于货币渠道，而且随着利率市场化改革的推进，利率传导渠道正逐渐发挥作用。这与张辉和黄泽华（2011）得出的结论不谋而合，他认为利率传导机制在我国货币政策传导中具有局部有效性，究其原因在于我国的利率管制尚未完全开放，而且随着我国利率市场化的不断深入，利率传导机制将会起到更加重要的作用。总的来讲，由于研究方法、样本数据选取及处理方法等不同，学者对我国货币政策传导机制方面的研究产生了一定的分歧。

此外国内还有一些学者针对某一具体市场变量与货币政策有效性之间的关系展开了研究。王松涛和刘洪玉（2009）运用自回归模型对住房市场对货币政策的传导效果进行了定量研究，由此认为住房市场是货币政策信号传导的重要载体。苏飞（2012）选取了 2001～2010 年宏观经济的相关变量，通过构建结构因子向量自回归模型对市场预期是否能够影响货币政策传导效果进行了实证研究，结果显示：市场预期在我国货币政策传导过程中起到了"催化剂"的作用，并就此结果提出了相关的政策建议。在这方面，张强和李远航（2010）也得出相同的结论。

从以上研究来看，国内众多学者对货币政策的相关问题进行了大量的研究，并取得了很大进展。但总的来说，学者更多的是针对货币政策某个目标或传导机制的某一个侧面进行理论和实践研究，且实证方法单一，从而使得研究结论具有一定的片面性。相比之下，复杂网络模型能够对较为复杂的社会、经济系统内主体之间的交互进行全面系统的研究，通过对系统网络特定参数的分析，实现对系统运行现状及优化路径的深入剖析（刘超，2013）。对此，本书试图将复杂网络的系统科学方法引入货币政策研究中，同时运用灰色关联度模型，通过构建货币政策目标体系网络对相关内容展开实证研究，以期对整个货币政策目标体系和传导机制进行宏观上的把握。

3.3.2　实证研究方法概述

1. 灰色关联度

灰色关联分析是一种系统分析方法，是对系统变化发展态势的定量描述和比较的方法。灰色关联分析的目的就是寻求系统中各因素之间的主要关系、找出影响目标值的重要因素，从而掌握事物的主要特征，促进和引导系统迅速而有效的发展。

灰色关联分析的主要思想是根据系统动态过程发展态势，即系统以前有关统计数据的几何关系及相似的程度，来判断其联系是否紧密。曲线越接近，相应序列之间的关联度越大，反之越小。灰色关联分析实质上是关联系数的分析。先是求各个方案与由最佳指标组成的理想方案的关联系数，由关联系数得到关联度，再按关联度的大小进行排序、分析、得出结论。该方法突破了传统精确数学绝不容许模棱两可的约束，具有原理简单、易于掌握、计算简便、对数据分布类型及变量之间的相关类型无特殊要求等特点，具有极大的实际应用价值。例如，在经济研究方面，肖楠等（2008）就曾运用灰色关联分析的方法，实证分析了资本市场和经济增长之间的相关关系。

运用灰色关联度分析方法主要包括以下步骤。

（1）确定反映系统行为特征的参考数列和影响系统行为的比较数列，并收集相关数据。

（2）对参考数列和比较数列进行无量纲化处理。目前，原始数据的无量纲化处理有均值化变换、初值化变换、标准化变换等。一般情况下，对于较稳定的社会经济系统数列作动态序列的关联度分析时，多采用初值化变换，因为这样的数列多数是增长的趋势。

（3）求关联度。因为关联系数是比较数列与参考数列在各个时刻的关联程度，所以它的数不止一个，而信息过于分散不便于进行整体性比较，因此将各个时刻的关联系数集中为一个值，即求平均值。具体计算方法如下。

记初值化后的参考数列为 X_0，比较数列为 $X_i(i=1,2,\cdots,N)$，且

$$X_0 = \{X_0(1), X_0(2), X_0(3), \cdots, X_0(N)\}$$

$$X_i = \{X_i(1), X_i(2), X_i(3), \cdots, X_i(N)\}(i=1,2,\cdots,N)$$

$$y(X_0(k), X_i(k)) = \frac{\underset{i}{\text{Min}} \underset{k}{\text{Min}} |X_0(k) - X_i(k)| + \xi \underset{i}{\text{Max}} \underset{k}{\text{Max}} |X_0(k) - X_i(k)|}{|X_0(k) - X_i(k)| + \xi \underset{i}{\text{Max}} \underset{k}{\text{Max}} |X_0(k) - X_i(k)|} \quad (3.1)$$

y 为 X_0 与 X_i 在第 k 点的关联系数。式中，$|X_0(k) - X_i(k)| = V_i(k)$，表示 X_0 数

列与 X_i 数列在第 k 点的绝对差；$\underset{i}{Min}\underset{k}{Min}|X_0(k)-X_i(k)|$ 成为 2 级最小差，其中 $\underset{k}{Min}|X_0(k)-X_i(k)|$ 为第 1 级最小差，表示找 X_i 数列对应点的差值中的最小值，而 $\underset{i}{Min}\underset{k}{Min}|X_0(k)-X_i(k)|$ 是第 2 级最小差，表示在第 1 级最小差的基础上，在找出其中的最小差；$\underset{i}{Max}\underset{k}{Max}|X_0(k)-X_i(k)|$ 称为第 2 级最大差，其含义与最小差相似，ξ 为分辨系数，在 0~1 之间取值，一般取 $\xi=0.5$。

（4）排列关联度与结果分析。通过关联度的大小排序可以看出比较数列与参考数列的联系紧密程度以及影响大小。

2. 复杂网络

现实世界中个体之间复杂的相互作用关系可以用网络来描述。系统中的各个个体由网络中的各个节点表示，而网络中抽象的连边可以表示个体之间的相互作用，这样就可以用复杂网络来描述现实世界中的许多系统。

在本书研究中创造性地将货币政策多目标体系中的每个目标变量看作一个主体，变量之间的灰色关联度值量化主体间的连边，以此构成货币政策多目标体系网络。

在深入研究复杂网络特性时，须借助于网络的一些特性复杂网络参数，该部分所涉及的网络参数如下。

（1）集聚系数（密度）。一个复杂网络的集团化程度可以用集聚系数来衡量，它也是表征网络性质的一个重要的特征参数。网络中与该节点直接相连的节点之间的连接关系可以用节点 i 的聚散系数 C_i 来描述，将其定义为：假设节点 i 与其他 k_i 个节点相连接是通过 k_i 条边，而且如果这 k_i 个节点之间都相互连接，那么它们之间就应该存在着 $k_i(k_i-1)/2$ 条边，而在这 k_i 个节点之间如果实际存在的边数只有 E_i 条，那么它与 $k_i(k_i-1)/2$ 之比就是节点 i 的集聚系数，即

$$C_i = \frac{2E_i}{k_i(k_i-1)} \tag{3.2}$$

因此，所有节点集聚系数的算术平均值便是整个网络的集聚系数，即

$$C = \frac{1}{N}\sum_N^1 C_i \tag{3.3}$$

在公式（3.3）中，网络的规模大小用 N 表示，其中 $C\in[0,1]$，所有的节点均为孤立点时有 $C=0$，网络中任意两个节点直接相连时有 $C=1$。因此可以说，复杂网络中的一个非常重要的全局几何量就是平均集聚系数。

（2）度。网络的一个重要的统计特性就是节点的度分布（谭跃进等，2006）。一个节点连接的其他节点的数目即为该节点的度。一般来说，无权有向图的一条连边对节点度的贡献为 2，此时网络的平均度可以表示成：

$$\overline{C}_D = \frac{1}{n}\sum_i C_D(i) = \frac{2m}{n} \qquad (3.4)$$

其中，m 和 n 分别表示网络的边数和顶点数。而在相关网络分析软件中，对于赋权值网络的边对节点度的贡献与该边的权值有关，即若主体间存在边连接，且根据"边"的具体含义赋予其较高的权值，这样会相应增加两端节点的度数（大于甚至远大于网络节点数），进而也会增加网络的平均度数。

（3）平均路径的长度（距离）。平均路径长度指的是复杂网络中所有节点对之间的平均最短的距离。从一个节点到另一个节点所有经历的边的最小数目即为节点间的最短距离，而网络的直径是指所有节点对之间的最大距离。直径和平均路径长度衡量的是网络的传输效率与性能。若 L 为平均路径长度，那么其计算公式为

$$L = \frac{1}{N(N-1)}\sum_{i \neq j \in G} d_{ij} \qquad (3.5)$$

研究复杂网络过程中，一般地将连接这两个节点的最短路径的边的数目定义为两节点间的距离，任意两点间的最大距离为网络的直径，所有节点对之间距离的平均值则为网络的平均路径长度，它描述了网络有多小，即网络中节点间的分离程度。而平均最短路径的取值范围为（1，+∞），当且仅当网络为全连接网络时，平均路径 L 为 1。绝大多数大规模真实网络中的平均路径的长度比想象的要小得多，这是复杂网络研究中的一个重要的发现，称为小世界的效应（Albert 和 Jeong，2001）。我们所研究货币政策多目标体系网络就是典型的全连接网络。

3.3.3 货币政策多目标体系网络的实证研究

货币政策目标体系具体分为：最终目标、中间目标和操作目标。该目标体系也系统反映了货币政策如何对经济活动产生影响的整个过程，即政策工具使用——操作目标得以控制——调节中间目标——最终目标得以实现的传导机制。在实证研究中，分别选取若干真实的经济变量用来分别代表最终目标变量、中间目标变量、操作目标变量，通过构建复杂网络来考察整个变量体系内部的相互关系，也就能够代表目标之间的关系。如图 3.32 所示。

1. 变量设定与样本数据

（1）货币政策最终目标变量。传统理论认为货币政策存在五大目标：经济增长、物价稳定、充分就业、国际收支平衡和金融稳定，多目标的相对重要性随经

济体制、市场化程度和国际经济金融环境的变化而不同。为此,本书分别选取 GDP 增长率、CPI、就业率、经常项目和资本与金融项目差额之和、主要商业银行不良贷款率分别作为经济增长、物价稳定、充分就业、国际收支平衡和金融稳定的代理变量。

（2）货币政策中间目标变量。中央银行在执行货币政策时,以货币政策工具首先影响利率、货币供应量等经济变量,通过这些变量的变动,进而影响产出、就业、物价和国际收支等最终目标变量。因此,利率、货币供应量被称为货币政策的中间变量。同时,由于我国金融市场发展仍然相对比较缓慢,企业直接融资的规模难以在短期内大幅度地增长,以银行信贷为主导的金融结构难以在短期内得到根本性的扭转,因此关注信贷增长的变化对我国的货币政策而言具有重要的意义。因此,我们选用货币供应量、利率和信贷作为货币政策的中间目标。在本书中分别以广义货币供应量、全国银行间 7 天同业拆借利率和信贷规模依此作为上述中间目标的代理变量。

（3）货币政策操作目标变量。当中间目标不受中央银行货币工具直接影响时,可以根据操作指标判断政策工具是否准确,通常采用基础货币和存款准备金率作为我们的操作目标。

该部分实证选取 1993～2012 年时间区间内的相关数据变量。

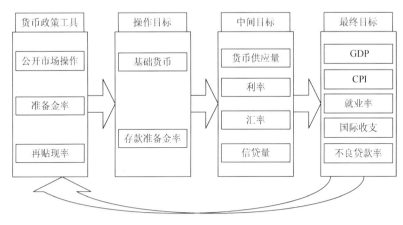

图 3.32　我国的货币政策体系

2. 实证结果分析

1）货币政策最终目标子网络

以五个最终目标作为网络的节点,以每个最终目标对其他目标的灰色相关度作为连边的权重组成货币政策多目标体系网络的子网络——最终目标子网络。对应的网络矩阵如表 3.9。将该网络进行可视化操作,如图 3.33。

表 3.9　最终目标子网络矩阵

	GDP 增长率	CPI	就业率	国际收支差额	不良贷款率
GDP 增长率	1	0.2716	0.4311	0.0214	0.0872
CPI	0.2745	1	0.1472	0.0268	0.8828
就业率	0.4235	0.1466	1	0.1574	0.0097
国际收支差额	0.0707	0.039	0.1518	1	0.2182
不良贷款率	0.1678	0.1144	0.0273	0.1945	1

注：根据复杂网络构建规则，该矩阵已将部分数值绝对值处理

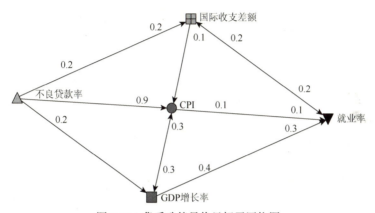

图 3.33　货币政策最终目标子网络图

（1）货币政策最终目标子网络的节点度值。从表 3.10 数据可以得到：CPI 作为物价稳定目标的代理变量，在整个网络中的度数最高，表明其在网络中居于核心的位置，说明该变量可以最大限度地影响其他指标的变动。按照度分布的大小，不良贷款率、GDP 增长率、就业率、国际收支差额的排序也代表了目前金融稳定、经济增长、充分就业和国际收支平衡在整个最终目标体系中的重要性。

表 3.10　最终目标子网络度值

	Degree	NrmDegree	Share
CPI	1.451	41.094	0.299
不良贷款率	1.269	35.931	0.262
GDP 增长率	0.873	24.734	0.180
就业率	0.736	20.834	0.152
国际收支差额	0.522	14.788	0.108

现实中，我们通常把经济增长、物价稳定、充分就业、国际收支平衡以及金融稳定作为我国货币政策的五大最终目标，但基于五大目标之间的既相互对立又

统一的辩证关系，五大目标不可能同时实现。因此，必须立足于内外经济环境发展变化的需要，对最终目标体系进行总体的权衡或选择。而针对目前我国经济发展的现状，周小川指出，在货币政策五个目标中，"绝大多数情况下中央银行最强调的还是物价稳定的目标"。这与我们通过数据分析得到的结论是一致的。

另外，随着我国金融体制改革的不断深化，特别是在利率市场化不断推进的背景下，我国金融市场保持快速健康发展的态势，市场规模迅速扩大，市场结构不断优化，金融市场的稳定性对我国经济平稳健康发展的重要性更加突出，也逐渐成为我国货币政策重点调控的对象。

（2）货币政策最终目标子网络节点距离值

Average distance　　　　　　　　　　　　=1.300

Distance-based cohesion（"Compactness"）　=0.850

（range 0 to 1；larger values indicate greater cohesiveness）

从以上数据可以看出：最终目标子网络各指标节点之间的平均距离为 1.30，建立在距离基础上的凝聚力为 0.85，该数据表明，最终目标子网络五个指标之间的关系紧密，任何一个指标的变动都会对其他指标产生重大影响。

2）货币政策多目标体系网络

以货币政策多目标体系的所有目标作为网络的节点，以每个目标对其他目标的灰色相关度作为连边的权重组成货币政策多目标体系网络。对应的网络矩阵如表 3.11。

（1）网络密度及距离。货币政策多目标体系网络密度的运行结果如下。

Density（matrix average）=0.8539

Standard deviation=0.1081

通过密度值运行结果可以看出，货币政策目标体系网络的密度较大，整体网络对某一具体目标主体的变动能够产生很大影响，这在一定程度上说明我国当前货币政策目标体系的传导是相对有效的：货币政策工具实际实施后，会沿着运用政策工具——控制操作目标→调节中间目标→影响政策最终目标的路径有效地进行传导。

（2）网络节点度。货币政策多目标体系网络节点度的运行结果如表 3.12。

通过以上度分布运行结果，可以看出：①最终目标 CPI、主要商业银行不良贷款率、GDP 增长率、就业率在整个货币政策多目标体系中度数最大，在整个网络中处于核心、支配地位，这表明这四个最终目标在网络中与其他目标主体存在较多链接，即可通过多种途径实现对这四大目标的调控，同时，这四大目标参数的改变会对整个目标体系网络造成重大影响。对比之下，另一最终目标——经常项目和资本与金融项目差额之和的度数较小，在整个目标体系网络中发生的链接最少。②中间目标变量按度数由大到小依次为全国银行间 7 天同业拆借利率、信贷规模、M2，利率的代表变量——银行间同业拆借利率在中间目标中度数最大（存在对多的链接），这充分表明伴随我国金融改革的不断深化，利率市场化的不断推进，利率传导机制在货币政策实施过程中越来越发挥着主导地位，对比之中基于货币供应量、信贷量的传导机制所发挥的作用逐步淡化，即对货币政策总体绩效的贡献度相对较小，这与张辉和黄泽华（2011）的实证研究结果相一致。

表 3.11　货币政策多目标体系网络矩阵

	GDP 增长率	CPI	就业率	经常项目和资本与金融项目差额之和	主要商业银行不良贷款率	信贷规模	全国银行间7天同业拆借利率	M2	基础货币	法定存款准备金率
GDP 增长率	0	1	0.99	0.7	0.98	0.84	0.98	0.79	0.85	0.99
CPI	0.99	0	1	0.7	0.98	0.84	0.98	0.8	0.85	0.99
就业率	0.99	1	0	0.71	0.98	0.85	0.98	0.8	0.85	0.99
经常项目和资本与金融项目差额之和	0.7	0.71	0.71	0	0.71	0.77	0.7	0.78	0.77	0.7
主要商业银行不良贷款率	0.98	0.98	0.98	0.71	0	0.85	0.98	0.8	0.86	0.97
信贷规模	0.8	0.8	0.81	0.72	0.81	0	0.79	0.89	0.98	0.8
全国银行间7天同业拆借利率	0.98	0.98	0.98	0.7	0.98	0.85	0	0.79	0.84	0.98
M2	0.71	0.72	0.72	0.71	0.73	0.85	0.71	0	0.86	0.72
基础货币	0.81	0.82	0.82	0.72	0.82	0.98	0.8	0.88	0	0.81
法定存款准备金率	0.99	0.99	0.99	0.7	0.97	0.84	0.98	0.79	0.85	0

注：该矩阵对数据进行了四舍五入处理

表 3.12　货币政策多目标体系网络节点度

		Degree	NrmDegree
3	CPI	8.15	90.556
2	主要商业银行不良贷款率	8.15	90.556
1	GDP 增长率	8.12	90.222
5	就业率	8.11	90.111
10	法定存款准备金率	8.1	90
7	全国银行间7天同业拆借利率	8.08	89.778
9	基础货币	7.73	85.889
6	信贷规模	7.71	85.667
8	M2	7.32	81.333
4	经常项目和资本与金融项目差额之和	6.55	72.778

（3）网络距离

Average distance   =1.000

Distance-based cohesion（"Compactness"）   =1.000

（range 0 to 1；larger values indicate greater cohesiveness）

货币政策多目标体系网络节点间的平均距离为 1。现实中，各层次目标之间存在着绝对的联系，与该实证结果显示的全连接网络相一致，且属于典型的小世界网络。这表明，货币政策多目标之间的传导是高效的，也就是表明我国当前货币政策传导机制的有效性。

3.3.4 结论及政策建议

1. 结论

通过以上实证分析可以得出以下结论。

（1）当前，我国货币政策的实施及传导机制是相对有效的。货币政策多目标体系网络的小世界特性表明在该网络中，对其中某一目标参数的调控及任一目标参数随经济、社会环境的改变而发生的变动都会对整个目标体系（各个参数）产生影响。这一结果深层次表明当前我国货币政策的传导机制是相对有效的，而且经济、社会环境的改变能明显反映在某一或某几个货币参数的变动上，进而为下一步的政策决策提供参照。

（2）与其他货币传导机制相比，利率传导机制已突显出其在当前经济发展环境中的有效性和优越性。通过对比货币政策多目标体系网络中诸多中间目标的度分布，以同业拆借利率为代表的利率度数相对较高，与最终目标体系、操作目标体系发生最多的链接，进而表明操作目标的调整会明显反映在利率的变动中，利率的变动也会使得最终目标发生相应的变动和调整，即利率在操作目标和最终目标之间的"桥梁"作用最为明显，一定程度上印证了利率传导机制的高效性和合理性。

（3）当前我国货币政策目标应以"物价稳定"作为首要目标。在货币政策最终目标子网络中，CPI 变动率的度值最高，充分体现出物价稳定在当前经济发展环境中的重要地位。这表明货币政策的目标表现出从多目标向单一目标收敛的特征，中国货币政策的最终目标也经历了经济增长向稳定价格的转变。为此，中国人民银行法明确了我国货币政策的最终目标是"保持币值的稳定，并以此促进经济增长"，这说明在理论上，我们已经解决了货币政策体系的最终目标问题（张辉和黄泽华，2011）。

2. 政策建议

基于以上实证研究结论，进而提出以下建议。

加快推进利率市场化改革，使得利率能够更好地反映资本市场资金的供求现状，充分发挥利率传导机制的优越性和高效性，进而提高货币政策中间目标与操作目标和最终目标的相关性和传导性，便于央行及时有效地进行货币政策宏观调控。

在货币政策实施、调整过程中，相关当局应以通货膨胀作为盯住目标，以此为依据，结合其他经济参量，对货币政策操作参量实行微调和预调，较大程度维持物价稳定，在此基础之上实现对整体货币政策目标的宏观把控。

注释：

平均距离（Average distance）数值的取值范围为 $d \geqslant 1$，d 越接近 1，表明指标节点之间的距离越短，联系越紧密。而距离基础上的凝聚力的取值范围为（0，1），较大的值表明更大的凝聚力。

参 考 文 献

巴曙松, 栾雪剑. 2009. 经济周期的系统动力学研究. 系统工程, 11：14-19.

曹家和. 2003. 论我国货币政策最终目标的演变与定位. 现代经济探讨, 2：59-60.

范从来. 2010. 中国货币政策目标的重新定位. 经济学家, 7：83-89.

高山, 单卓, 王家庆. 2011. 我国货币政策传导机制有效性的实证研究. 金融论坛, 2：1.

国务院发展研究中心课题组. 2009. 中国：在应对危机中寻求新突破. 管理世界, 6：4-18.

何运信, 曾令华. 2004. 单目标制还是双目标制——基于总供给曲线特征的实证分析. 数量经济技术经济研究, 5：113-116.

蒋瑛琨, 刘艳武, 赵振全. 2005. 货币渠道与信贷渠道传导机制有效性的实证分析——兼论货币政策中介目标的选择. 金融研究, 5：70-79.

李斌. 2001. 中国货币政策有效性的实证研究. 金融研究, 7：10-17.

李琼, 王志伟. 2006. 货币政策传导机制：货币渠道抑或信贷渠道. 广东金融学院院报, 6：22-28.

李巍, 张志超. 2009. 不同类型资本账户开放的最优时点选择——基于金融稳定的视角. 金融研究, 11：19-31.

刘超, 扈琰璐, 杨红伟. 2013. 货币政策多层次目标间传导机制的系统动力学研究. 经济问题探索, 12：87-93.

刘超, 刘丽. 2011. 系统金融理论研究——兼论现代金融理论、行为金融理论、系统金融理论的比较. 南方金融, 424（12）：9-18.

刘超, 张伟. 2012a. 我国货币政策目标间因果关系反馈及仿真——基于系统动力学视角. 吉首大学学报, 2：87.

刘超, 张伟. 2012b. 系统动力学视角下的汇率波动研究——以人民币为例. 南方金融, 1：17-23.

刘超. 2013. 系统科学金融理论. 北京：科学出版社：718-729.

卢宝梅. 2009. 汇率目标制、货币目标制和通货膨胀目标制的比较及其在我国的应用的探讨. 国际金融研究, 1：69-80.

罗天勇. 2009. 论货币政策原理与财富创造. 中央财经大学学报, 8：34-39.

潘红宇, 邓述慧. 2000. 基础货币、贷款和产出——中国货币政策实证分析. 系统工程理论与实践, 9：24-28.

庞欣, 刘志新, 孙欧. 2013. 上市银行经营绩效与货币政策信贷传导有效性. 系统工程, 31（4）：13-18.

裴平, 熊鹏. 2003. 我国货币政策传导过程中的"渗漏"效应. 经济研究, 8：21-91.

彭方平, 连玉君. 2010. 我国货币政策的成本效应. 管理世界, 12：27-33.

瞿强. 2001. 资产价格与货币政策. 经济研究，7：59-68.

盛朝晖. 2006. 中国货币政策传导渠道效应分析：1994-2004. 金融研究，7：22-29.

苏飞. 2012. 市场预期在我国货币政策传导机制中的作用研究——基于结构因子向量自回归模型. 国际金融研究，
　　8：16-25.

孙小丽. 2006. 中国货币政策传导机制实证研究. 求索，11：28-31.

谭跃进，吴俊，邓宏钟. 2006. 复杂网络中节点重要度评估的节点收缩方法. 系统工程理论与实践，11：79-83.

涂晓兵. 2008. 中国货币政策中介目标的有效性分析及未来趋势. 江西财经大学学报，2：24-30.

王国松. 2009. 开放经济下我国货币政策目标的内在冲突性分析. 当代经济管理，10：77-80.

王劲松，虞吉海. 2000. 关于货币政策中间目标变量的比较研究及其启示. 经济学动态，4：62.

王君斌，郭新强，王宇. 2013. 中国货币政策的工具选取、宏观效应与规则设计. 金融研究，8：1-15.

王松涛，刘洪玉. 2009. 以住房市场为载体的货币政策传导机制研究. 数量经济技术经济研究，10：61-73.

王祥兵，严广乐. 2012. 货币政策传导系统稳定性、脆性及熵关系——基于耗散结构和突变的理论及实证分析. 系
　　统工程，30（4）：10-17.

魏巍贤. 1999. 中国名义与实际有效汇率的构造及其应对. 统计研究，6：24-29.

魏巍贤. 2000. 管理浮动汇率制度下货币政策目标模型及应用. 系统工程理论与实践，9：23-30.

魏伟. 2011. 论外商直接投资对中国制造业就业的影响——基于 SD 模型的系统分析. 金融经济，22：24-26.

肖楠，刘晓，伍海华. 2008. 基于灰色关联度的我国资本市场与经济增长实证分析. 管理科学文摘，4：187-188.

徐涛. 2001. 论中国货币政策中间目标的选择. 经济评论，4：92.

徐厦楠. 2004. 论我国货币政策传导中的利率机制. 金融理论与实践，8：9-11.

易纲，赵晓. 1998. 宏观组寻求多重经济目标下的有效政策组合——1998 年中国宏观经济形势分析与建议. 经济研
　　究，4：3-13.

尹振涛. 2011. 对全球金融监管改革核心内容的再认识. 国际经济评论，6：58-67.

曾华，吴姝妍. 2007. 中国货币政策中介目标选择的实证研究. 经济研究导刊，4：65-66.

张辉，黄泽华. 2011. 我国货币政策利率传导机制的实证研究. 经济学动态，3：54-58.

张强，李远航. 2010. 货币政策债券市场传导机制的研究进展. 经济学动态，11：108-112.

张晓慧. 2010. 从中央银行政策框架的演变看构建宏观审慎性政策体系. 中国金融，23：17-23.

赵进文，高辉. 2009. 资产价格波动对中国货币政策的影响——基于 1994-2006 年季度数据的实证分析. 中国社会
　　科学，2：97-102.

仲伟周，胡莹，潘耀明. 2009. 货币政策传导中的居民行为. 管理世界，4：167-168.

Albert R，Jeong H. 2001. Attack and error tolerance in complex networks. Nature，406：387-482.

Bernanke B S，Blinder A S. 1992. The federal funds rate and the channels of monetary transmission. American Economic
　　Review，82（4）：901-921.

Bernanke B S，Gertler M. 1995. Inside the black box：The credit channel of monetary policy transmission. Journal of
　　Economic Perspectives，9：27-48.

Chang D，Chien C J. 2010. Channel and optimal monetary policy：Financial frictions and foreign shocks. Working Paper
　　Trade and Dynamics.

Debelle G. 1997. Inflation Targeting in Practice. Washington：IMF Working Papers：76-79.

Edward J M. 1951. Balance of Payments. Oxford：Oxford University Press.

Forrester J W. 1961. Industrial Dynamics. Massachusetts：MIT Press.

Keynes J M. 1936. The General Theory of Employment，Interest，and Mone. New York：Prometheus Books：120-148.

Kuttner K N，Mosser P. 2002. The monetary transmission mechanism: Some answers and further questions. Economic Policy Review，5: 15-26.

Kydland F，Prescott E. 1982. Time to build and economic fluctuations. Econometrica，5: 1345-1370.

Milton F. 1973. Studies in the Quantity Theory of Money. Chicago: University of Chicago Press，12-19.

Mishkin F. 2004. The Economics of Money，Banking and Financial Markets. Massachusetts: Pearson Addison-Wesley，6: 32-37.

Okano E. 2010. Optimal monetary and fiscal policy in a currency nnion with nontradables. Macroeconomics and Finance in Emerging Market Economies，3: 17-24.

Poole W. 1970. Optimal choice of monetary policy instruments in a simple stochastic macro-model. Quarterly Journal of Economics，84: 197-216.

Puu T，Sushko I. 2004. A business cycle model with cubic nonlinearity. Chaos Slitons & Fractals，19: 597-612.

Romer C D. 2009. Lessons from the great depression for economic recovery in 2009. Brookings Institution，5（3）: 364-370.

Sara R Z. 1993. Stock markets and development. European Economic Review，4: 632-640.

Vaglio A. 2010. Economic growth，koestler cycles and the lock chamber effect. International Review of Economics，4: 369-393.

第4章 货币政策多目标协调控制研究

【本章导读】

货币政策目标是货币政策的核心，各目标的协调发展是维持经济平稳运行的重要保证，货币政策多目标之间如何实现协调控制是国内外学者和各国政府关注的重点。

改革开放后，我国一直采用问题导向型货币政策，货币政策目标的确定主要取决于短期经济问题，而忽略了长期目标，缺乏对金融效率、经济增长质量和可持续性的关注。近年来，人民币升值压力、国际量化宽松货币政策等因素导致中国经济呈现高度的复杂性，一方面要保证一定的 GDP 增长率以增加就业、促进经济增长；另一方面微观运行中如劳工成本上升、资源供给不足等诸多问题凸显，通货膨胀压力增大，国际收支失衡加剧。这种复杂多变的经济环境，客观上要求实现货币政策多目标的可持续协调发展，而面向于解决短期经济问题的问题导向型货币政策已不能满足当前经济发展要求。优化货币政策目标体系，健全货币政策决策机制，实现货币政策多目标的协调控制成为当前亟须解决的重大问题。

货币政策调控目标和调控方式一直是宏观经济研究领域的热点问题。现有研究无论是主张单一调控目标还是相机抉择都是以各目标间的线性关系为基础，只考虑某一约束条件或货币政策系统的部分目标来选择货币政策调控目标，并基于此只给出货币政策调控模式，而没有明确提出既定模式下具体操作变量的演变趋势，给出货币政策多目标的协调控制策略，缺乏从复杂性角度对多约束条件及货币政策系统多目标的持续优化研究。本章在系统科学金融理论的指导下，结合非线性、系统动力学、复杂性三种理论方法及其仿真技术对货币政策多目标决策和协调控制问题进行研究，在认知货币政策多目标交互行为的非线性、系统动力学特性及复杂性的基础上，找到货币政策多目标交互协调运作的条件、路径和方法，进而优化货币政策多目标体系，最终实现货币政策多目标交互行为的协调控制。

本章首先采用 BP 神经网络模型对货币政策中介目标到最终目标的交互传导过程进行仿真，找出影响货币政策最终目标的主导因素、调整货币政策目标变量实现带有区间的货币政策多目标协调控制并对经济增长进行预测。人工神经网络（artificial neural network，ANN）是人工构造模拟大脑的神经网络突触联结结构和数据处理功能的信息处理模型。BP 神经网络是人工神经网络之一，是由大量简单的元件相互联结构成的非线性、复杂自适应网络结构，具有非线性和复杂性特征，其构成原理和功能特点接近于人脑，能够适用于货币政策多目标之间复杂的非线性关系的模拟。货币政策多目标 BP 神经网络通过自适应学习完成训练，并将训练好的仿真网络应用到测试数据中以检验神经网络模型的有效性，当测试数据满足误差要求时即可获得最优货币政策多目标 BP 神经网络仿真模型并利用最优仿真网络实现政策模拟、控制和预测。研究结果表明，货币政策多目标具有可协调性，当失业率为 4%～4.3%、主要商业银行不良贷款利率为 0～2.5%、国际收支差额 4000 亿美元左右、通货膨胀率 2%～3%时，将中介目标 M2 控制在 11%可使 GDP 增长率保持 7.5%～8.5%的水平；对经济增长的预测结果显示，2014 年 GDP 增长率在 7.1743%～7.5330%。

其次，利用门限效应反映货币政策多目标体系内不同目标之间的关系，构建货币政策多目标模型。选取 1993～2013 年的季度数据为研究对象，首先确立我国货币政策多目标体系，通过门限效应反映货币政策多目标体系内不同目标之间的关系，以通货膨胀率为门限变量，构建基于动态数据的货币政策多目标体系门限回归模型，寻找通货膨胀率最优目标区间的交集。结果表明，通货膨胀与货币政策其他目标之间具有明显的非线性关系；通货膨胀率各最优目标区间存在交集，货币政策多目标之间具有可协调性，我国应该实施多重目标制的货币政策。

再次，基于经济控制论的理论和方法，建立货币政策多目标系统控制模型，通过检验货币政策多目标系统的能观测性、能控性和稳定性等控制特性，验证了我国货币政策的有效性，并且货币政策最终目标之间存在可协调性。运用 Simulink 建立货币政策多目标协调发展控制模型，得出要保证货币政策最终目标的协调发展需要进一步降准、降息，为当前货币政策实施的科学性提供了理论支撑。

本章最后利用综合集成研讨厅（HWME）的方法对货币政策多目标决策系统进行研究。货币政策多目标的不一致性、非线性与复杂性导致传统方法难以实现对货币政策多目标有效正确的决策。针对复杂性的货币政策多目标的决策问题，以综合集成金融理论为基础，以综合集成研讨厅为工具，建立涵盖数据、信息、模型、方法、知识等层面资源的综合集成平台，将复杂货币政策多目标模型分解为组件，采用知识图使得货币政策多目标决策问题转化为主体图，形成一个具有个性化、可视化、知识化特征的货币政策多目标决策研讨厅。在研讨信息视图、公共视图、个性视图和历史视图的辅助下，为货币政策多目标决策问题提供一个定性定量相结合的解决方法。

4.1　基于 BP 神经网络的货币政策多目标协调控制与预测

4.1.1　概述

货币政策目标是货币当局制定和实施货币政策，并将政策效应导入经济领域所要达到的目标，包括最终目标、中介目标和操作目标。货币政策目标包含的层次较多，传导机制错综复杂，央行通过调整操作目标对中介目标产生影响，进而实现物价稳定、经济增长、充分就业、国际收支平衡和金融稳定的最终目标。

金融危机过后，全球经济逐步走出阴影并保持复苏增长态势，但全球主要经济体增长分化加剧，美国经济开始反弹、欧洲经济长期疲软、新兴经济体出现了减速分化现象。而各国的货币政策也呈现出不同特点，美国已退出量化宽松政策且加息压力增加、欧洲央行实行降息和购买资产支持证券等宽松政策、新兴市场推出结构性调整政策。全球经济和政策的持续分化使中国经济面临更大的不确定因素。传统的投资拉动型、出口导向型经济增长模式已不适应复杂的国际环境，利率、汇率、通货膨胀等问题逐渐显现。与此同时，国内经济也面临前所未有的复杂形势，一方面，我国正处于经济结构转型的关键时期，经济增速面临一定的下行压力，劳动年龄人口下降、劳工成本上升（霍海燕，2014）；另一方面，我国宏观经济杠杆率明显高于新兴市场国家，金融不稳定因素较多，增加了金融风险。日益复杂的国际国内形势使得货币政策传导机制更加复杂，货币政策协调控制也更加困难。我国"十二五"规划中明确提出要"优化货币政策目标体系，健全货币政策决策机制，改善货币政策的传导机制和环境"。尤其是政府针对国内外经济形势提出中国经济由高增速向中高增速转变的"新常态"时期，研究货币政策多目标的运作机制、协调性问题、探求多目标的优化控制策略、实现货币政策目标预测具有重要的现实意义，同时也是理论界迫切需要解决的问题。

在传统经济学理论范式下的货币政策研究以各目标间的线性关系为基础，但随着经济环境向复杂化方向演化，货币政策目标同层次之间、不同层次之间的动态交互作用越来越明显，需要更加科学的方法对货币政策多目标系统的复杂非线性交互行为进行研究。人工神经网络为此类问题的解决提供了一种全新的研究思路，人工神经网络模拟人脑信号处理过程，通过神经元训练测试获得仿真网络，解决经济社会问题。目前，社会科学领域大多利用神经网络解决评价和预测问题，如知识创新风险评价（肖玲诺等，2011）、企业风险评价（朱庆锋等，2013）、房地产泡沫评价（王泽宇，2013）、智库竞争力评价（徐晓虎和陈圻，2014）等，而运用神经网络综合解决认知、控制和预测问题的研究较少。

选取1993～2013年货币政策指标数据，利用BP神经网络模型模拟货币政策中介目标到最终目标的交互传导过程，寻找影响货币政策目标的主导因素，调整货币政策目标变量找出货币政策多目标协调区间范围和最优的控制变量取值，并对经济增长进行预测。特别是对货币政策多目标体系协调性、带有区间的货币政策多目标控制、货币政策最终目标之一的经济增长预测的研究为解决货币政策问题提供了全新的视角，是本书的创新之处。

4.1.2　文献综述

货币政策作为促进经济社会稳定发展的重要工具，一直是宏观经济领域研究的热点。国内外学者从货币政策目标选取、货币政策目标的传导机制和传导效果以及货币政策目标的协调优化等方面展开研究，取得了丰硕的研究成果。

货币政策目标选取的研究包括货币政策最终目标定位以及货币政策中介目标选取问题。一方面，货币政策最终目标的定位存在"单一目标制"和"多目标制"的争论。单一目标制中学者较多地关注通货膨胀目标制，他们认为应采取通货膨胀目标制的货币政策框架有利于维护人民币对内价值和对外价值的稳定、维护金融稳定（卢宝梅，2009），形成中央银行的预期管理内生机制、促进宏观经济健康发展（程均丽和刘泉，2013）。与此相反，于慧君和赵铠（2009）指出通货膨胀目标制在我国不具有可行性。而 Rudebusch 和 Svensson（1998）提出了严格的通货膨胀目标和灵活的通货膨胀目标的概念，二者的区别在于是否关心产出、汇率、就业等其他目标在通货膨胀预期中的位置，相对来说灵活的通货膨胀目标制与各国的货币政策实践更加接近。同时，也有学者支持货币政策实行多目标，何运信和曾令华（2004）通过对我国的总供给曲线进行实证研究后认为，我国货币政策必须盯住双重目标，而不能只盯住通货膨胀目标。易纲和赵晓（1998）认为在制定宏观经济政策时，需要兼顾多重目标，同时又要有所牺牲，建议采用多重政策工具寻求宏观政策的平衡点。陈涛（2006）则提出制定币值稳定、经济增长、经济结构均衡和国际收支平衡的合理目标区间，实现货币政策多目标的协调性。可见中国实行多目标的货币政策已得到了理论界的认同，而我国经济处于改革转轨期的国情和国内外复杂的经济环境也决定了我国应该实行货币政策多目标制（周小川，2009）。

另一方面，货币政策中介目标选取探讨围绕着数量型政策工具与价格型工具展开。Fatas 等（2007）提出以汇率、货币增长率和通货膨胀率等定量衡量的货币政策指标比制定货币政策目标更利于稳定经济增长。Woodford（2008）认为货币供应量的增长在货币政策中起到了重要的作用。而 Gerlach 和 Svensson（2003）却得出了相反的结论，他们在研究欧元区通货膨胀时发现常用的货币供应量指标无法反映未来通货膨胀、产出缺口和货币缺口状况。Bernanke 和 Blinder（1992）以及 Romer C D 和 Romer D H（2004）则认为联邦基金利率指标对产出和通货膨胀的影响更加显著，能更好地衡量货币政策效果。对数量型政策工具与价格型工具孰优孰劣问题的讨论在国内同样存在，唐文进等（2014）认为数量型货币政策工具与价格型货币政策工具在不同经济环境下调控效果不同。当货币政策目标是抑制经济过热时，价格型货币政策工具在应对技术、贸易冲击时更有效，数量型货币政策工具则用于应对消费需求冲击；货币当局以拉动经济增长为目标时，需采取另一类型的政策工具。秦宛顺等（2002）从央行的福利损失角度提出短期利率和货币供应量作为货币政策的中介目标并无差异，需结合金融经济状况灵活选择有效的政策工具。而王立勇和张良贵（2011）提出开放条件下政府应以信贷和货币量的调控为主而非以利率作为主要调控手段。随后王曦和邹文理（2012）通过比较货币政策中介指标对产出、投资、消费及物价水平的预测能力和经济效果，指出货币供应量等数量指标比利率指标更适合作为货币政策度量指标。与此相反，胡志鹏（2012）认为中国货币政策由数量型调控模式向价格型调控模式转变的条件已经成熟。

在货币政策传导效果方面，Chowdhury 等（2003）指出利率对经济总量的影响受货币政策传导成本的影响。Boivin 和 Ciannoni（2006）模拟货币政策冲击后认为货币政策对通货膨胀预期的反应越强烈，货币政策越能有效地稳定经济。Curdia 和 Woodford（2011）指出量化宽松政策是无效的，而当金融市场无法发挥作用时央行的资产购买政策更有效率。国内学者欧阳志刚（2009）指出实行宽松的货币政策时，利率上调对经济增长和通胀的抑制效应较大；在紧缩的货币政策条件下利率下调对经济增长和通胀的刺激效应较小。

货币政策协调优化方面，Blanchard 和 Gali（2010）认为劳动力市场是影响通货膨胀与失业率平衡的关键因素。Christoffel 等提出较低的工资刚性会改变货币政策的传导途径使货币政策更有效。而部分学者更强调汇率的影响效果，例如，Devereux 等（2006）认为汇率传递对货币政策规则的影响至关重要，最优的货币政策是稳定非贸易商品的价格。周彬和胡凯（2009）建立最优货币政策模型研究不同目标制下的最优货币政策得出，浮动汇率制是稳定经济、应对国内外冲击的最优选择。此外，卞志村和孙俊（2011）提出灵活通货膨胀目标、资本自由流动和完全浮动的汇率构成的货币政策目标体系能够吸收冲击、稳定经济。之后李远航（2013）构建央行效用的动态最优化模型，研究经济主体对货币政策传导有效性的影响，提出优化商业银行、企业、居民三大经济主体行为能够提高货币政策传导效率。在提出优化货币政策策略的基础上，部分学者对货币政策目标进行定量研究，Lagos 和 Wright（2005）建立了基于微观经济的研究框架，得出 0～10%的通货膨胀率与 3%～5%的消费增长率对经济的影响作用相似。Dennis 和 Soderstrom（2006）量化研究货币政策指标得出通货膨胀率在 0.05%～3.6%的范围内较为合理。

国内外学者根据不同的经济背景对货币政策目标体系同层次之间、不同层次之间的交互行为进行研究，成果显著。这些研究揭示了货币政策目标的一般规律、交互作用机制，提出了货币政策多目标的协调优化策略，为进一步研究奠定了基础，然而现有研究同样存在不足之处。第一，以往的研究多以货币政策目标中的某几个目标为研究对象，缺乏对整个货币政策多目标体系的总体把握；第二，指出了我国实现货币政策多目标协调兼顾的必要性，但对如何实现多目标的协调兼顾仅停留在理论层面，并未找出实现货币政策多目标协调的合理区间范围；第三，虽已提出了优化货币政策效果的方法但定量研究较少，从目前的文献来看尚未发现对货币政策多目标的定量控制与预测研究。因此，构建货币政策多目标体系，找出货币政策多目标协调区间范围、定量研究货币政策多目标控制并预测货币政策目标具有重要科研价值。

4.1.3　货币政策多目标指标体系构建

货币政策多目标系统结构复杂，操作目标、中介目标、最终目标之间存在多重反馈的交互行为。中央银行通过法定存款准备金率、再贴现率、公开市场操作等操作目标对货币政策进行调整，从而影响中介目标，进而对最终目标产生影响。由于货币政策操作目标的调整会反映到中介目标的变化中，所以选取货币政策中介目标与最终目标中的主要指标构建货币政策多目标系统指标体系。

1. 中介目标

货币政策中介指标的选取是研究的基础，应符合可测性、可控性和相关性原则，即央行可以迅速获取指标数据并对数据进行分析判断；中介目标受货币政策的影响应按货币当局制定的操作目标发生变化；中介目标与最终目标密切相关，影响最终目标的实现。

基于以上原则，本书选取货币供应量（M2）、社会融资规模、银行间 7 天同业拆借利率、人民币对美元汇率中间价作为中介目标。其中，M2 作为广义货币包括流通中的现金、支票存款和储蓄存款。储蓄存款虽然不能直接作为商品和劳务的交易媒介，但其与现金或支票存款的转化过程容易实现，因此对货币供应量的监测单纯考虑狭义货币是不充分的，将 M2 作为央行的中介指标更为合理。社会融资规模是我国宏观调控自 2011 年起引入的新指标。社会融资规模是一定时期内金融体系向实体经济提供的全部资金总额，体现了金融体系的资金对经济增长的贡献程度。社会融资规模受到货币政策的有效影响，并影响着投资、消费、物价、经济增长等实体经济，因此社会融资规模是反映金融与经济关系的良好货币政策指标（盛成松，2012）。对利率指标的选取应充分考虑利率对市场资金供需的敏感程度，银行头寸的供求变化直接影响银行间市场利率，银行间市场利率对货币市场变化反应最敏感，可以作为货币市场利率状况的代表性指标。在银行间市场利率指标中，7 天同业拆借利率走势平稳，因此选取银行间 7 天同业拆借利率作为市场利率指标。汇率与国际收支直接相关，既影响国际收支又反映国际收支的变动状况，我国目前使用直接标价法衡量汇率变动，通常采用外汇市场中的人民币对美元汇率中间价作为汇率指标。

　　2. 最终目标

　　货币政策最终目标包括经济增长、充分就业、物价稳定、国际收支平衡、金融稳定五个方面，分别选取能够衡量五个最终目标的经济指标 GDP 增长率、失业率、CPI 增长率、国际收支差额、主要商业银行不良贷款率作为最终目标的替代指标。指标体系构建如表 4.1 所示。

表 4.1　货币政策多目标指标体系

目标	指标	变量	变量说明
中介目标	货币供应量	M2/亿元	M2=流通中的现金+支票存款（以及转账信用卡存款）+储蓄存款（包括活期和定期储蓄存款）
	融资	社会融资规模/亿元	社会融资规模=人民币各项贷款+外币各项贷款+信托贷款+委托贷款+金融机构持有的企业债券+非金融企业股票+保险公司的赔偿+投资性房地产
	利率	银行间 7 天同业拆借利率/%	银行间 7 天同业拆借利率是市场利率的代表性指标，由中国人民银行网站公布的月平均利率按交易量加权平均所得
	汇率	人民币对美元汇率中间价/（元/美元）	采用直接标价法，人民币对美元汇率中间价通过向外汇市场做市商询价，去掉最高和最低报价后，将剩余做市商报价加权平均所得
最终目标	经济增长	GDP 增长率/%	GDP（国内生产总值）增长率反映一定时期内国家或地区经济发展的速度
	充分就业	失业率/%	失业率=失业人数/（在业人数+失业人数）×100%
	物价稳定	CPI 增长率/%	CPI（居民消费价格指数居民消费价格指数）是指居民家庭一般所购买的消费商品和服务价格水平变动情况。CPI 增长率反映通货膨胀程度
	国际收支平衡	国际收支差额/百万美元	国际收支差额=经常项目收支差额+资本往来项目收支差额=（经常项目收入额-经常项目支出额）+（资本往来项目收入额-资本往来项目支出额）
	金融稳定	主要商业银行不良贷款率/%	不良贷款率=（次级类贷款+可疑类贷款+损失类贷款）/各项贷款×100%

4.1.4　货币政策多目标 BP 神经网络建模

　　人工神经网络是人工构造模拟大脑的神经网络突触连接结构和数据处理功能的信息处理模型。它是由大量简单的元件相互连接构成的非线性、复杂自适应网络结构，具有非线性和复杂性特征，其构成原理和功能特点接近于人脑，能够适应环境、总结规律、实现复杂的逻辑操作和非线性关系模拟。人工神经网络技术已广泛应用于模式识别、信号处理、智能预测、优化控制等领域。货币政策多目标之间的关系是复杂的、非线性的，操作目标到中介目标再到最终目标的传导是目标同层次之间、不同层次之间的交互反馈过程。货币政策多目标与大脑的神经元类似，多目标之间的交互反馈又类似于大脑突触的信息处理。因此，利用人工神经网络对货币政策多目标进行仿真是科学可行的。

BP（back propagation）神经网络，即误差反向传播算法神经网络，由信息的正向传播和误差的反向传播两个过程组成。BP 神经网络是目前应用最为广泛的人工神经网络，它具有以下特点：第一，BP 神经网络可以以任意精度逼近任何非线性连续函数，可用于研究非线性建模问题；第二，具有信息分布储存和并行处理能力，可高效寻求最优解、数据容错性好；第三，具有自学习和自适应能力，在训练过程中提取规律性的知识，储存在网络权值中，并将权值规律应用到一般情形中；第四，具有多变量数据融合能力，输入变量与输出变量数量可根据实际需要确定，为多变量系统提供了一种新的应用模型。

货币政策多目标 BP 神经网络的学习是一个复杂的信息传递与处理过程，网络输入层与输出层神经元可以看作货币政策的各个目标，数据正向传播和误差反向传播的过程是对货币政策多目标交互反馈过程的模拟。货币政策多目标输入层神经元接收输入变量的信息，传递给负责信息处理的隐含层各神经元；最后隐含层信息传递到货币政策多目标输出层神经元，并由输出层向外界输出信息。上述过程是一次学习的正向传播处理过程。将学习过程中得到的货币政策多目标网络输出与期望输出对比计算两者的误差，进行误差的反向传播。将误差作为修正权值的依据反向传递至隐含层、输入层，修正各层权值。在货币政策多目标数据正向传播和误差反向传播的过程中各层权值逐步调整，该过程称为货币政策多目标神经网络学习。当网络输出与期望输出的误差达到预先设定的误差收敛水平，即可获得网络权值，对应一个训练好的货币政策多目标仿真网络。

货币政策多目标 BP 神经网络通过自适应学习完成训练，并将训练好的仿真网络应用到测试数据中以检验神经网络模型的有效性，当测试数据满足误差要求时即可获得最优货币政策多目标 BP 神经网络仿真模型并利用最优仿真网络实现政策模拟、控制和预测，流程图如图 4.1 所示，具体步骤如下。

1. 货币政策多目标数据样本预处理

首先，根据货币政策多目标指标体系建立时间序列样本，并将其分为训练样本和测试样本。货币政策多目标时间序列既需要充分训练完成数据仿真，又需要对训练结果进行测试，保证仿真网络的有效性，因此将时间序列中时间较早的前80%的数据作为训练样本，后 20%的数据作为测试样本；其次，为保证数据具有相同的数量级以加快网络训练速度，需对数据进行归一化处理将每组数据变成区间为[-1，1]的数据，归一化公式为

$$X(t) = \frac{d(t) - \min(d(t))}{\max(d(t)) - \min(d(t))}$$　　　　　（4.1）

其中，t 为时间，$X(t)$ 为归一化样本，$d(t)$ 为初始样本。

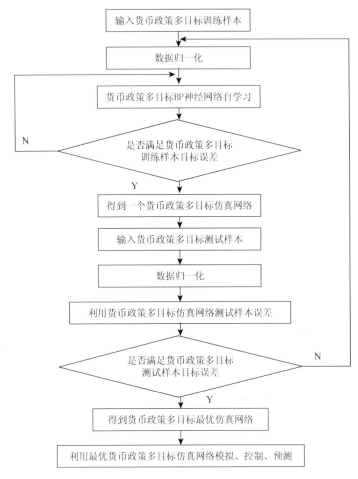

图 4.1　货币政策多目标 BP 神经网络训练、测试流程图

2. 货币政策多目标 BP 神经网络构建

网络层数：货币政策多目标 BP 神经网络模型包含三层网络结构即输入层、隐含层、输出层。由于经济增长是国家和社会重点关注的、衡量经济社会发展状况的重要因素，因此将 GDP 增长率作为 BP 神经网络模型的输出层神经元节点。将货币供应量 M2、社会融资规模、银行间 7 天同业拆借利率、人民币对美元汇率中间价、失业率、CPI 增长率、国际收支差额、主要商业银行不良贷款率八个指标作为输入层神经元节点。

各层神经元个数：输入层与输出层神经元个数分别为 8 个、1 个，而选择隐含层神经元个数的过程相对复杂，隐含层数目太少网络的容错性较差而数目过多又会影响训练效率，通常采用经验公式和多次试验确定，最终确定的隐含层神经元个数为 12 个。常用的经验公式包括以下三个。

$$n_{\mathrm{H}} = \sqrt{n_{\mathrm{I}} + n_{\mathrm{O}} + l} \tag{4.2}$$

$$n_{\mathrm{H}} = \log_2 n_{\mathrm{I}} \tag{4.3}$$

$$n_{\mathrm{H}} = \sqrt{n_{\mathrm{O}}(n_{\mathrm{I}} + 3)} + 1 \tag{4.4}$$

其中，n_{H} 为隐含层神经元个数，n_{I} 为输入层神经元个数，n_{O} 为输出层神经元个数，l 为 1~10 的整数。

传递函数：常用的传递函数包括 S 型对数函数（logsig 函数）、S 型正切函数（tansig 函数）、纯线性函数（purelin 函数），logsig 函数、tansig 函数表达式分别为公式（4.5）、公式（4.6）。具体到货币政策多目标 BP 神经网络，选择 tansig 函数作为输入层到隐含层的传递函数，purelin 函数作为隐含层到输出层的传递函数。

$$f(x) = \frac{1}{1 - \exp(-x)} \tag{4.5}$$

$$f(x) = \frac{1 - \exp(-x)}{1 + \exp(-x)} \tag{4.6}$$

3. 货币政策多目标 BP 神经网络训练

首先设定训练模式参数包括设定适当的训练步数 10000 步、训练目标误差 0.01%。然后利用训练函数调整权值，直至满足训练的目标误差或达到训练步数。不同的训练函数具有不同的权值训练算法，如 traingdm 函数采用带动量的梯度下降法，trainscg 函数对应量化共轭梯度算法，trainlm 函数采用 L-M 优化算法。L-M 优化算法同时具有梯度法和牛顿法的优点，收敛速度快。因此，根据货币政策多目标数据特点和多次试验选取 trainlm 函数作为货币政策多目标 BP 神经网络训练函数，训练结束后得到一个仿真网络。

4. 货币政策多目标 BP 神经网络测试

训练成功的货币政策多目标仿真网络是由训练数据样本得来的，满足了训练样本的误差要求，但该仿真网络模型是否有效还需要利用测试数据进行验证。如果测试样本的误差过大，表明该仿真网络无效，需要重新训练权值直至测试样本在可接受的误差范围内，将测试目标误差拟定为 5%，满足测试目标误差的仿真网络是最优的货币政策多目标仿真网络。

5. 货币政策多目标最优仿真网络应用

通过以上神经网络的训练和测试步骤，我们得到了最优的货币政策多目标仿真网络。最优的货币政策多目标仿真网络基本符合货币政策多目标数据的客观传递规律，是对货币政策多目标交互反馈状况的有效仿真，因此可以用于货币政策多目标的政策模拟、控制和预测研究中。

4.1.5　货币政策多目标实证分析

1. 数据选取与说明

根据构建的货币政策多目标指标体系，选取 1993～2013 年 21 年的指标数据进行研究。数据来源于中国人民银行网站、国家统计局网站。其中社会融资规模指标从 2002 年开始统计，1993～2001 年的数据是根据社会融资规模的内涵与计算方法，由人民币各项贷款、外币各项贷款、信托贷款、委托贷款、金融机构持有的企业债券、非金融企业股票、保险公司的赔偿和投资性房地产数据加总估计所得。

2. 货币政策多目标敏感度分析

1993～2013 年的 21 年数据中选取前 17 年（1993～2009 年）数据作为训练样本，后 4 年（2010～2013 年）数据作为测试样本。

1）最优仿真网络获取

货币政策多目标 BP 神经网络模型 1993～2009 年训练样本的 GDP 增长率仿真误差表如表 4.2 所示，训练相对误差满足 0.01%的网络设定标准，进而利用已经训练好的 BP 神经网络对 2010～2013 年的测试样本进行仿真误差测试，2010～2013 年的 GDP 增长率仿真值与实际值的相对误差设定为 5%，当测试样本不满足误差要求时重新训练网络，直到满足误差要求，当训练样本与测试样本均满足相应的误差设定标准时得到最优仿真网络，满足误差要求的测试结果如表 4.3，仿真值与实际值的数据对比如图 4.2。此时对应的仿真网络便是在 5%的误差范围内的最优仿真网络。

表 4.2　1993～2009 年训练样本 GDP 增长率仿真误差表

年份	实际 GDP 增长率/%	仿真 GDP 增长率/%	绝对误差（仿真 GDP 增长率–实际 GDP 增长率）/%	相对误差（绝对误差/实际 GDP 增长率）/%
1993	14	14.000031	0.000031	0.000225
1994	13.1	13.100014	0.000014	0.000106
1995	10.9	10.899919	−0.000081	−0.000744
1996	10	9.999922	−0.000078	−0.000784
1997	9.3	9.299952	−0.000048	−0.000511
1998	7.8	7.800076	0.000076	0.000976

续表

年份	实际 GDP 增长率/%	仿真 GDP 增长率/%	绝对误差（仿真 GDP 增长率–实际 GDP 增长率）/%	相对误差（绝对误差/实际 GDP 增长率）/%
1999	7.6	7.600204	0.000204	0.002684
2000	8.4	8.400148	0.000148	0.001760
2001	8.3	8.300096	0.000096	0.001160
2002	9.1	9.100056	0.000056	0.000621
2003	10	10.000020	0.000020	0.000199
2004	10.1	10.100025	0.000025	0.000248
2005	11.3	11.300051	0.000051	0.000451
2006	12.7	12.700051	0.000051	0.000405
2007	14.2	14.200016	0.000016	0.000111
2008	9.6	9.600050	0.000050	0.000523
2009	9.2	9.199989	−0.000011	−0.000121

表 4.3　2010～2013 年测试样本 GDP 增长率仿真误差表

年份	实际 GDP 增长率/%	仿真 GDP 增长率/%	绝对误差（仿真 GDP 增长率–实际 GDP 增长率）/%	相对误差（绝对误差/实际 GDP 增长率）/%
2010	10.4	10.740985	0.340985	3.278700
2011	9.3	8.965552	−0.334448	−3.596210
2012	7.65	7.310408	−0.339592	−4.439114
2013	7.67	7.937395	0.267395	3.486239

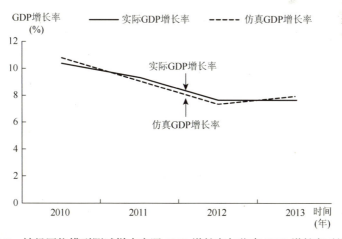

图 4.2　神经网络模型测试样本实际 GDP 增长率与仿真 GDP 增长率对比图

2）中介目标对经济增长影响敏感度分析

为分析货币政策中介目标到最终目标的传导效果，分别将货币供应量 M2、社会融资规模、银行间 7 天同业拆借利率、人民币对美元汇率中间价作为政策调控变量，以 2013 年的各项指标为初始值，在此基础上将调控变量增加 10%，保持其他变量不变，研究对 GDP 增长率的影响情况。通过最优货币政策多目标仿真网络模拟得出，货币供应量 M2 增长 10%，GDP 增长率为 8.8602%；社会融资规模增长 10% 时，GDP 增长率为 8.1827%；银行间 7 天同业拆借利率降低 10%，GDP 增长率为 8.2104%；与此相对应当人民币贬值 10% 时，会使 GDP 增长率达到 9.5560%，结果如表 4.4。由此得出，中介目标对 GDP 增长率影响的敏感度由大到小分别为：人民币对美元汇率中间价、货币供应量 M2、银行间 7 天同业拆借利率、社会融资规模。

表 4.4　中介目标对 GDP 增长率影响度模拟表

	货币供应量 M2	社会融资规模	银行间 7 天同业拆借利率	人民币对美元汇率中间价	GDP 增长率模拟值/%
初始值	1106524.98（亿元）	173168（亿元）	4.17（%）	6.1951（元/美元）	7.9374
方案一	增加 10%	不变	不变	不变	8.8602
方案二	不变	增加 10%	不变	不变	8.1827
方案三	不变	不变	降低 10%	不变	8.2104
方案四	不变	不变	不变	人民币贬值 10%	9.2309

人民币对美元汇率下降有利于扩大出口、限制进口，改善我国贸易收支水平、增加净出口，促进经济增长。由于我国过去经济增长方式以出口导向型为主，因此汇率水平对经济增长的影响度最大。

就目前而言，数量型政策工具 M2 对 GDP 增长率的影响程度大于市场利率等价格型工具。由于我国长期以来的利率管制，利率市场化程度偏低，虽然银行间 7 天同业拆借利率能较好地代表市场的资金供求状况，但市场机制的不完善在一定程度上影响了利率对资源配置的作用，因此我国应进一步推进利率市场化进程，发挥价格型政策工具在国民经济发展中的作用。

社会融资规模能够反映金融体系对实体经济的资金支持状况，其变化对经济增长的影响明显，但与其他的中介目标相比影响程度较低。说明我国金融体系对经济的支持作用不足，主要表现在融资结构不合理、融资成本过高等方面，需要进一步优化融资结构改善实体经济融资难的现状。

3. 货币政策多目标协调控制

实现货币政策多目标的协调控制是货币政策研究的难点问题。首先，货币政策多目标的协调控制并不是目标变量取某一数值的简单控制，而是带有区间的协调控制。采用区间值的方法可以使货币政策多目标的调节更加灵活、控制结果更加科学可靠；其次，货币政策多目标的区间范围应根据近年来的宏观经济状况确定。考察近年来的宏观经济数据可以发现，我国经济社会处于平稳发展阶段，失业率维持在 4%～4.3%、主要商业银行不良贷款利率在 0～2.5%、国际收支差额按照 GDP 的 4%约为 4000 亿美元。

在上部分研究中已获得了 1993～2013 年货币政策多目标的最优仿真网络，因此可以沿用上述最优网络。将 2013 年宏观经济数据为研究对象，使用 2013 年的货币供应量 M2、社会融资规模、银行间 7 天同业拆借利率、人民币对美元汇率中间价数据，将失业率控制在 4%～4.3%、主要商业银行不良贷款利率 0～2.5%、国际收支差额定为 4000 亿美元，CPI 增长率分别控制在 2%～3%和 3%～4%，考察 GDP 增长率状况。经过 1000 次随机实验，CPI 增长率为 2%～3%和 3%～4%时的 GDP 增长率散点图如图 4.3。由图 4.3 可知，CPI 增长率在 3%～4%时的经济增长状况明显高于 CPI 增长率为 2%～3%时的水平。当 CPI 增长率为 2%～3%时，GDP 增长率的均值为 7.0130%，且数据集中在 6.5%～7.5%；CPI 增长率为 3%～4%时，GDP 增长率的均值为 7.5207%，数据集中在 7.0%～8.0%。

通货膨胀与经济增长之间存在矛盾，经济的高速增长往往以较高的通货膨胀为代价。就模拟的数据而言，将 GDP 增长率维持在 7.0%～8.0%的水平就需要承担 3%～4%的通货膨胀率；而使物价稳定在 2%～3%的水平时 GDP 增长率在 6.5%～7.5%，又需面临经济下行的压力。在目前转变经济发展方式、调整经济结构的改革阶段，我国在注重经济总量积累的同时更注重提升经济发展质量，而保持稳定的物价水平是改革的基础，通货膨胀率在 2%～3%、GDP 增长率保持 6.5%～7.5%是符合当前国情的货币政策最终目标范围。因此，失业率控制在 4%～4.3%、主要商业银行不良贷款利率 0～2.5%、国际收支差额定为 4000 亿美元，CPI 增长率控制在 2%～3%时，可以使 GDP 增长率保持 6.5%～7.5%的水平，货币政策多目标是可以协调兼顾的，具有可协调性。

在论述货币政策多目标可协调性的同时，找出货币政策中介目标到最终目标的最优传导路径，选取合理的控制变量，实现货币政策的协调控制是进一步研究的重点。首先，货币政策多目标控制变量的选取应具有科学性。通过中介目标对经济增长敏感度分析发现汇率水平和货币供应量是影响经济增长的主导因素，而汇率水平更容易受国外不确定的经济社会形势的扰动，很难确定区间范围，而货币供应量与国内经济发展密切相关且具有很好的可测性与可控性，因此选取 M2 作为控制变量；其次，货币政策最终目标区间的确定应具有合理性。沿用上述目标区间，将失业率控制在 4%～4.3%、主要商业银行不良贷款利率 0～2.5%、国际收支差额定为 4000 亿美元，CPI 增长率在 2%～3%。通过控制货币供应量 M2 这一中介目标，考察 GDP 增长率状况确定控制变量 M2 的取值，从而完成货币政策中介目标到最终目标的协调控制。

应用最优仿真网络经过 1000 次随机实验，当货币政策多目标变量控制在上述区间范围时，根据以往 M2 增长率数据分别取 11%、12%、13%、14%，对应的 GDP 增长率散点图如图 4.4 所示。由图 4.4 可知，随着 M2 增长率的增加，GDP 增长率也呈上升趋势。当 M2 增长率为 11%时，GDP 增长率的均值为 7.9898%；M2 增长率为 12%，GDP 增长率的均值为 8.0978%；M2 增长率为 13%时，GDP 增长率均值为 8.2215%；M2 增长率为 14%时，GDP 增长率均值为 8.3141%。当 M2 增长率由 11%提升到 12%时，GDP 增长率提高 0.1080%；M2 增长率由 12%提升到 13%时，GDP 增长率提高 0.1237%；M2 增长率由 13%提升到 14%时，GDP 增长率提高 0.0926%。M2 增长率为 13%时引起的 GDP 增长率提升幅度最大，因此，确定控制变量 M2 增长率的取值为 13%。

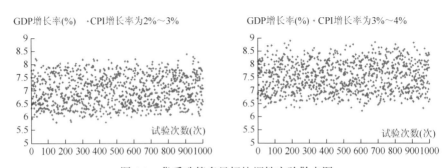

图 4.3 货币政策多目标协调性实验散点图

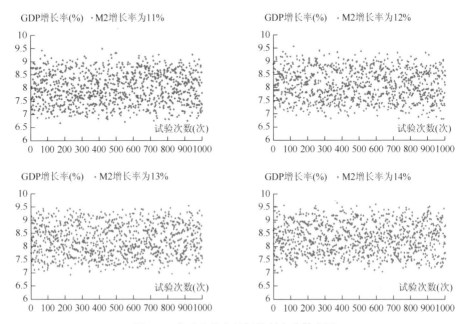

图 4.4 货币政策多目标控制实验散点图

4. 2014 年 GDP 增长率预测

根据货币政策多目标指标体系以及往年的数据构建新的 BP 神经网络对 2014 年 GDP 增长率进行预测。选取输入层节点变量 1993~2008 年 16 组数据以及输出层 GDP 增长率 1994~2009 年的数据作为训练样本；输入层节点 2009~2012 年的 4 组数据以及输出层 2010~2013 年的数据作为测试样本。

1）最优仿真网络获取

BP 神经网络模型训练样本的 GDP 增长率仿真误差情况如表 4.5，经过训练的 GDP 增长率相对误差均小于 0.01%，满足网络设定标准。利用该网络对 2010~2013 年的 GDP 增长率进行测试，测试误差在 5% 以内时获得用于预测的最优仿真网络。测试样本误差见表 4.6，仿真值与实际值的数据对比如图 4.5。

表 4.5　1994~2009 年训练样本 GDP 增长率仿真误差表

年份	实际 GDP 增长率/%	仿真 GDP 增长率/%	绝对误差（仿真 GDP 增长率-实际 GDP 增长率）/%	相对误差（绝对误差/实际 GDP 增长率）/%
1994	13.1	13.100043	0.000043	0.000329
1995	10.9	10.900165	0.000165	0.001510
1996	10	10.000099	0.000099	0.000985
1997	9.3	9.300113	0.000113	0.001211
1998	7.8	7.800180	0.000180	0.002311
1999	7.6	7.600268	0.000268	0.003528
2000	8.4	8.400319	0.000319	0.003793
2001	8.3	8.300332	0.000332	0.003999
2002	9.1	9.100395	0.000395	0.004345
2003	10	10.000215	0.000215	0.002148
2004	10.1	10.099991	−0.000009	−0.000089
2005	11.3	11.299506	−0.000494	−0.004374
2006	12.7	12.699573	−0.000427	−0.003360
2007	14.2	14.199692	−0.000308	−0.002167
2008	9.6	9.600301	0.000301	0.003137
2009	9.2	9.200227	0.000227	0.002465

表 4.6　2010~2013 年测试样本 GDP 增长率仿真误差表

年份	实际 GDP 增长率/%	仿真 GDP 增长率/%	绝对误差（仿真 GDP 增长率-实际 GDP 增长率）/%	相对误差（绝对误差/实际 GDP 增长率）/%
2010	10.4	10.186625	−0.213375	−2.051678
2011	9.3	9.113669	−0.186331	−2.003561
2012	7.65	7.334817	−0.315183	−4.120038
2013	7.67	7.324255	−0.345745	−4.507753

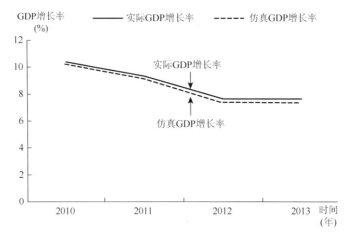

图 4.5　用于预测 2014 年 GDP 增长率的神经网络模型测试样本实际 GDP 增长率
与仿真 GDP 增长率对比图

注：拟合 2010～2013 年 GDP 增长率的实际值和仿真值得出最优仿真网络，从而预测 2014 年 GDP 增长率

2）2014 年 GDP 增长率预测

根据最优预测仿真网络，输入 2013 年的输入层节点数据即可获得 2014 年的 GDP 增长率预测值，预测结果为 7.1743%，图 4.5 中 2010～2013 年 GDP 增长率的实际值大于仿真值，因此 2014 年 GDP 增长率的实际值也应大于预测值，且预测误差在 5%左右，所以 2014 年 GDP 增长率会保持在 7.1743%～7.5330%。

根据国家统计局数据，我国 2014 年 GDP 增长率为 7.4%，而通过神经网络预测的结果为 7.1743%～7.5330%，7.4%恰落在 7.1743%～7.5330%的区间范围内，采用 BP 神经网络预测经济增长状况具有一定的准确性。因此，可以采用 BP 神经网络进一步预测 2015 年的 GDP 增长率。

5. 2015 年 GDP 增长率预测

同理，选取输入层节点变量 1993～2009 年 17 组数据以及输出层 GDP 增长率 1994～2010 年的数据作为训练样本，输入层节点 2010～2013 年的 4 组数据以及输出层 2011～2014 年的数据作为测试样本，再次构建 BP 神经网络预测 2015 年 GDP 增长率。

1）最优仿真网络获取

BP 神经网络模型训练样本的 GDP 增长率仿真误差情况如表 4.7，经过训练的 GDP 增长率相对误差均小于 0.01%，测试样本 2011～2014 年的 GDP 增长率相对误差在 5%以内（表 4.8），样本误差均在设定的误差范围内，得到最优仿真网络。仿真值与实际值的对比图见图 4.6。

表 4.7　1994～2010 年训练样本 GDP 增长率仿真误差表

年份	实际 GDP 增长率/%	仿真 GDP 增长率/%	绝对误差（仿真 GDP 增长率−实际 GDP 增长率）/%	相对误差（绝对误差/实际 GDP 增长率）/%
1994	13.1	13.100108	0.000108	0.000824
1995	10.9	10.900241	0.000241	0.002211
1996	10	10.000077	0.000077	0.000770
1997	9.3	9.300062	0.000062	0.000667
1998	7.8	7.800156	0.000156	0.002000
1999	7.6	7.599318	−0.000682	−0.008974
2000	8.4	8.399755	−0.000245	−0.002917
2001	8.3	8.299836	−0.000164	−0.001976
2002	9.1	9.099883	−0.000117	−0.001286
2003	10	10.000212	0.000212	0.002120
2004	10.1	10.100608	0.000608	0.006020
2005	11.3	11.300226	0.000226	0.002000
2006	12.7	12.700007	0.000007	0.000055
2007	14.2	14.199746	−0.000254	−0.001789
2008	9.6	9.599786	−0.000214	−0.002229
2009	9.2	9.199819	−0.000181	−0.001967
2010	10.4	10.400117	0.000117	0.001125

表 4.8　2011～2014 年测试样本 GDP 增长率仿真误差表

年份	实际 GDP 增长率/%	仿真 GDP 增长率/%	绝对误差（仿真 GDP 增长率−实际 GDP 增长率）/%	相对误差（绝对误差/实际 GDP 增长率）/%
2011	9.3	9.218353	−0.081647	−0.877925
2012	7.65	7.78209	0.132090	1.726667
2013	7.67	7.813931	0.143931	1.876545
2014	7.4	7.560726	0.160726	2.171973

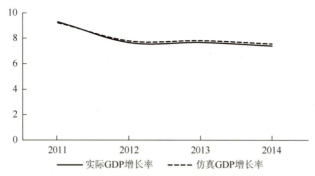

图 4.6　用于预测 2015 年 GDP 增长率的神经网络模型测试样本实际 GDP 增长率与仿真 GDP 增长率对比图

注：拟合 2011～2014 年 GDP 增长率的实际值和仿真值得出最优仿真网络，从而预测 2015 年 GDP 增长率

2）2015 年 GDP 增长率预测

与预测 2014 年 GDP 增长率类似，预测 2015 年的 GDP 增长率需使用上述最优仿真网络，输入 2014 年的输入层节点数据即可获得预测结果为 7.5075%，图 4.6 中 2011～2014 年 GDP 增长率的实际值小于仿真值，因此 2015 年 GDP 增长率的实际值也应小于预测值，且预测误差在 5%左右，所以我国 2015 年 GDP 增长率会在 7.1321%～7.5075%。

4.1.6　结论

利用 BP 神经网络模拟仿真货币政策多目标交互行为，由政策模拟找出影响货币政策目标的主导因素、调整货币政策目标变量找到货币政策多目标协调区间、实现货币政策中介目标到最终目标的控制并对经济增长进行预测，得出以下结论。

（1）货币政策中介目标对最终目标 GDP 增长率影响的敏感程度由大到小分别为：人民币对美元汇率中间价、货币供应量 M2、银行间 7 天同业拆借利率、社会融资规模。受我国出口导向型经济增长模式的影响，汇率成为影响经济发展状况的重要因素，但经济增长过度依靠出口使得国内经济更易受到国际环境的冲击，我国需加快经济结构转型，由出口依赖型向内需增长型转变。利率对经济增长的影响程度低于货币供应量，通过利率渠道调整经济的效果不佳，这与我国长期实现利率管制有关，因此积极推进利率市场化、改善资源配置、提高资本利用效率是当前改革的重点。此外，我们发现了社会融资规模在促进经济增长中的作用较低，反映出金融对实体经济的支撑力不足，需从融资结构、市场效率、金融产品、监管模式等方面调整金融结构，发挥金融在投融资中的功能，更好地支撑经济发展。

货币政策结构复杂，货币政策目标同层次之间、不同层次之间存在复杂的交互作用。我国需积极调整货币政策结构，将货币政策中介目标的敏感因素与非敏感因素相结合，协调配合多种货币政策工具，在使用常规性货币政策工具的同时结合使用非常规货币政策工具，以提高货币政策的针对性和灵活性，实现货币政策系统的有效运作。

（2）货币政策多目标可以协调兼顾，具有可协调性。调整货币政策多目标变量，当失业率在 4%～4.3%、主要商业银行不良贷款利率在 0～2.5%、国际收支差额为 4000 亿美元左右、通货膨胀率在 2%～3%时，可使 GDP 增长率保持在 6.5%～7.5%。失业率、主要商业银行不良贷款利率、国际收支差额的控制标准符合我国近年来经济发展的实际情况，通货膨胀、经济增长同样在合理的区间水平。因此，货币政策多目标均控制在合理范围内，货币政策多目标具有可协调性。

（3）通过带有区间的货币政策中介目标对最终目标的控制，找出了货币政策多目标控制变量 M2 的合理取值。在失业率为 4%~4.3%、主要商业银行不良贷款利率 0~2.5%、国际收支差额 4000 亿美元左右、通货膨胀率 2%~3%的条件下，中介目标 M2 控制在 13%可使 GDP 增长率提升幅度最大，促进经济增长作用最明显。货币供应量 M2 主要由中央银行和商业银行共同创造，它既取决于中央银行的政策又与金融机构和社会公众的行为相关。中央银行发行现金、决定基础货币的供应水平，而央行制定的法定存款准备金比率、商业银行的超额准备金比率以及现金比率、定期存款比率均影响货币乘数，进而影响货币创造功能。其中，超额准备金受生息资产收益率、商业银行流动性的影响，现金比率与利率水平、公众收入水平、通货膨胀预期、社会支付习惯、信用工具的发达程度、社会及政治的稳定性等有关，定期存款与活期存款的比率受银行存款利率、公众资产偏好、通货膨胀预期的影响。因此，货币当局应综合考虑影响货币供应量 M2 的因素，根据中央银行、金融机构、企业、个人的经济行为调整基础货币和货币乘数的取值，使货币供应量 M2 维持在最优水平。

（4）对经济增长状况的预测结果显示，2014 年 GDP 增长率保持在 7.1743%~7.5330%，而统计局公布的 2014 年 GDP 增长率 7.4%恰在此范围内，因此预测结果具有一定的准确性。进一步预测 2015 年 GDP 增长率在 7.1321%~7.5075%。由于货币政策多目标间的传导过程错综复杂，对 GDP 增长率的预测是一件复杂而困难的任务，通过货币政策目标传导机制的仿真实现预测为经济研究提供了新的预测手段，同时有利于揭示货币政策目标之间的关系。

4.2　基于门限模型的货币政策多目标可协调性研究

4.2.1　概述

货币政策目标体系是指通过制定一定的货币政策并使其作用于社会经济系统所要实现的发展目标，包括最终目标（物价稳定、经济增长、充分就业、金融稳定、国际收支平衡）、中介目标（货币供应量、汇率和同业拆借利率等）和操作目标（法定存款准备金、再贴现业务、公开市场操作）等（范从来，2010）。改革开放后，社会经济系统的多元化、复杂化和深层次化发展促进了我国金融体系的完善和变革，货币政策目标体系也随着经济发展阶段的变化不断适应和变更，关于货币政策实施采取单一目标、双重目标或多重目标的争论也更加激烈。单一或双重货币政策目标难以适应日益复杂多变的经济形势，也无法全面衡量货币政策的实施效果，满足宏观经济调控和经济社会结构转型调整的需要，建立货币政策多目标体系成为理论界和决策制定者关注的热点问题。但是，全球经济复苏的外部力量和我国经济适应新常态的压力叠加，以及长期以来依靠出口导向和投资需求拉动的传统经济增长模式亟须发生转变，货币政策多目标协调运行的难度增加。一方面，利率市场化、人民币汇率改革后面临的不确定因素增多，利率、汇率波动风险加大，国际收支不平衡加剧，中国经济呈现高度复杂性（国务院发展研究中心课题组等，2009）；另一方面，国内经济运行进入裂变和转型的关键时期，不仅要保证就业质量提升、经济增长中高速的目标，也要兼顾微观经济运行中资源供给不足、成本上升等诸多问题给通货膨胀带来的压力。我国"十二五"规划中明确提出要"优化货币政策目标体系，健全货币政策决策机制，改善货币政策的传导机制和环境"。因此，货币政策多目标的协调兼顾成为当前迫切需要研究和解决的问题。

4.2.2　文献综述

在理论研究上，国内外学者从不同角度阐述了对货币政策目标定位的理解。凯恩斯学派主张权衡性的货币政策，认为日益复杂多变的经济运行现状要求货币政策的制定参考多重目标；而货币学派代表人物弗里德曼认为在实际经济运行中多重目标难以操作，主张确定相对固定的货币供应量增长率（Okano，2010）。而在实际操作中，这两种目标定位在国内均有大量学者赞同，对货币政策采用单一目标还是多目标的争论一直存在。国内学者如卢宝梅（2009）认为应盯住通货膨胀目标制，追求长期价格稳定，维护人民币币值稳定，进而维护金融稳定。与之不同的是，何运信和曾令华（2004）结合我国经济运行状况，认为必须采取双重目标货币政策。同时也不乏学者支持货币政策多目标论，认为多目标体系能满足经济形势的复杂性和当前改革转轨阶段的客观性需求，我国制定货币政策多目标的做法是合理科学的（周小川，2009）。

多数学者认为我国应确立货币政策多目标体系，并运用不同方法对货币政策多目标的模型建立和可协调性等问题展开研究。谢平和张晓朴（2002）基于三元悖论分析了中国货币政策实施过程中保持币值和汇率稳定之间的冲突问题，认为应在保证币值稳定的前提下，保证汇率波动控制在可承受范围内。此后，刘伟和李连发（2009）以新凯恩斯主义一般均衡模型为基础对我国近期货币政策取向及最终目标框架进行了论证，认为应加大产出缺口目标的权重，将就业和经济增长定在可持续的合理水平；郭红兵和陈平（2012）则从货币政策工具规则的角度进行实证比较，认为我国在"多工具、多目标"的政策背景下，应根据发展需求协调配合多种货币政策工具，缓和货币政策多目标之间的冲突。随后，刘超和赵钦涵（2014）认为货币政策多目标系统作为一个复杂系统，利用复杂性方法将货币政策多目标模型分解，形成货币政策多目标决策研讨厅，是解决货币政策多目标决策问题的有效方法。

门限回归模型是研究非线性问题的有效工具，目前已有众多学者将该模型及其改进模型应用于经济和金融领域。段忠东（2012）基于导致房地产价格与通胀、产出之间产生非线性关系的不同效应建立门限模型，结果表明房地产价格与通胀和产出之间具有明显的门限效应。白仲林和赵亮（2011）以中国 29 省市为例，建立面板数据动态门限回归模型研究通货膨胀与经济增长之间的非线性关系，发现两者之间的作用存在双门限值。张天顶和李洁（2011）利用门限回归模型研究金融发展与经济增长之间的关系，结果表明金融发展与经济增长之间存在明显的非线性关系，且该关系取决于通货膨胀率的门限值。

我们认为，单一或双重货币政策目标难以适应日益复杂多变的经济形势，也无法全面衡量货币政策的实施效果，满足宏观经济调控和改革的需要，货币政策的制定应兼顾经济社会发展的不同方面。但货币政策目标的非线性、时滞性和复杂性往往会使货币政策的制定陷入两难或多难境地，而货币政策多目标的协调运作是解决这一问题的可行路径。国内外学者从多个角度对货币政策多目标协调问题进行了大量研究，且尝试揭示货币政策多目标协调机制，从当前对货币政策多目标之间关系的研究和分析中，可以得到以下几点。

（1）货币政策多目标协调运作问题是经济理论界研究的热点问题，但目前已有研究大多针对货币政策多目标体系中的两三个目标，尚未有针对完备的、统一的货币政策多目标体系进行的协调性研究。

（2）现有研究大多忽视了货币政策多目标协调问题并非传统的线性问题，不同目标因为实际操作中的矛盾必定有所取舍。

（3）门限回归模型是研究非线性问题的有效模型，当自变量达到门限值时，变量之间原有的线性关系就会发生改变。虽然相关门限回归模型的方法已经应用于货币政策问题研究，但多以两三个变量为研究对象，且停留在非线性认知阶段，尚未有对货币政策多目标协调问题的研究。

根据国家统计局课题组的研究，适当的物价水平是经济增长和就业率的客观保证，而广义的物价水平包含国内币值稳定和国际收支平衡两方面的内容。此外，金融稳定也是物价稳定的重要保障,现阶段我国通货膨胀的社会接受范围为 1%～5%（章国荣等，2005）。因此，本书构建基于我国宏观经济数据的货币政策多目标体系门限回归模型，以通货膨胀率为门限变量，确立通货膨胀与其他货币政策目标相互影响时的最优目标区间，如果通货膨胀率与货币政策其他各个目标相互作用的最优区间存在交集，则说明货币政策操作目标通过各种传导途径所导致的最终目标之间并非完全矛盾，从而证实货币政策多目标之间的可协调性。

4.2.3　门限回归模型的估计

在货币政策多目标体系中，以物价稳定的衡量指标通货膨胀率为门限变量，分别建立物价稳定与经济增长、充分就业、国际收支平衡和金融稳定的关系式，构建货币政策多目标体系门限回归模型。通货膨胀率作为门限变量是反映物价水平高低的体制变量。当存在一个门限值 γ 时，通货膨胀对另一货币政策目标的动态影响就被划分为两个阶段；当存在两个门限值 γ_1、γ_2 时，通货膨胀对另一货币政策目标的动态影响就被划分为三段。

1. 门限回归模型设计

由 Caner 和 Hansen（2004）提出的带有内生解释变量和外生门限变量的门限回归模型，使用了两阶段合并最小二乘估计（2SPOLS）以及斜率系数的广义距估计（GMM）方法，极大地推广了门限回归模型在动态数据和实证分析中的应用。

假设观测值为 $\{y_i, z_i, x_i\}_{i=1}^n$，其中 x_i 是 m 维向量，它既包含外生解释变量，也包含内生解释变量。z_i 是 k 维向量，且 $k \geqslant m$，门限变量为 q_i。构建模型如下：

$$y_{it} = \alpha_i + \theta_1 x_{it} I(q_{it} \leqslant \gamma) + \theta_2 x_{it} I(q_{it} \leqslant \gamma) + \theta z_{it} + \varepsilon_{it} \tag{4.7}$$

其中，门限参数 $\gamma \in \Gamma$，Γ 为 q_i 的严格子集，并假定 $\varepsilon_i \in (0, \sigma^2)$。

1）消除模型内生性

在实际操作中，往往需要消除模型中的内生性问题，Caner 和 Hansen 使用简化型的方法使得此类问题得到有效解决。在给定变量 z_i 的情况下，变量 x_i 的条件均值模型如下：

$$x_i = g(z_i, \pi) + u_i$$
$$E(u_i | z_i) = 0$$

其中，π 是 $p \times 1$ 参数向量。一般假定函数 g 形式已知，而参数 π 未知。因此需要下述简化型得到内生变量的估计值。

$$g(z_i, \pi) = \Pi_1' z_i I(q_i \leqslant \rho) + \Pi_2' z_i I(q_i > \rho)$$

其中，Π 为 $k \times m$ 维矩阵。将解释变量集合 x_i 分割为 $x_i = (x_{1it}, x_{2it})$ 两部分，其中 x_{1it} 是内生变量，$x_{2it} \in z_i$ 为外生变量。然后，将简化型函数改写为 $g = (g_1, g_2)$，这样，简化型中的待估参数 π 就只包含在 g_1 中。

2）消除模型固定效应

对模型（4.7）中的各变量进行前向正交离差变换，消除固定效应 α_i，并保证变换后模型的误差项不存在序列相关性。模型经变换后，如式（4.8）所示：

$$y_{it}^* = \theta_1 x_{it}^* I(q_{it} \leqslant \gamma_1) + \theta_2 x_{it}^* I(\gamma_1 < q_{it} \leqslant \gamma_2) + \theta_3 x_{it}^* I(q_{it} > \gamma_2) + \theta z_{it}^* + \varepsilon_{it}^* \tag{4.8}$$

其中，

$$y_{it}^* = \sqrt{\frac{T-t}{T-t+1}} \left[y_{it}^* - \frac{1}{T-t}(y_{i,t+1}^* + \cdots + y_{i,\ t+T}^*) \right]$$

2. 门限值估计、门限效应检验和门限模型估计

（1）门限值估计。对于任意门限值 γ，堆积每个个体的 y_i，$\hat{x}_i' I(q_i \leqslant \gamma)$，$\hat{x}_i' I(q_i > \gamma)$ 并分别表示为 Y，$\hat{X}_r$，$\hat{X}_\perp$。令 $S_n(\gamma)$ 表示 Y 对 $\hat{X}_r$ 和 $\hat{X}_\perp$ 回归后得到的残差平方和，利用两阶段最小二乘估计，通过最小化残差平方和 $S_n(\gamma)$ 即可得到门限估计值 $\hat{\gamma}$：

$$\hat{\gamma} = \arg\min S_n(\gamma) \tag{4.9}$$

（2）门限效应检验。对于假设 $H_0 : \gamma = \gamma_0$，根据 Hansen（1999），可用 LR 统计量进行检验：

$$\mathrm{LR}_1(\gamma) = \frac{S_0(\hat{\gamma}) - S_1(\hat{\gamma})}{\hat{\sigma}_1^2} \tag{4.10}$$

如果 LR 大于临界值，则门限效应显著，即模型存在门限值，否则无门限值。

为了进一步确定模型中门限值的个数，分别使用 Hansen（1999）的 LR 统计量：

$$\mathrm{LR}_2(\gamma) = \frac{S_1(\hat{\gamma}) - S_2(\hat{\gamma})}{\hat{\sigma}_2^2} \tag{4.11}$$

和

$$\mathrm{LR}_3(\gamma) = \frac{S_2(\hat{\gamma}) - S_3(\hat{\gamma})}{\hat{\sigma}_3^2} \tag{4.12}$$

检验假设 H_0^2：有一个门限值。假设 H_1^2：有两个门限值。假设 H_0^3：有两个门限值。H_1^3：有三个门限值。其中，S_2 和 S_3 分别为双门限和三门限模型的残差平方和，$\hat{\sigma}_2^2$ 和 $\hat{\sigma}_3^2$ 分别为其误差项的方差估计值。以此类推，确定门限值的个数。

（3）门限模型估计。将各门限估计值分别代入模型内，利用 2SPOLS 法估计模型的斜率系数。

4.2.4　实证检验

1. 货币政策多目标系统指标选择与模型设计

物价稳定作为货币政策的最终目标之一，与其他四个目标关系密切：首先，经济发展必定伴随着不同程度的通货膨胀，投资、消费等的增加都会在促进经济增长的同时造成物价波动；其次，根据菲利普斯曲线，通货膨胀与就业之间短期内存在替代关系，两者呈反向变动；再次，物价稳定与资产价格稳定是以货币表现的不同经济活动为实施目标，如果央行适当调整造成金融不稳定的变量，则不仅可以实现金融稳定，也可以平抑物价和产出的波动（Borio 和 Lowe，2002）；最后，在当前开放环境下，国际收支会从货币市场和商品市场两条途径冲击国内物

价水平。因此，本书选择通货膨胀率作为货币政策多目标体系门限回归模型的门限变量。具体分析如下。

1）物价稳定与经济增长

Fischer（1993）在研究影响经济增长的各个宏观经济变量时首次提出通货膨胀与经济增长之间为非线性关系的可能。他认为一旦通货膨胀值发生变化，它对经济增长的影响也会变化。因此，如果两者之间存在这种非线性关系，那么原则上估计这一拐点（即门限值）就是有可能的，在这一点上通货膨胀与经济增长之间的关系将发生变化。

根据上述理论，借鉴 Solow（1956）的新古典经济增长理论，一方面资本存量和投资规模的增加会促进经济增长；另一方面资本边际收益递减规律会导致初始收入水平较低的国家具有相对较快的增长速度。此外，投资规模的扩大会直接影响生产链上游的产品价格，进而对最终产品的价格产生影响，于是投资所形成的有效供给或将成为抑制通货膨胀的物质基础。最后，对于我国而言，人口红利的出现为经济发展创造了有利的人口条件。因此，在考察通货膨胀与经济增长之间的关系时，在新古典经济增长模型中引入投资、人口自然增长率、初始 GDP 水平等因素的间接效应。模型中引入变量如表 4.9 所示。

表 4.9　控制变量表

	变量	变量名称	变量说明
通货膨胀与经济增长	GDP	经济增长率	GDP 环比增长率
	z_{it}^1	全社会固定投资占 GDP 的比重	全社会固定资产投资额/GDP
	z_{it}^2	人口自然增长率	（出生率-死亡率）/出生率
	z_{it}^3	初始实际 GDP 水平	1978 年的实际 GDP 值
通货膨胀与充分就业	u	失业率	城镇登记失业率
通货膨胀与金融稳定	SH	上证综指	上证综合指数
	v_{it}^1	货币供应量增长率	广义货币供应量（M2）增长率
	v_{it}^2	利率	全国银行间 7 天同业拆借利率（Shibor）
	v_{it}^3	全社会固定投资额	以货币表现的建造购置固定资产活动的工作量
通货膨胀与国际收支平衡	BOP	国际收支差额	经常账户差额+资本和金融账户差额
	ω_{it}^1	国外实际利率水平	美国国内通货膨胀率-Libor
	ω_{it}^2	汇率	人民币兑美元汇率
	ω_{it}^3	国内利率水平	全国银行间 7 天同业拆借利率（Shibor）

2）物价稳定与充分就业

菲利普斯曲线是用来表示失业与通货膨胀之间取舍关系的曲线，由威廉·菲利普斯提出后，经济学家对此进行了大量的理论解释和改进，其中索洛和萨缪尔森根据成本推动的通货膨胀理论将原来表示失业率（u）与货币工资率之间交替关系的菲利普斯曲线发展成用来表示失业率与通货膨胀率之间交替关系的曲线。

但是，索洛和萨缪尔森认为失业率和通货膨胀率之间的替代关系并非长期固定不变，制度性改革会缓和这种关系，政策对经济的刺激会通过小幅度通货膨胀来提高就业水平（唐旭，2009），政府基于失业率与通货膨胀率的这种关系，通常将两者控制在某临界点以内的安全范围内。因此，采用索洛和萨缪尔森的菲利普斯曲线形式表示通货膨胀与就业（失业）之间的关系：

$$\pi_t = a(u_t - u_t^*) + \sum_\pi \varepsilon_t^\pi \tag{4.13}$$

其中，π_t 是以 CPI 为衡量指标的通货膨胀率，u_t 是失业率，u_t^* 是自然失业率。

3）物价稳定与金融稳定

货币政策操作工具主要是通过金融市场进行传导和实施作用于最终目标，金融市场稳定与否直接关系到货币政策实施的效率和有效性（冯科，2010）。但在现实中，物价稳定往往会抑制金融市场的活力，阻滞金融市场发展。美联储前任主席 Greenspan 指出，货币政策很难协调兼顾同时实现物价和资产价格水平的稳定。但是 Greenspan 仍然主张货币政策要密切关注资产价格的变化，在关注物价稳定的同时也要重视金融市场的稳定。

限于数据选取的局限性，本书选取上证综指（SH）作为反映金融市场情况的指标，对上证综指与通货膨胀率之间的关系进行分析。此外，由于超出公众预期的货币供应量增加会引起资产价格的升高（易纲和王召，2002），利率的变化也会通过影响投资者行为和上市公司决策进而影响资产价格。因此，货币供应量、利率、社会固定投资额等也是研究物价与金融资产价格关系应考虑的因素（控制变量表见表 4.9）。

4）物价稳定与国际收支平衡

开放经济对货币政策的操作与调控影响重大，国际收支主要通过商品市场和货币市场两条途径来影响国内物价水平，导致输入型通货膨胀。Karras（1999）通过实证分析检验开放经济条件下国际贸易对国内货币政策实施效果的影响，结果表明，一个国家对外贸易水平越高，货币政策对经济增长的影响越小，对物价水平的影响越大，且国际收支对国内物价水平的非线性拉动作用要求我们建立非线性模型寻求两者之间的平衡点。输入型通货膨胀的产生原因有很多，从商品市场和货币市场两条途径考虑，选择国际收支差额（BOP）作为国际收支平衡的衡量指标，同时考虑国外实际利率水平、汇率、国内利率水平等因素的间接效应（表 4.9），建立其与通货膨胀率的门限回归模型。

综上，将上述通货膨胀率与其余各指标的关系结合构建货币政策多目标体系的门限回归模型如下：

$$\begin{cases} \text{GDP}_{it} = \theta_1\pi_{it}I(q_{it}^1 \leqslant \gamma_1^1) + \theta_2\pi_{it}I(\gamma_1^1 < q_{it}^1 \leqslant \gamma_2^1) + \theta_3\pi_{it}I(q_{it}^1 > \gamma_2^1) + \theta z_{it} + \varepsilon_{it}^1 \\ (u_{it}-u_{it}^*) = k_1\pi_{it}I(q_{it}^2 \leqslant \gamma_1^2) + k_2\pi_{it}I(\gamma_1^2 < q_{it}^2 \leqslant \gamma_2^2) + k_3\pi_{it}I(q_{it}^2 > \gamma_2^2) + \varepsilon_{it}^2 \\ \text{SH}_{it} = \beta_1\pi_{it}I(q_{it}^3 \leqslant \gamma_1^3) + \beta_2\pi_{it}I(\gamma_1^3 < q_{it}^3 \leqslant \gamma_2^3) + \beta_3\pi_{it}I(q_{it}^3 > \gamma_2^3) + \beta v_{it} + \varepsilon_{it}^3 \\ \text{BOP}_{it} = \xi_1\pi_{it}I(q_{it}^4 \leqslant \gamma_1^4) + \xi_2\pi_{it}I(\gamma_1^4 < q_{it}^4 \leqslant \gamma_2^4) + \xi_3\pi_{it}I(q_{it}^4 > \gamma_2^4) + \xi\omega_{it} + \varepsilon_{it}^4 \end{cases} \quad (4.14)$$

在该模型中，引入投资、人口红利、初始 GDP 水平等因素对经济增长的间接效应改进新古典经济增长模型，并考虑货币供应量、利率、社会固定投资额等对金融稳定的影响以及国外实际利率水平、汇率、国内利率水平等因素对国际收支的冲击作用。选取消费者物价指数（CPI）作为通货膨胀率的衡量指标。为了避免 CPI 分布的双峰特征和非对称性特征对模型稳健性的影响，使用半对数变换方法对其进行半对数变换处理，即

$$\tilde{\pi}_{it} = \begin{cases} \pi_{it} -1, & \pi_{it} \leqslant 1 \\ \ln(\pi_{it}), & \pi_{it} > 1 \end{cases} \quad (4.15)$$

并对其他时间序列进行对数转化。

2. 单位根检验

平稳的时间序列是模型构建的前提，也是门限模型对数据的基本要求，因此在对上述模型进行门限效应检验之前首先对各个变量进行平稳性检验（PP 检验）。检验结果如表 4.10 所示。结果表明，各个变量在 5% 的显著性水平下均为一阶单整序列，可以进一步对一阶差分后的序列进行门限效应检验。

表 4.10　各变量 PP 检验结果

变量	检验形式 (c, t, k)	PP 统计值	5% 临界值	结论	变量	检验形式 (c, t, k)	PP 统计值	5% 临界值	结论
$\ln \text{GDP}_{it}$	(c, t, 0)	−3.88	−4.99	不平稳	$\ln z_{it}^3$	(c, t, 0)	−2.46	−3.01	不平稳
$\Delta \ln \text{GDP}_{it}$	(c, 0, 0)	−5.69	−3.52	平稳	$\Delta \ln z_{it}^3$	(c, 0, 0)	−8.28	−2.79	平稳
$\ln \pi_{it}$	(c, t, 0)	−2.40	−2.67	不平稳	$\ln v_{it}^1$	(c, t, 0)	−1.85	−4.25	不平稳
$\Delta \ln \pi_{it}$	(c, t, 0)	−11.40	−2.88	平稳	$\Delta \ln v_{it}^1$	(c, 0, 0)	−7.42	−3.40	平稳
$\ln u_{it}$	(c, t, 0)	−2.54	−2.78	不平稳	$\ln v_{it}^2$	(c, t, 0)	−2.06	−4.26	不平稳
$\Delta \ln u_{it}$	(c, 0, 0)	−8.28	−3.06	平稳	$\Delta \ln v_{it}^2$	(c, 0, 0)	−6.89	−4.12	平稳
$\ln \text{BOP}_{it}$	(c, t, 0)	−2.25	−2.93	不平稳	$\ln v_{it}^3$	(c, 0, 0)	−2.05	−2.79	不平稳

续表

变量	检验形式 (c, t, k)	PP 统计值	5% 临界值	结论	变量	检验形式 (c, t, k)	PP 统计值	5% 临界值	结论
$\Delta\ln\mathrm{BOP}_{it}$	(c, t, 0)	−4.77	−2.63	平稳	$\Delta\ln\nu_{it}^1$	(c, t, 0)	−6.63	−2.56	平稳
$\ln\mathrm{SH}_{it}$	(c, t, 0)	−2.32	−3.97	不平稳	$\ln\omega_{it}^1$	(c, t, 0)	−2.99	−3.16	不平稳
$\Delta\ln\mathrm{SH}_{it}$	(c, 0, 0)	−3.92	−3.51	平稳	$\Delta\ln\omega_{it}^1$	(c, t, 0)	−5.24	−3.03	平稳
$\ln z_{it}^1$	(c, t, 0)	−3.14	−3.20	不平稳	$\ln\omega_{it}^2$	(c, 0, 0)	−3.19	−3.62	不平稳
$\Delta\ln z_{it}^1$	(c, 0, 0)	−3.87	−2.97	平稳	$\Delta\ln\omega_{it}^2$	(c, t, 0)	−3.28	−3.22	平稳
$\ln z_{it}^2$	(c, t, 0)	−1.18	−3.11	不平稳	$\ln\omega_{it}^3$	(c, 0, 0)	−2.05	−2.79	不平稳
$\Delta\ln z_{it}^2$	(c, 0, 0)	−4.74	−1.99	平稳	$\Delta\ln\omega_{it}^3$	(c, t, 0)	−6.63	−2.56	平稳

数据来源：中国人民银行、国家统计局网站、中国经济社会发展统计数据库

3. 门限值估计和门限效应检验

运用 MATLAB 软件，以式（4.8）为基础对货币政策多目标体系的门限回归模型进行门限值估计，各门限估计值在 10%的水平下均符合显著性要求。门限值估计结果如表 4.11 所示。

表 4.11　门限值估计结果

门限名称	γ_1^1	γ_2^1	γ_1^2	γ_2^2	γ_1^3	γ_2^3	γ_1^4	γ_2^4
估计值	3.40%	15.20%	0.80%	15.7%	2.32%	11.60%	2.67%	12.30%

基于式（4.10）、式（4.11）和式（4.12）对货币政策多目标体系的门限回归模型进行门限效应检验，检验结果如表 4.12 所示。检验结果表明，在 95%的显著性水平下，模型存在门限效应，且所有 LR 统计量均拒绝有一个门限值的假设，不能拒绝有两个门限值的假设。因此，货币政策多目标模型存在门限值，表 4.11 所示门限值估计结果具有一定的科学性。

表 4.12　门限效应检验结果

	假设检验		LR 统计量	临界值（5%显著性水平下）
物价稳定与经济增长	H_0^1：没有门限值	H_1^1：有一个门限值	92.33	79.90
	H_0^2：有一个门限值	H_1^2：有两个门限值	43.20	28.50
	H_0^3：有两个门限值	H_1^3：有三个门限值	13.67	23.50
物价稳定与充分就业	H_0^1：没有门限值	H_1^1：有一个门限值	236.67	67.32
	H_0^2：有一个门限值	H_1^2：有两个门限值	54.56	34.98
	H_0^3：有两个门限值	H_1^3：有三个门限值	2.31	11.54

续表

	假设检验		LR 统计量	临界值（5%显著性水平下）
物价稳定 与 金融稳定	H_0^1：没有门限值 H_0^2：有一个门限值 H_0^3：有两个门限值	H_1^1：有一个门限值 H_1^2：有两个门限值 H_1^3：有三个门限值	223.74 99.20 20.89	113.30 74.58 28.49
物价稳定 与国际收 支平衡	H_0^1：没有门限值 H_0^2：有一个门限值 H_0^3：有两个门限值	H_1^1：有一个门限值 H_1^2：有两个门限值 H_1^3：有三个门限值	156.30 124.86 34.59	125.47 68.51 37.30

运用二阶段最小二乘估计法（2SPOLS）估计模型系数，结果如表 4.13 所示。

表 4.13　门限模型系数估计结果

系数	估计值	P 值	系数	估计值	P 值	系数	估计值	P 值
θ_1	0.55**	0.00	k_2	−0.15**	0.00	β^3	3.42**	0.00
θ_2	−0.86**	0.00	k_3	12.20*	0.01	ξ_1	0.02*	0.03
θ_3	−3.40**	0.00	β_1	0.03*	0.02	ξ_2	0.45**	0.00
θ^1	0.21*	0.02	β_2	0.64**	0.00	ξ_3	2.80**	0.00
θ^2	−0.09**	0.00	β_3	4.89*	0.02	ξ^1	−0.02	0.06
θ^3	−0.12*	0.01	β^1	0.43*	0.01	ξ^2	−0.19	0.05
k_1	0.02	0.20	β^2	−0.31*	0.03	ξ^3	0.01*	0.04

**标记表示估计值的显著性水平在99%以上
*标记表示估计值的显著性水平在95%以上

从表 4.12 的四组门限效应检验结果中不难看出，物价稳定与经济增长、充分就业、金融稳定和国际收支平衡的相应衡量指标之间均存在明显的非线性关系。结合表 4.13 的系数估计结果，具体分析如下。

（1）物价稳定与经济增长。当 CPI 低于 3.40%时，GDP 对 CPI 的反映系数约为 0.55，此时温和通货膨胀带动社会生产效率的提高，促进经济增长，进一步会提高劳动力和原材料的成本，引致通货膨胀；当 CPI 进一步上升介于 3.40%～15.20%时，GDP 对 CPI 的反映系数转为−0.86，此时社会公众产生较高的通货膨胀预期，这在一定程度上阻碍经济增长；当 CPI 高于 15.2%时，GDP 对 CPI 的反映系数进一步恶化为−3.40，恶性通货膨胀将会对经济增长甚至整个社会发展产生严重的影响。因此，我国 CPI 的最优目标区间为（0，3.40%）。

（2）物价稳定与充分就业。当 CPI 低于 0.80%时，失业率与通货膨胀相关性较弱，为 0.02，且 t 值检验不显著；当 CPI 介于 0.80%～15.7%时，低失业率伴随着高通货膨胀,两者之间的反向关系明显,失业率对 CPI 的反映系数为-0.15,符合菲利普斯曲线的预期,且经验数据表明这种情况下失业率能控制在社会可接受范围之内;当 CPI 高于 15.7%时,失业率对 CPI 的反映系数为 12.2,经济处于低迷状态,失业率大幅上升。此时,我国 CPI 的最优目标区间是（0.08%,15.7%）。

（3）物价稳定与金融稳定。当 CPI 低于 2.32%时,上证指数对 CPI 的反映系数为 0.03,但是社会投资需求不足,此时以上证综指为代表的资产价格低迷;当 CPI 介于 2.32%～11.6%时,公众投资信心增加,资产价格有所回升,此时上证指数对 CPI 的反映系数为 0.64,适度的通货膨胀带动各项社会投资升温,各种金融资产的价格稳步上升;当 CPI 高于 11.6%时,上证综指变化幅度和变化频率增加,上证指数对 CPI 的反映系数高达 4.89,金融市场开始出现泡沫,此时金融风险增加,金融市场运行状况不稳定。该情况下我国 CPI 的最优目标区间为（2.32%,11.60%）。

（4）物价稳定与国际收支平衡。当 CPI 低于 2.67%时,国际收支差额对 CPI 的反映系数为 0.02,历史数据表明这段时间内国际收支差额明显小于其他年份,且包括经常账户和资本账户在内的国际收支账户交易较少,经济对外开放并未很好地带动国内经济社会的发展;当 CPI 介于 2.67%～12.30%时,国际收支差额对 CPI 的反映系数为 0.45,国际收支差额随着通货膨胀在一定范围内有所增加,这符合我国前期出口导向型的经济发展策略,国际收支顺差带动了国内消费需求的增加和企业生产的积极性,在一定程度上为社会发展注入活力;当 CPI 高于 12.3%时,国际收支差额对通货膨胀率的反映系数为 2.80,国际收支顺差持续增加甚至恶化。且从统计数据上可以看出,经常账户的增加幅度远大于资本账户,说明我国粗放型的经济开放模式不再适用于当前的发展状况。因此,基于该方面的考虑,理论上我国 CPI 的最优目标区间为（2.67%,12.30%）。

综合比较上述通货膨胀率（CPI）在不同传导机制下的最优目标区间,并在数轴上呈现（图 4.7）。可以发现,四个区间之间存在交集（图 4.7 中阴影部分）,即（2.67%,3.40%）,这表明货币政策五个最终目标在其相互影响和作用的过程中是可以协同兼顾、并非绝对排斥和矛盾的。当通货膨胀率保持在区间（2.67%,3.40%）内时,货币政策其余最终目标的衡量指标也保持在合理的范围内:GDP 呈现稳定增长的趋势,通货膨胀率每增加 1%,GDP 就会增加约 0.59%;失业率会随着通货膨胀率增加有所下降,通货膨胀率每增加 1%,失业率会下降约 0.15%;在此区间内上证指数从低迷状态平稳回升,通货膨胀率每增加 1%,上证指数约增加 0.64%;国际收支差额在此区间内有所增加但仍在社会可承受范围内,通货膨胀率每增加 1%,国际收支差额增加约 0.45%。

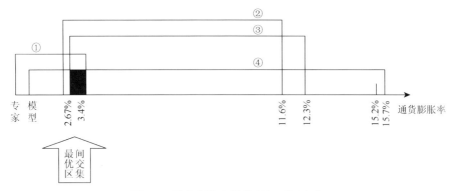

图 4.7　通货膨胀率最优目标区间交集

注：物价稳定的衡量指标为通货膨胀率，图中标号含义为：①促进经济增长的物价稳定最优目标区间
②保持金融稳定的物价稳定最优目标区间③维持国际收支平衡的物价稳定最优目标区间
④促进充分就业的物价稳定最优目标区间

4.2.5　结论

本书以通货膨胀率为门限变量，借助货币政策多条途径传导机制，构建货币政策多目标体系门限回归模型并分别进行门限效应检验。结果表明：通货膨胀率与 GDP、失业率、上证综指、国际收支差额之间存在明显的非线性关系，当通货膨胀率达到门限值时，其与货币政策其他目标之间原有的线性关系就会发生改变。此外，通货膨胀在与货币政策其他目标相互作用过程中产生的最优目标区间存在重叠部分，即当通货膨胀率保持在 2.67%～3.40%时，经济增长适度、失业率尚未超出社会可接受范围、金融市场稳定、国际收支账户合理。这表明货币政策五个最终目标之间并不是绝对排斥和矛盾的，它们之间具有协调和兼顾的可能性。基于上述实证结论，现提出以下建议。

（1）从政策制定来看，实证分析表明货币政策最终目标之间具有可协调性。我国应该坚持实施多重目标制的货币政策，合理制定经济发展目标，兼顾社会各层次需求，有效控制各操作变量，缓解各目标间的矛盾和冲突，将货币政策最终目标保持在社会可接受范围内。

（2）从政策传导途径来看，进一步探索货币政策实施的有效工具和传导渠道，提高货币政策传导的有效性。一方面应进一步稳健推进利率市场化改革并深化人民币汇率市场化进程，使得利率、汇率能够有效反映资本市场资金流动状况，保证货币政策利率、汇率传导机制的效率和有效性；另一方面应建立健全社会投融资体系，改善投资环境，重视货币政策的微观主体传导模式。

（3）从政策实施的外部环境来看，应逐步推进资本账户开放进程，控制资本账户可能带来的风险，严格把控对外贸易过程中的不确定因素，保证货币政策宏观经济调控作用的有效发挥。

4.3 货币政策多目标协调和控制研究

4.3.1 概述

改革开放以来，中国的经济发展取得了举世瞩目的成绩，特别是 2010 年，中国经济超越日本成为全球第二大经济体，在全球经济危机宣布世界经济步入"大调整"和"大过渡"时期的时代背景下，中国的经济发展呈现出与周期性调整不一样的新现象和新规律，主要表现为经济增长面临下滑压力，但是 CPI 保持相对稳定，就业情况有所改善；另外，过去高速增长积累的矛盾和风险逐步凸显，部分行业产能过剩，国际金融市场波动加大，国际大宗商品价格波动，金融风险显现，中国经济发展进入由高速发展向中高速发展的阶段性回落的"新常态"时期（李伟，2014）。

货币政策是国家宏观调控的重要手段，为缓冲全球经济危机的负面效应，央行对货币政策进行了一系列的调整，保证了中国经济发展在后危机时代实现软着陆，但是依旧存在货币政策在最终五个目标即经济增长、通货膨胀、充分就业、国际收支平衡和金融稳定之间不能协调发展的问题。2014 年中央经济会议指出，坚持以提高经济发展质量和效益为中心，主动适应经济发展新常态，保证经济运行在合理区间。因此研究货币政策多目标协调发展的政策设计路线是当前亟须解决的基础性课题。

经济控制论是控制论和经济学融合发展的学科，是应用控制理论的思想和方法研究社会经济系统活动规律的科学。它为探讨和解决社会经济系统的功能、结构、效率等问题提供了科学的方法，对提高社会经济系统的决策水平、促进经济增长和社会发展有重要的理论和实践意义（王晶，2008）。货币政策多目标系统属于宏观经济系统的子系统，因此用经济控制论来研究货币政策多目标系统的能观测性、能控性和稳定性等问题，确定货币政策最终目标协调发展的策略具有一定的理论价值，并且对提高社会福利，保证经济增长质量，实现社会经济的可持续发展具有重要的现实意义。

4.3.2 文献综述

1. 货币政策多目标的调控问题的研究现状

货币政策是近百年来国内外理论界研究的热点内容，货币政策的有效调控也是当前现实经济中亟须解决的重要问题。对货币政策调控的研究，学者主要集中于两方面：一方面是调控的目标即货币政策最终目标的选择问题；另一方面是如何实现货币政策的有效调控。

货币政策最终目标的取向对货币政策的操作以及实现过程有重要影响（彭海城，2011）。在理论界，存在以凯恩斯学派提出的多重目标制和以货币学派代表弗里德曼提出的通货膨胀单一目标制，对于货币政策采用单一目标还是多目标的争论从未停止过，两种观点均有大量的支持者。在实践中，各国会根据所处经济条件和国家的宏观利益制定不同的货币政策目标，Svensson（2000）对货币政策单目标制持谨慎观点，他认为金融市场化程度较低的发展中国家不具备使用通货膨胀单一制的条件。而 Malin（2007）认为实施通货膨胀目标制可以有效降低通货膨胀和通货膨胀预期。在国内，易纲和赵晓（1998）在 20 世纪就提出制定宏观经济政策需要兼顾多重目标，建议采用多重政策工具寻求宏观经济的平衡点。卞志村和孙俊（2011）认为当前开放经济下，严格通货膨胀目标制不能有效吸收国内外冲击，可以选择灵活的货币政策目标框架。范从来（2010）指出我国货币政策的最终目标应该涵盖充分就业。郭红兵和陈平（2012）基于我国货币政策的"多工具，多目标"的现实情况，通过前瞻性反应函数的实证研究，得出我国不宜采用单一目标制的结论。学者们对货币政策最终目标的选择虽然存在争议，但是在货币政策最终目标在长期涵盖经济增长、物价稳定、充分就业、国际收支平衡和金融稳定五个目标（国务院发展研究中心课题组等，2009）的问题上达成共识。

对于货币政策调控问题，研究学者主要集中在研究货币政策的调控模式，Poole（1970）认为货币需求相对于总需求不稳定，因此利率调控比数量调控更具优势，而 Collard 和 Dellas（2005）根据代表性行为人福利水平对不同调控模式进行评价，得出相反的结论，认为货币当局目标函数对调控模型具有关键性影响作用。王国刚（2012）对我国货币政策操作目标的调控机理进行了系统论述，给出了中国货币政策调控发展的具体方向。一般来说，我国货币政策的调控方式分为价格型和数量型调控方式，货币政策的调控模式会随着经济环境的变化呈现出动态变化，胡志鹏（2012）以一般均衡模型为框架分析货币当局对货币政策调控模式的最优选择问题，他认为随着金融创新、直接融资的发展，中国的货币政策过渡到价格型调控模式的条件已经成熟。

2. 经济控制论的研究现状

经济控制论是一门新兴的边缘学科，是控制论的一个新的分支，它的形成和发展对于国民经济的调控，对于实现"国家调节市场、市场引导企业"的经济运行机制，不仅具有理论意义，而且具有实际价值（周书俊，1988）。经济控制论强调用整体的、动态的、相互联系和协调发展的观点来研究经济系统。

我国经济控制论的研究起步于 1980 年，许多专家学者如周叔俊（1988）、王浣尘（1985）、龚德恩（1988）等作出了巨大的贡献。关于经济控制论的研究目前集中于两个方面。一方面是经济控制理论自身的深度研究，将管理学控制论中不同的算法方法融合进经济学理论中，从而实现对宏观经济的有效调控。田雁波和郑巍（1996）将集对分析（SPA）应用于模糊可拓经济控制论，提高了模糊可拓经济控制论对市场预测、技术分析和投资分析等的研究效果。闵文杰和贺仲雄（2002）结合系统科学和数学的最新理论成果，定义并提出了模糊可拓经济空间及其基础上的模糊可拓经济控制及变化发展的理论，对经济系统的经济分析和发展控制研究做了创新性探索。廖朝辉（2004）认为经济系统在某些变量的作用下可能产生震荡，这对经济的平稳发展是不利的。将模糊控制算法与经济控制模型相结合建立了宏观经济模糊控制模型，通过实证研究发现由模糊控制模型设立的模糊政策可以改变经济运行的轨道。杨显忠（2012）发现在许多实际问题中经常会遇到离散时间动态系列问题，因此他提出用 Z 变换的算法将离散时间动态系列问题转化为状态空间模型来解决此类问题。

另一方面，学者在前人研究的基础上，对经济控制论的应用做了拓展研究，将其发展到经济系统的不同层次和非经济系统中。杨明等（2004）将经济控制论运用至矿业经济、资源、环境协调发展的研究中，以资源存量不变为约束条件对矿业生产实行闭环控制，通过对模型求解得出最优的投资控制策略。曲永刚（2005）运用经济控制论的方法建立了股票市场系统模型，分析了中国股票市场本身的波动特征和稳定性。万百五（2014）以人造控制系统的不稳定性从理论上表征经济系统的危机，并将分散控制下工程大系统稳定性及其子系统稳定性之间的关系应用到全球大经济系统危机的类比和分析中，阐明了混合经济宏观调控所具有的特点、优点和意义。

通过对有关货币政策和经济控制论现有研究的梳理发现，国内外的学者对货币政策最终目标的选择和调控方式的研究已经有了很大的进展，经济控制论的研究对象不再局限于宏观经济模型，已经成为一种方法论，应用到金融、社会经济等其他方面的研究中，为后续研究提供了很好的基础和思路，但是已有的研究依旧存在一些不足。

（1）在对货币政策最终目标的研究中，大部分学者是针对两个目标，即经济增长和物价稳定，鲜有从长期的角度选择货币政策的最终五个目标为对象进行研究和探讨的。

（2）国内外学者对货币政策的最优调控方式进行了大量的论证，并根据我国的实际国情给出适合当前我国经济发展的货币政策调控方式。但是这些研究都是只给出货币政策调控的模式，并没有明确提出既定模式下具体操作变量的演变趋势，给出货币政策多目标的协调控制策略。

（3）经济控制论已经作为一种方法论应用到别的学科领域，并取得了很大的发展，但是从目前所收集到的文献中可以看出，有运用经济控制论检验货币政策的有效性研究，但是很少有独立研究货币政策多目标协调发展策略的文献。

　　因此，本书将基于经济控制论的理论和方法，研究货币政策多目标系统的控制特性。在此基础上，确定货币政策多目标协调发展的策略，为目前我国经济实现又快又好发展，提高社会福利水平提供理论支持和借鉴。

4.3.3　货币政策多目标系统控制模型构建

　　货币政策多目标系统控制模型是以货币政策传导机制为依据，模拟货币政策由操作工具经由中介目标实现最终目标的路径。因此，该模型以货币政策的操作工具为输入变量，中介目标为状态变量，最终目标作为输出变量。

　　1. 变量选取原则

　　货币政策的操作工具和中介目标是通过一定的金融指标来观测和控制的，一般来说，确定货币政策的操作工具和中介目标需要遵循可测性、可控性、相关性和抗干扰性原则。央行根据我国的宏观经济发展状况，确定我国货币政策的操作工具是公开市场业务、存款准备金、中央银行贷款、利率政策、常备借贷便利。近年来，存款准备金和利率政策成为央行使用频率较高的操作工具，并结合操作工具和中介目标变量的选取原则，以法定存款准备金率和一年期定期存款基准利率为货币政策多目标系统控制模型的输入变量，各变量具体如表 4.14 所示。

表 4.14　货币政策多目标系统控制模型变量表

变量类型	变量名称
输入变量	法定存款准备金率（x_1）
	一年期定期存款基准利率（x_2）
状态变量	广义货币供应量变化率（u_1）
	银行业 7 天同业拆借利率（u_2）
	社会融资总量变化率（u_3）
	人民币对美元汇率中间价（u_4）
输出变量	GDP 增长率（y_1）
	通货膨胀率（y_2）
	城镇登记失业率（y_3）
	国际收支差额变化率（y_4）
	主要商业银行不良贷款率（y_5）

　　2. 货币政策多目标系统控制模型构建

　　1）货币政策多目标系统控制模型状态方程构建

　　（1）数据来源。选取各变量 1993～2013 年的数据进行分析，所有数据均来自中国统计年鉴、金融年鉴、中国人民银行网站以及中国人民银行年报等。

（2）货币政策多目标系统方程构建。货币政策从操作目标到最终目标的传导过程中会出现延迟效应，构建变量关系方程时需要考虑时滞因素，运用 Eviews6.0 对所选取的变量之间的关系进行回归拟合，得出货币政策多目标系统的变量方程组如下所示：

$$u_1(t+1) = 0.7\, u_1(t) + 0.6 x_1(t) + 6.5\, x_2(t) + 17 \qquad (4.16)$$

$$u_2(t+1) = 0.68\, u_2(t) + 0.05 u_1(t) \qquad (4.17)$$

$$u_3(t+1) = 0.2\, u_3(t) + 0.7 u_2(t) + 255 u_1(t) \qquad (4.18)$$

$$u_4(t+1) = 0.968 u_4(t) + 0.002 u_2(t) \qquad (4.19)$$

$$y_1(t) = 8.5 + 0.06 u_3(t) + 0.12 y_2(t) \qquad (4.20)$$

$$y_2(t) = 1.58 - 1.62 u_2(t) \qquad (4.21)$$

$$y_3(t) = 4.37 - 0.002 y_1(t) \qquad (4.22)$$

$$y_4(t) = -413.78 + 0.337 y_1(t) + 56.17 u_4(t) \qquad (4.23)$$

$$y_5(t) = 17.21 - 3.75 u_2(t) \qquad (4.24)$$

将以上方程组整理为向量形式为

$$
\begin{bmatrix} u_1(t+1) \\ u_2(t+1) \\ u_3(t+1) \\ u_4(t+1) \end{bmatrix} =
\begin{bmatrix} 0.2 & 0 & 0.7 & 0 \\ 0.7 & 0 & 0 & 0 \\ 0 & 0.05 & 0.68 & 0 \\ 0 & 0 & 0.002 & 0.968 \end{bmatrix}
\begin{bmatrix} u_1(t) \\ u_2(t) \\ u_3(t) \\ u_4(t) \end{bmatrix} +
\begin{bmatrix} 0 & 0 \\ 0.6 & 6.5 \\ 0 & 0 \\ 0 & 0 \end{bmatrix}
\begin{bmatrix} x_1 \\ x_2 \end{bmatrix} +
\begin{bmatrix} 25 \\ 17 \\ 0 \\ 0 \end{bmatrix} \qquad (4.25)
$$

$$
\begin{bmatrix} y_1(t) \\ y_2(t) \\ y_3(t) \\ y_4(t) \\ y_5(t) \end{bmatrix} =
\begin{bmatrix} 0.06 & 0 & -0.23 & 0 \\ 0 & 0 & -1.62 & 0 \\ -0.0012 & 0 & 0.0046 & 0 \\ 35.7 & 0 & -13.7 & 0 \\ 0 & 0 & -3.75 & 0 \end{bmatrix}
\begin{bmatrix} u_1(t) \\ u_2(t) \\ u_3(t) \\ u_4(t) \end{bmatrix} +
\begin{bmatrix} 8.72 \\ 1.58 \\ 4.2 \\ 110.8 \\ 17.21 \end{bmatrix} \qquad (4.26)
$$

令 $A=\begin{bmatrix} 0.2 & 0 & 0.7 & 0 \\ 0.7 & 0 & 0 & 0 \\ 0 & 0.05 & 0.68 & 0 \\ 0 & 0 & 0.002 & 0.968 \end{bmatrix}$, $B=\begin{bmatrix} 0 & 0 \\ 0.6 & 6.5 \\ 0 & 0 \\ 0 & 0 \end{bmatrix}$, $C=\begin{bmatrix} 0.06 & 0 & -0.23 & 0 \\ 0 & 0 & -1.62 & 0 \\ -0.0012 & 0 & 0.0046 & 0 \\ 35.7 & 0 & -13.7 & 0 \\ 0 & 0 & -3.75 & 0 \end{bmatrix}$

2）货币政策多目标系统控制模型框图构建

Simulink 是 MATLAB 中的一种可视化工具，是一种基于 MATLAB 的框图设计环境，是实现动态建模、仿真和分析的一个软件包，被广泛应用于线性系统、非线性系统、数字控制及数字信号处理的建模和仿真中。Simulink 可以用连续采样时间、离散采样时间或两种混合的采样时间进行建模，它提供了交互图形化环境和可定制模块库对其进行设计、仿真、执行和测试。

　　货币政策多目标系统各变量之间存在明显的非线性、时滞性和复杂性的关系，Simulink 软件包中提供的各种模块可以对系统中变量之间的耦合关系进行模拟仿真，并且通过观察输出变量示波器的趋势，调整各增益参数，输出变量的模拟值和真实值之间误差较小，再确定相关参数，同时优化货币政策多目标系统的状态方程。运用 Simulink 工具包，根据货币政策多目标系统控制模型的方程组画出系统的框图结构，如图 4.8 所示。

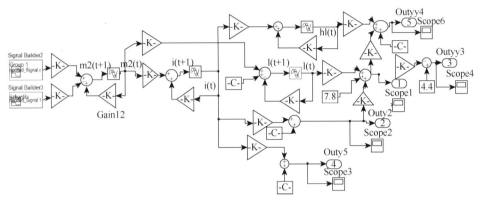

图 4.8　货币政策多目标系统控制模型框图

3. 货币政策多目标系统控制模型有效性检验

　　选定 2009 年为基年，通过比较输出变量的模拟值和真实值，检验模型的有效性，模拟时间范围为 2009～2013 年。

　　表 4.15 和表 4.16 能够更加直观地反映模型的有效性，通过对比变量模拟值和真实值之间的相对误差来判断有效性程度。2009～2013 年 GDP 增长率（图 4.9）和 CPI 模拟值（图 4.10）与真实值的吻合度较好。但是总的来看，相对误差的数额在后期有大于前期的趋势，表明随着各种不确定因素的出现，模型的误差会变大，但是基本可以控制在 5% 以内，所以在一定的置信区间内，该模型通过了有效性检验，能够比较科学准确地反映货币政策多目标系统各变量之间的交互、复杂的耦合关系和传导机制。

表 4.15　GDP 增长率历史检验表

年份	模拟值/%	真实值/%	误差/%
2009	9.65	9.2	4.6
2010	9.61	9.5	1.19
2011	9.56	9.3	2.79
2012	8.18	7.8	4.8
2013	8.1	7.7	5.2

从 2002～2013 年失业率的模拟仿真对比图（图 4.11）中可以看出，失业率的模拟值和真实值虽然在个别年份存在一定的误差，但从整体来看，失业率的模拟值和真实值的发展趋势相同，模拟对失业率模拟的拟合较好。图 4.12 和图 4.13 表明国际收支和金融机构不良贷款率的模拟值和真实值拟合程度较高，基本能够反映当前中国经济运行趋势。

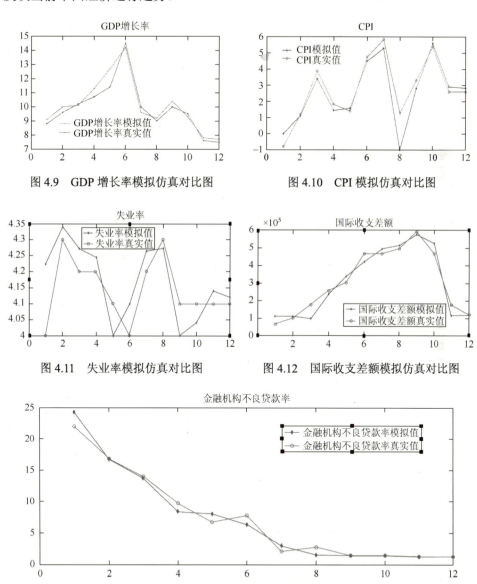

图 4.9　GDP 增长率模拟仿真对比图　　　　图 4.10　CPI 模拟仿真对比图

图 4.11　失业率模拟仿真对比图　　　　图 4.12　国际收支差额模拟仿真对比图

图 4.13　金融机构不良贷款率模拟仿真对比图

表 4.16　通货膨胀率历史检验表

年份	模拟值/%	真实值/%	误差/%
2009	−0.92	1	7
2010	3.2	3.3	3.03
2011	5.1	5.4	5.5
2012	2.76	2.6	6.15
2013	2.77	2.6	6.5

4.3.4　货币政策多目标系统控制模型的结构特性检验

控制系统的结构特性包括能观测性、能控性和稳定性。能观测性、能控性和稳定性是现代控制理论的重要概念，是动态系统进行状态估计、系统辨识以及实现多种控制方式的基础。研究货币政策多目标控制系统的能观测性、能控性和稳定性可以为研究货币政策最终目标协调发展的策略提供理论基础。

1. 能观测性检验

能观测性是控制系统的基本属性，它研究的是能否根据系统的输出来确定系统的状态，反映系统输出中能够获得系统信息量的问题。如果系统的每一个状态变量都可以影响输出，或者由输出得到任一状态变量的信息，则系统是能观测的。随着金融创新和全球经济一体化趋势的进一步加深，货币政策的中介目标即货币政策多目标系统控制模型的状态变量会随之产生变化，因此需要对货币政策多目标系统控制模型的能观测性进行检验，判断模型中状态变量能否代表货币政策多目标系统的状态。

1）能观测性的判别方法

设线性定常离散系统

$$x(k+1) = Ax(k) + Bu(k), y(k) = Cx(k) \qquad (4.27)$$

系统能观测是矩阵 $R_n = \begin{bmatrix} C^{\mathrm{T}} & A^{\mathrm{T}}C^{\mathrm{T}} & \cdots & (A^{\mathrm{T}})^{n-1}C^{\mathrm{T}} \end{bmatrix}$ 的秩为 n，其中 n 为状态向量 A 的数组长度（即行数或者列数中的较大值）。

2）货币政策多目标系统能观测性检验

对于货币政策多目标系统来说，状态变量的个数为 4，所以 n 为 4，用 MATLAB 构建能观测性检验矩阵 $R_4 = \begin{bmatrix} C^{\mathrm{T}} & A^{\mathrm{T}}C^{\mathrm{T}} & (A^{\mathrm{T}})^2 C^{\mathrm{T}} & (A^{\mathrm{T}})^3 C^{\mathrm{T}} \end{bmatrix}$，并利用 rank 命令，计算矩阵 R_4 的秩为 $\mathrm{rank}(R_4) = 4$，因此货币政策多目标系统是能观测的，即系统中选取的状态变量是货币政策多目标系统中的代表性变量，通过这些变量可以对系统的状态做出判断。

3）货币政策多目标系统能观测的经济学意义

货币政策多目标系统控制模型通过能观测性检验，表明构建模型时所选取的状态变量能够代表当前经济环境下货币政策传导机制的状态，即广义货币供应量、人民币对美元汇率、社会融资总量、银行间 7 天同业拆借利率作为货币政策的中介目标是有效的。

2. 能控性检验

能控性问题研究的是能否用调整输入变量的方式使得系统的输出变量达到预先设定的目标，它反映系统的控制输入对系统的状态能产生多大影响的问题。对于货币政策多目标系统来说，研究能控性就是研究能否通过调整货币政策的操作目标使得货币政策的最终目标实现预先设定的目标，能控性的检验是货币政策最终目标协调发展控制策略研究的基础和前提。

1）系统能控性的判别方法

能控性一般分为状态能控性和输出能控性系统空间状态方程同公式（4.17），系统状态能控的充分必要条件是 $P_n = \begin{bmatrix} B & AB & \cdots & A^{n-1}B \end{bmatrix}$ 的秩为 n，其中 n 为状态向量 A 的数组长度（即行数或者列数中的较大值）。系统输出能控的充分必要条件是 $Q_n = [CB \quad CAB \quad \cdots \quad CA^{n-1}B]$ 的秩为 r，其中 r 是输出变量的个数。

2）货币政策多目标系统能控性检验

对于货币政策多目标系统而言，状态矩阵 A 是 4×4 方阵，构建系统状态能控性检验矩阵 $P_4 = [B \quad AB \quad A^2B \quad A^3B]$ 和输出能控性检验矩阵 $Q_4 = \begin{bmatrix} CB & CAB & CA^2B & CA^3B \end{bmatrix}$ 运用 MATLAB 中的 rank 命令，计算矩阵 P_4 和 Q_4 的秩分别为 $r(P_4) = 2 \neq 4$，而 $r(Q_4) = 5$，因此货币政策多目标系统状态不能控，但是输出能控。

3）货币政策多目标系统能控的经济学意义

货币政策多目标系统控制模型输出能控，但是状态不能控，表明央行能够通过对货币政策操作工具的控制，使得货币政策的最终目标实现预期目标，同时不能通过改变操作变量使中介目标达到预期值。

货币政策多目标系统状态不能控，表明货币政策的中介目标是随着经济环境的发展变换呈现动态演变的，不同经济环境下能够代表货币政策多目标系统的状态变量也会不同。

货币政策多目标系统输出能控，在既定环境下为我国货币政策的有效性提供了有力依据，并且货币政策多目标系统控制模型在设计时输出变量囊括了货币政策的最终五个目标，输出能控表明改变操作工具使货币政策最终五个目标同时实现预期目标的可能性存在，即货币政策的最终目标之间能够协调发展。

3. 稳定性检验

稳定性是控制系统最重要的特性。对于货币政策多目标控制系统而言，稳定性关系到货币政策多目标系统在运行过程中能否实现预定的目标，研究系统的稳定性可以了解货币政策多目标系统的运行规律、预测各个最终目标的发展方向。

1）系统稳定性的判别方法

系统状态方程同公式（4.27），其特征多项式为

$$|\lambda I - A| = \lambda^n - a_{n-1}\lambda^{n-1} + \cdots + a_1\lambda + a_0$$

令特征多项式为 0，求得特征方程的 n 个根 λ，如果 $|\lambda_i| < 1(i = 1, 2, \cdots)$，即特征方程全部的根落在 Z 平面的单位圆中，则系统是渐进稳定的。

2）检验货币政策多目标系统控制模型的稳定性

由货币政策多目标系统控制模型的状态方程（公式（4.16））可得出该系统的特征多项式为

$$\det(\lambda I - A) = \det \begin{bmatrix} \lambda - 0.2 & 0 & -0.7 & 0 \\ -0.7 & \lambda & 0 & 0 \\ 0 & -0.05 & \lambda - 0.68 & 0 \\ 0 & 0 & 0.002 & \lambda - 0.968 \end{bmatrix} = 0 \qquad (4.28)$$

用MATLAB计算该方程的解分别为 $\lambda_1 = 0.968$，$\lambda_2 = 0.7411$，$\lambda_3 = 0.0695 + 0.168i$，$\lambda_4 = 0.0695 - 0.168i$，所有特征根的模分别为 $|\lambda_1| = 0.968, |\lambda_2| = 0.7411, |\lambda_3| = |\lambda_4| = 0.1818$，即 $|\lambda_i| < 1$，特征方程全部的根落在 Z 平面的单位圆中，货币政策多目标系统是渐进稳定的，但是系统达到稳定还需要一定的时间，因此需要对货币政策多目标系统进行调控，缩短系统达到稳定所需要的时间，提高货币政策的效率。

3）货币政策多目标系统稳定的经济学意义

货币政策多目标系统具有渐进稳定性，说明从长期来看，货币政策的最终目标会同时趋近某一固定值，稳定性检验从更直观的角度验证了货币政策最终五个目标之间存在可协调性。

通过以上研究可以看出，货币政策多目标系统具有能观测性、能控性和稳定性，因此央行可以通过操作目标的变化来调控最终目标，并且各个最终目标在长期都能达到渐进稳定的状态，因此需要寻找一种政策设计路线使得货币政策多目标系统在最短的时间内达到稳定，提高经济发展质量，保证经济社会可持续健康发展。

4.3.5　货币政策多目标协调控制策略研究

1. 构建货币政策多目标协调控制模型

货币政策多目标协调控制模型以货币政策多目标系统控制模型为基础，遵循

倒置货币政策传导机制的思想，即以货币政策的最终目标为输入变量，中介目标为状态变量，操作工具为输出变量，通过控制货币政策最终目标的波动区间，观测货币政策操作工具的演变路径，得出货币政策最终目标协调发展的控制策略。该模型中各变量具体如表 4.17 所示。

表 4.17　货币政策多目标协调控制模型

变量类型	变量名称
输入变量	GDP 增长率（y_1）
	通货膨胀率（y_2）
	城镇登记失业率（y_3）
	国际收支差额变化率（y_4）
	主要商业银行不良贷款率（y_5）
状态变量	广义货币供应量变化率（u_1）
	七天银行业同业拆借利率（u_2）
	社会融资总量变化率（u_3）
	人民币对美元汇率中间价（u_4）
输出变量	法定存款准备金率（x_1）
	一年期定期存款基准利率（x_2）

构建货币政策多目标协调控制模型方程组，运用 Eviews6.0 软件对各变量之间的关系进行拟合，得出以下方程。

$$u_1(t+1) = 54.95 - 0.01u_1(t) - 5.34u_2(t) - 3.2u_4(t) \tag{4.29}$$

$$u_2(t+1) = 4 - 0.078u_3(t) - 0.24y_2(t) - 0.065y_5(t) + 0.67u_2(t) \tag{4.30}$$

$$u_3(t+1) = -148.8 + 0.32u_3(t) + 1.3y_1(t) + 40.16y_3(t) \tag{4.31}$$

$$u_4(t+1) = 0.24u_2(t) + 0.004y_4(t) + 0.88u_4(t) \tag{4.32}$$

$$x_1(t) = -29.25 + 3.357u_2(t) + 1.137u_1(t) \tag{4.33}$$

$$x_2(t) = 2.23 + 0.7u_2(t) + 0.17u_1(t) \tag{4.34}$$

以上方程的拟合优度都大于 80%，且各变量都通过了 t 检验，表明变量之间的耦合作用与实际经济运行状态相符合，保证了所构建的货币政策多目标协调控制模型的有效性。

要得到货币政策的政策设计路线，需要根据以上方程组，运用 MATLAB 中的 Simulink 组件进行模拟仿真，得到框图 4.14。

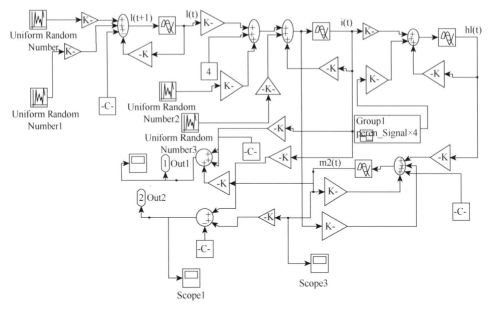

图4.14　货币政策多目标协调控制模型框图

2. 货币政策多目标协调控制模型有效性检验

以 2009 年为基年，通过对比 2009～2013 年输出变量法定存款准备金率和一年期存款基准利率模拟值和真实值来检验模型的有效性。其中法定存款准备金率（表 4.18）和一年期存款基准利率（表 4.19）是跟央行公布的调整数据以时间为权重计算得出的。

表 4.18　法定存款准备金率历史检验表

年份	模拟值/%	真实值/%	误差/%
2009	14.76	15.5	−4.77
2010	16.82	16.8	0.119
2011	19.88	20.7	3.96
2012	20.7	20.3	1.97
2013	20.37	20	1.85

表 4.18 和图 4.15 表明，货币政策多目标协调控制模型对法定存款准备金率的拟合程度较高，模型运行的模拟值与真实值的趋势相同，模拟值围绕着真实值上下波动，并且通过计算 2009～2013 年模拟值和真实值之间的误差，可以得出虽然各年份的模拟值与真实值之间存在误差，并且在个别年份误差较大，但是基本可以控制在 5% 以内。

从图 4.16 可以看出一年期存款基准利率模拟值与真实值基本吻合，但是表 4.19 中 2009 年模拟值和真实值之间的误差达到 6.67%，说明模型设计时没有考虑环境变化等干扰因素，其余年份的误差基本可以控制在 5% 以内，表明货币政策多目标协调控制模型在置信度为 5% 的条件下通过了有效性检验，该模型可以为货币政策多目标协调发展的政策设计路线提供理论依据。

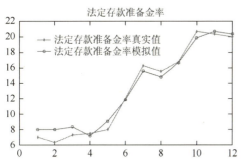

图 4.15　法定存款准备金率模拟仿真对比图

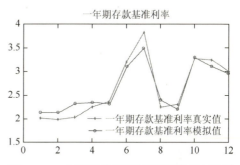

图 4.16　一年期存款基准利率模拟仿真对比图

表 4.19　一年期存款基准利率

年份	模拟值/%	真实值/%	误差/%
2009	2.4	2.25	6.67
2010	2.2	2.3	−4.37
2011	3.3	3.28	0.6
2012	3.12	3.24	3.7
2013	2.96	3	−1.33

3. 货币政策多目标协调发展控制策略研究

货币政策最终目标的定位应该与政府宏观经济调控的目标相一致（曹家和，2003）。稳定经济增长，保持各经济变量区间调控弹性是当前宏观经济调控的目标之一。因此，货币政策多目标协调发展即货币政策的最终目标同时达到预期的目标区间内。关于货币政策多目标协调发展的论题，已有学者进行相关研究，并对货币政策多目标的可协调性做出了科学论证，为本书的进一步研究提供了依据。

综合对研究货币政策多目标的文献以及政府对宏观经济的调控目标的梳理，可以确定货币政策多目标协调控制模型的输入变量的形式分别为 GDP 增长率控制在 7%～8%，CPI 稳定在 3%～4%，失业率保持在 4%～4.3%，国际收支差额变化率在 −5%～0，主要商业银行不良贷款率小于 2%。将以上变量的区间输入货币政策多目标协调控制模型，由于货币政策的中介目标随经济环境变化呈现动态演进，货币政策多目标协调控制模型假设在未来十年内经济环境不会发生较大改变，模型的能观测性不会发生改变。通过运行该模型，得出货币政策操作工具法定存款准备金率和一年期定期存款基准利率在未来十年的发展趋势，如图4.17和图4.18所示。

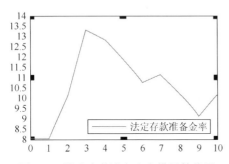
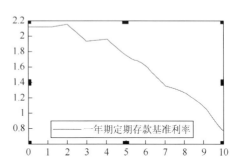

图4.17　法定存款准备金率模拟趋势图
横坐标的单位是"年"，纵坐标的单位是"%"

图4.18　一年期定期存款基准利率模拟趋势图
横坐标的单位是"年"，纵坐标的单位是"%"

从法定存款准备金率和一年期定期存款基准利率的模拟趋势图中可以得出以下结论。

（1）图4.17和图4.18表明要保证货币政策的最终五个目标协调发展，央行的货币政策操作工具法定存款准备率应保持在8%～13.4%，而一年期定期存款基准利率应控制在0.75%～2.2%。

（2）法定存款准备金率和一年期定期存款基准利率的模拟值在整体上均低于央行公布的近5年的真实数据，表明为了实现货币政策多目标的协调发展，保证经济的健康平稳运行，市场逐渐在经济运行中起主导作用，政府干预作用有所减弱。

（3）图4.17中在未来十年内法定存款准备金率呈现出有升有降的波动趋势，图4.18一年期定期存款基准利率则是直线下降的趋势，表明货币政策在实际操作中应该根据现实经济问题，制定松紧适合的政策导向，并非一味采取宽松的货币政策。

4.3.6　主要结论及展望

1. 主要结论

货币政策多目标的协调发展是经济平稳运行的保证，通过运用经济控制论的理论和方法研究货币政策多目标系统的结构特性和货币政策多目标协调性问题，得出以下结论。

（1）我国的货币政策是有效的。货币政策的有效性是指货币政策的实施能否引起经济变量的波动。能控性问题研究的是能否通过调整政策变量的方式使经济系统达到预先设定的目标。通过对货币政策多目标系统进行能控性检验，发现该系统是输出能控的，即货币政策操作工具的调整可以使货币政策的最终五个目标达到预先设定的目标。因此我国的货币政策的操作是有效的。

（2）货币政策五个最终目标存在可协调性。货币政策多目标系统控制模型的稳定性检验结果表明该模型的输出变量是渐进稳定的，也就是说从长期来看，货币政策的最终五个目标会分别趋近于某个值。同时，模型的可控性检验结果说明可以通过调节货币政策的操作工具使得最终目标在短时间内实现预期目标。因此，货币政策的最终目标之间存在可协调性，并且可以通过央行的调控实现协调发展。

（3）进一步降准降息是实现货币政策多目标协调发展的路径之一，也是接受经济增长新常态，保证经济在区间稳定的政策选择。从货币政策多目标协调发展控制模型的输出变量法定存款准备金率和一年期定期存款基准利率的模拟趋势图中可以看出，这两种货币政策的操作工具的模拟值均低于央行近五年公布的真实数据，并且两个变量都存在整体下降的趋势。

存款准备金率和定期存款基准利率是近年来央行常用的调控手段，降低存款准备金率，可以增加商业银行的头寸，刺激固定资产投资；另外，定向降准是调控经济增长结构的有效手段，通过对"三农"和小微企业贷款达到一定比例的商业银行下调存款准备金率，鼓励商业银行等金融机构将更多的资金配置到实体经济中需要支持的领域，缓解经济下行压力，保证经济平稳健康的发展。

为进一步推进利率市场化的进程，政府应该逐步放松对利率的管制，降低基准利率可以有效减少企业融资困难，降低金融风险；另外，降低基准利率可以刺激消费，优化产业结构，提高我国经济抵御国际经济风险的能力，改善就业情况，实现货币政策多目标的协调发展和经济的可持续发展。

（4）我国将继续实行稳健型货币政策。从货币政策多目标协调发展控制模型的输出变量模拟趋势图中可以看出，法定存款准备金率在十年内整体存在下降趋势，并且过程中表现出有升有降，表明我国将继续实行稳健型货币政策，遵从相机抉择制度，根据现实的经济问题来确定政策导向。

2. 展望

货币政策最终协调控制模型为当前央行实施降准降息的科学性和有效性提供了理论支撑，同时可以为央行实现不同的政策目标制定政策提供决策依据。

另外，货币政策最终目标协调控制模型的输出结果只具有趋势性意义，不具有准确具体的指示意义。该模型只能为决策机构提供决策方向，由于货币政策多目标系统中各变量之间以及变量与环境之间都存在复杂交互关系，模型的输出结果是在一定的假设条件下实现的,因此,需要对模型进行进一步的优化和完善,保证输出结果的科学性和动态性。

4.4　基于 HWME 的货币政策多目标复杂决策系统构建

4.4.1　概述

　　货币政策目标是指通过货币政策的制定和执行所要实现的某些社会经济发展目标,包括最终目标(稳定物价、经济增长、充分就业、国际收支平衡、金融稳定)、中介目标(货币供应量、汇率和利率等)、操作目标(法定存款准备金、公开市场操作、贴现率和存贷款基准利率)等。从全球范围看,中央银行普遍都以维护物价稳定和金融稳定为主要目标,而货币政策则更加直接地关注于物价稳定。我国法定的货币政策最终目标是"保持币值稳定,并以此促进经济增长"。由于我国建立的货币政策是问题导向型货币政策,货币政策目标的确定主要取决于经济问题,往往强调某一时期的短期主要目标,而没有兼顾长期的次要目标。与其他经济体相比,中国的货币政策目标需要更加关注经济过热和通货膨胀问题,并始终把防范通胀风险放在突出的位置上(周小川,2013)。尤其是 2008 年金融危机爆发以来,中国经济走入非常复杂的境况:一方面是要保证一定的 GDP 增长水平以实现增加就业、促进经济增长的目标;另一方面微观运行中如劳工成本上升、资源供给不足等诸多问题凸显,通货膨胀压力增强,国际收支不平衡加剧,人民币汇率风险加大。这种复杂多变的国内外经济环境客观上要求实现货币政策多目标协调发展,但多目标导向的中国货币政策制定和实施往往陷入"两难"或"多难"境地。我国"十二五"规划中明确提出要"优化货币政策目标体系,健全货币政策决策机制,改善货币政策的传导机制和环境"。因此,构建最优货币政策多目标的决策系统成为当前经济理论界迫切需要研究的基础性课题。

　　货币政策的决策主要表现在如何选择最终目标、中介目标、操作目标和操作工具(钱小安,2002)。因此,要构建中国的货币政策决策系统,首先必须对货币政策多目标决策系统交互行为进行研究,如图 4.19 所示。

　　货币政策多目标决策系统是高度复杂、开放的经济系统,具有多层次、非线性、时滞性等复杂性特征,因此,货币政策多目标决策系统是一类开放的复杂经济巨适应系统。货币政策多目标决策系统是由与货币政策有关的各目标子系统为实现某些社会经济发展目标相互作用、相互影响、相互关联而形成的有机整体。货币政策多目标决策系统同层次之间、不同层次之间、各层次与环境之间具有的复杂非线性交互行为是其复杂性的根源,如图 4.19 所示。货币政策在实际操作中往往存在着不一致性,尤其是在短时期内矛盾更加突出,导致货币政策目标的决

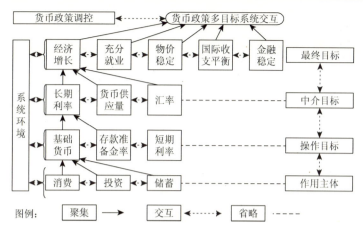

图 4.19　货币政策多目标决策系统交互行为示意图

策只能有所侧重而难以兼顾。货币政策多目标间的关系并不像传统的经济理论所描述的那样简单、固定，而是常常发生"异常"的情况。如张晓慧（2010）指出，在全球经济一体化加剧、金融自由化加快的背景下，全球经济高速增长的同时却伴随着较低的通货膨胀。这说明，随着系统开放性和经济环境复杂性的不断提高，传统理论对货币政策多目标间简单的线性认知已经不足以为货币政策目标决策提供充分的理论支持，需要寻求新的科学方法对这一问题进行更为深入的研究。

本书正是基于系统科学金融理论的观点，以综合集成研讨厅（the Hall for Work of Metasynthetic Engineering，HWME）这一新视角对货币政策多目标决策系统进行研究，为货币政策多目标决策问题提供一个定性定量相结合的解决方法。HWME 是将专家体系、信息资料、计算机技术这三者结合起来而构成的一个综合集成方法论的实践平台，它把复杂决策问题的求解映射到专家群体的知识结构上，通过专家个体知识的线性化使得整个复杂问题的知识结构逐渐清晰。在HWME 中，决策问题的分解过程不但具有工作流的流程特性而且具有知识流的特性，使得多领域专家可共同参与，并在由专家体系、知识体系、机器体系形成的虚拟工作空间中，进行高效的知识共享、交流、集成和管理，最终形成高质量的决策方案。

4.4.2　文献综述

本书主要从货币政策目标的选择、货币政策的规则、货币政策决策系统的构建三个方面对相关理论进行梳理。

1. 货币政策目标的定位

货币政策目标的选择是近百年来国内外研究的热点问题，也是当前迫切需要解决的经济问题。理论上对货币政策目标定位的不同见解，以及实践中货币政策目标的动态性、不一致性使得各国对货币政策单一目标或者多目标选择一直具有争论。

在理论研究上，凯恩斯学派认为经济现象错综复杂，因此货币政策的制定以多重目标为好，并主张权衡性货币政策；而货币学派代表人物弗里德曼认为多重目标难以兼顾，主张实行"单一规则"的货币政策，即根据经济增长率和人口增长率确定一个相对固定的货币供应量增长率。这两种观点在国内外均有大量支持者，对于货币政策采用单一目标还是多目标的争论从未停止。在国内，既有学者支持实行单一货币政策目标，如卢宝梅（2009）认为应采取通货膨胀目标制的货币政策框架，追求长期价格稳定的单一目标，维护人民币对内价值和对外价值的稳定，从而维护金融稳定；也有学者支持货币政策实行多目标，如周小川（2013）由于中国在市场化程度、货币政策运作和传导机制上不同于发达国家，也不同于一些市场化程度较高的新兴市场国家，因此单一目标制并不符合中国国情。中国的货币政策具有多重目标：一是维护低通胀；二是推动经济合理增长；三是保持较为充分的就业，维持相对低的失业率；四是维护国际收支平衡。易纲和赵晓（1998）认为在制定宏观经济政策时，需要兼顾多重目标，同时又都要有所牺牲，建议采用多重政策工具寻求宏观政策的平衡点。

货币政策在实际操作中往往存在着不一致性，尤其是在短时期内矛盾更加突出导致货币政策目标的选择只能有所侧重而难以兼顾。

2. 货币政策的规则

货币政策规则研究的进展是近年来货币经济学的一个重要突破。货币政策规则是指中央银行按照一定计划进行货币政策决策和操作的指导原则，即"预先设定的货币政策指南"，包括目标规则和工具规则。根据目标变量的不同，目标规则可以分为以下类型：通货膨胀目标制、汇率目标规则、货币供应量目标规则、名义收入目标规则。

Svensson（2000）认为通胀目标制优于货币目标制和汇率目标制，因为后两者产生更大的通货膨胀波动。而 Jensen 则认为名义收入目标制更优。他在一个简单的新凯恩斯主义模型的框架下比较名义收入目标制和通货膨胀目标制，结论认为名义收入目标制可能更优，因为它引入了惯性的政策反应，改善了通货膨胀和产出的替代关系。国内学者陶江和耿中元（2008）的研究支持了 Jensen 的观点，通过实证分析表明名义收入目标规则能够为我国货币政策提供一个参照尺度，较好地衡量货币政策的松紧。

国内学者对通胀目标制给予了较多关注，高见（2006）和卞志村（2007）认为通货膨胀目标制只是我国货币政策目标规则的长期未来取向。张宏（2008）的实证研究则支持我国货币当局采取通胀目标制，运用泰勒规则实施宏观调控。

3. 货币政策决策系统的构建

货币政策多目标间关系的复杂性使得货币政策多目标决策系统的构建成为重要的研究课题。长期以来，关于货币政策决策机制的研究主要集中于政策透明度和独立性方面。Crowe 等研究世界各国央行货币政策透明度发现，提高透明度有利于通货膨胀的治理。Sibert 运用理论模型进一步阐明了货币政策透明度的优势。而 Boero 等研究表明货币政策独立性的增强能降低未来通货膨胀的不确定性。但 Blinder 等等则认为独立性的增强会使决策权力过度集中，并认为在货币政策决策过程中，明确的分工会使政策效率更高。

在货币政策决策的微观机制的研究中，Nelson 研究英格兰银行采用通胀目标制的原因时发现货币政策决策过程和经济理论模型并不完全相符。根据 Von Hagen 等、Waller 和 Sibert 等的研究，委员会决策可以获得平稳的通货膨胀路径，因而提高社会福利。因为高度易变的通货膨胀使投资者难以做出准确决策，投资随之减少，社会产出也会缩减。

国内学者通过对发达国家的货币政策决策机制的归纳总结，为中国的货币政策决策机制的构建提出了相关政策建议。魏加宁（1996）归纳总结了发达国家货币政策决策机制的主要类型，认为多年来我国经济大起大伏在很大程度上是由于缺乏健全的货币政策制定、实施和监督机制，提出我国应设置货币政策委员会，并就该委员会的成立提出了几种方案。刘超和张伟（2012）运用系统动力学构建经济发展系统的反馈模型、结构流图和方程，以计算机仿真和模拟为辅助手段，通过对相关参数的确定和调控模拟，揭示了货币政策目标间的相互作用，为我国宏观经济政策的制定提供决策依据。贾春平（2009）认为我国中央银行货币政策的实施机制是由决策、执行与监督机制等所组成的结构体系，而这种结构体系又是我国中央银行货币政策的制度绩效得以发挥的充分必要条件。巴曙松（2000）结合中国金融运行的实际状况，提出了 12 条调整和完善与经济全球化相适应的货币政策决策机制的建议。

4. 文献述评

通过梳理文献可以发现国外学者侧重于从定量分析的角度来研究货币政策目标，从宏观上研究货币政策目标的定位问题，并对货币政策传导机制对货币政策目标的影响做出了一些探索研究；但是国外学者的研究领域较少涉及货币政策决策系统的构建，并且国外学者的研究是基于本国一定的社会经济背景下进行的，所以其结论不一定在我国也适用。国内学者则主要采用定性分析和基本的统计分析等线性方法来研究货币政策目标，但是定性分析、基本的统计分析对变量之间的关系以及相互影响不能做到深入精确的评价，简单的回归分析则容易出现伪回归问题，非线性的研究方法也处于探索阶段。

综上，国内外学者已经开始寻找货币政策目标研究的新方法，并做出了许多有益的探索，但是当前关于货币政策目标的研究是比较散乱的，对于货币政策目标系统中的各主体自适应行为研究不足，对于各主体行为规则的设计没有考虑其因果反馈关系，仍然依赖于传统经济理论的假定，缺乏对货币政策决策系统中非线性、复杂性的研究。运用综合集成研讨厅方法，可以用人工模拟出主体在认知方面的局限性，并从系统科学的角度开展主体的经验性研究。它不但强调专家个体以人机结合的方式进行工作，而且要把多个专家组织起来，形成专家群体，通过研讨的方式共同对问题进行研究。针对货币政策多目标的复杂体系，应致力于构建以综合集成为基础的智能工程系统作为可操作的工作平台。对于不同的复杂问题，则更换平台的有关专家与数据即可处理以实现该平台的通用性，并最终初步建立一个这样的可操作平台。采用综合集成方法来研究货币政策多目标问题，已经得到相关领域学者的关注，其优势逐步显现，是未来货币政策目标研究发展的必然趋势。

4.4.3　货币政策多目标决策系统综合集成研讨厅体系的构建

综合集成研讨厅体系作为复杂性科学界首次提出并系统阐述的方法论是我国科学界对于系统科学和复杂性科学的原创性贡献。综合集成研讨厅的体系包括三个主要的部分：机器体系、知识体系和专家体系。机器体系中主要指的是计算机，其中计算机体系和专家体系是知识体系的载体，计算机是专家与专家交互的平台，是硬件支持设备。交互是发挥专家全体整体优势、涌现群体智慧的唯一途径。

1. 货币政策多目标决策系统的基本体系

货币政策决策系统综合集成研讨厅提供了研究复杂巨系统问题的工作环境，能够辅助专家群体对货币市场发展进行解释和规划。"研讨厅"的基本功能机制为"从定性到定量""综合集成机制"及"研讨机制"，"研讨厅"的研讨对象是"货币政策决策系统"（图 4.20）。

由于货币政策决策系统是一个复杂自适应系统（complex adaptive system，CAS），许多具有差异性的主体及其行为组成了这个自适应系统。对货币政策决策系统的模拟仿真即希望系统内部的行为主体用人工适应主体技术来进行模仿，在一定的人工环境下，对生命的运动进行仿真，最终完成对整个复杂系统的模拟。

货币政策决策系统综合集成研讨厅中包含了以下几个基本体系。如图 4.21 所示。

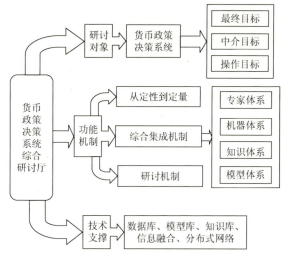

图 4.20　货币政策多目标决策系统综合研讨厅基本框架

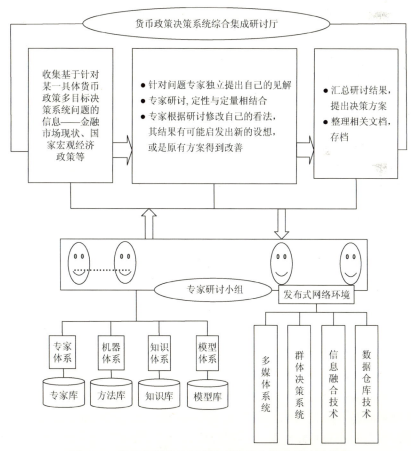

图 4.21　货币政策多目标决策系统综合集成研讨厅体系

（1）专家体系。专家体系包括金融分析师、计算机专家、数学模型专家、项目管理专家、数量经济学家、风险分析专家、政策专家、银行投资专家等各个领域的专家；另一方面，由于金融领域涉及人民群众的参与，所以把公众参与机制引入其中。通过公众参与，决策信息更全面，遗漏环节减少，决策水平提高，决策的科学性和民主性加强。专家体系建设可以分为专家交互方式、专家群体的角色划分、专家群体不良思维模式的预防及纠正、研讨过程的组织等主要工作。

（2）机器体系。专家使用的计算机软硬件以及为群体决策提供支持的服务器组成了机器体系。机器体系能够提供数据和逻辑运算，在定量分析中起到极为重要的作用。机器体系建设包括系统框架设计、功能模块分析与综合等。

（3）知识体系。通常来说，知识体系是由三个层次构成的：一是专家和历史经济数据的经验知识，如专家曾参与过的货币政策决策经验等；二是货币政策决策系统的相关科学理论知识。货币政策决策系统科学理论在金融发展的历史进程中构成了庞大的科学技术体系；三是解决分析问题的哲学知识，它强调充分运用辩证思维方式和社会思维方式，这是人类知识的最高智慧结晶。

（4）模型体系。把常用的评价模型进行收集整理。评价方法库中包括：决定论评价法，如德尔菲法；经济论评价法，如净现值法、费用-效益分析法、净现值指数法、奥尔森法、会计收益法、内部收益率法；运筹学和其他数学方法，如层次分析法、灰色聚类分析法、多目标决策法、数理统计法、模糊综合评价法、数据包络分析法、风险评审技术法、神经网络评价法以及这些评价模型的组合评价模型。此外，还有相关的计算机模拟模型，包括：金融数据挖掘中的非线性相关跟踪技术、基于 Agent 的金融市场仿真、不同市场态势下证券系统性风险度量指标模拟软件、双曲密度分析等模拟平台。

货币政策决策系统综合集成研讨厅框架将评价技术、计算机技术、系统工程技术集成于一体，强调把人的思维及其成果、人的知识和智慧以及各种资料信息结合起来，对研讨厅的功能机制、网络体系及支撑技术进行分析。

货币政策决策系统综合集成研讨厅的支撑环境能够支持不同领域专家进行协同工作。这与以往专家会议评价不同，综合集成研讨厅中专家的工作环境是一个分布式网络环境。综合集成研讨厅基于计算机网络技术，把分散在不同地点的软硬件设备以及有关领域专家联系到一起，在人工合成的电子平台环境中形成一个在时间和空间上相互耦合的、同时共享的综合分析环境。在这个环境中，各领域专家可以发挥自己的特长，根据自身经验和知识，利用网络中提供的数据和分析工具，分析问题并发表意见。分布式网络环境可以把不同的知识联系到一起，供参与者共享，并使其发挥作用，并通过专业人员和技术工具协调、操作整个研讨过程。

2. 基于综合集成的货币政策多目标系统配置

货币政策合理配置模型具有多个目标，需要通过模型和专家决策者的交互研讨才能够完成，为此我们提出基于综合集成的货币政策多目标系统配置的思想，以 HWME 中的综合集成服务平台为支撑，从系统模型的开发构建、配置规划模型的表现方法等方面研究动态货币政策多目标系统配置管理。建立平台支撑层，提供高性能的计算力和良好通信交互环境；搭建由现场库、模型库、知识库、专家库和反馈库组成的泛化数据层，全面存储和管理货币政策决策所需要信息、模型、方案以及评价结果；对货币系统特征属性数据、非结构化数据、行业标准数据，采用数据融合方法进行集成，而对复杂货币系统相关的 Web 信息、XML 信息、Report 信息、3S 信息、多媒体信息则采用信息集成方案，进而支撑具有组件服务、流程控制、模版管理等功能的复杂货币目标决策系统的建立，在成果综合器的管控下为复杂货币政策多目标系统研讨主题图的创作提供平台。研讨主题图的创作以知识图为核心，知识图由具有一定算法功能的复杂货币目标决策组件按照模型流程搭建而成，同时关注各种组件自身的特点、行为特征、相互作用对复杂货币系统演化的巨大影响，用动态演化的观点研究货币政策多目标合理配置的规律，进而在知识模版和可视化模式的辅助下，创建复杂货币目标关联和方案资源，为复杂货币目标决策方案的建立提供较为灵活的自主制作环境，开展个性化管理和知识共享管理，通过人机交互机制提供信息视图、公共视图、个性视图、历史视图四种模式的复杂货币政策多目标决策研讨服务。

利用定位控制和知识管理，深化整体统摄局部、局部支撑整体、局部行为又受到整体的约束和支配的宏微观结合配置思路，通过灵活的复杂货币政策决策子系统建立货币政策多目标系统中局部与局部之间以及局部与整体之间的有效联系机制，采用知识图嵌套的方法，对货币政策多目标系统的层次结构、因素图元以及同一层次内子系统的作用机制和不同层次间元素的作用机制等开展系统分析，全面分析研究各种局部变化对整体的影响。在货币政策决策配置规划服务综合集成过程中，采用主题图作为专家群体进行显性与隐性知识表达、共享、传递的统一方式，支持群体思维的发散、收敛过程（思维以可修改、可扩充、可视化的知识图方式存储），实现由定性信息到定量数据的转变，使得模型方法与复杂货币多目标系统配置规划的具体子目标系统相适应，通过子目标系统、知识（图）库，针对最终目标在平台上方便、灵活地组织应用，实施可视化知识服务和个性化应用，最终在知识库与信息之间建立有效连接，形成信息与知识有机融合的服务体系，通过决策知识集成与评价给出合理的复杂货币政策方案。

4.4.4　货币政策决策主题图研讨方法

1. 主题图构建

在货币政策决策配置应用中所有的复杂知识库、决策方案都表现为主题图，系统通过主题图支持专家与专家、专家与计算机之间的知识、信息的交流。主题图由知识图构成，知识图是在信息资源、算法组件、建模流程支持下形成的可视化的信息流图，可以进行共享、完善，还可以进行嵌套以深度描述复杂货币政策决策过程，其在组织描述关于复杂问题的知识上具有较大优势，有较强的实时性、交互性和扩展性，是一种渐增长、增量式的知识可视化工具，可以作为专家研讨的知识载体。知识图通过概念、联系以结构化的方式有效地描述包含在自然语言中的显性知识，使得经济专家可以根据自己需求对关注的"焦点"问题进行个性化信息定制，还可以通过链接来表现自然语言难以表达的货币目标因果关系等内容。从货币政策配置规划的实践来看，知识图可以把货币政策多目标配置系统网络图抽象表达。

在主题图抽象和可视化表现时，按照货币政策决策系统分析的特点和货币政策多目标配置规划模型的要求，在满足数学模型的技术要求且不失实际系统主要特征的前提下，将货币政策工具、货币政策目标、货币政策效应简化和抽象为节点（点）、计算货币政策传导系统（线）、复杂货币政策决策系统（面）三类元素。

2. 专家研讨模式

货币政策决策配置具有很强的信息依赖性，各种预测模型、参数选择等均与具体数据相关，专家需要采用不同的运用方式来从数据中发现规律，挖掘蕴涵的知识主体。因而需要个性化应用定制的支持，以选择合适的信息资源和运用方式实现复杂货币目标决策服务。为此我们提出以主题图为研讨中心的复杂货币目标决策思想，把应用主题知识图化，运用链接的方式将这些知识与概念、联系等要素联系在一起，按照从数据到信息、从信息到知识、从知识到智慧的方向，在开发信息处理组件库的同时把数据、信息及知识可视化，在综合集成环境下提供经济环境信息服务、金融知识服务、货币政策决策服务与货币政策配置规划具体最终目标相适应，表达专家个人的思想和知识经验，形成专家个人或专家群体共识的决策方案。基于 P2P 技术提供分布式的专家研讨环境，获取专家在用户终端上发表的见解，嵌入模糊决策、人工智能的理论方法等，对参加研讨的局中人的决策后果进行评价或判断，汇总专家意见，在综合集成平台上快速集成和组建货币政策目标配置规划的不同应用，生成一个自主式的、人机交互的复杂货币政策多目标交互配置系统。

3. 复杂货币政策决策研讨视图

主题图为专家群体围绕着某一货币政策目标的复杂决策问题提供研讨环境，该环境记录专家群体开展研讨的过程，配合适当的实证研究，经过多次研讨反馈迭代，逐步总结出合理的主题图，进而完成复杂货币政策工具的应用与集成，提高货币政策传导机制的科学性。

复杂货币政策目标决策系统研讨模式主要包括四个视图。

（1）信息视图：集成数据、模式、方法等资源，经专家按建模流程制作和控制后转变为知识成果，并利用整个讨论所蕴涵的丰富信息促进对相关结果的理解与合理使用，为群体研讨形成一个激励群体互动、知识共享与创造的平台，促进合理复杂货币工具实施方案的生成。

（2）公共视图：对当前复杂货币政策多目标议题的全部研讨进行整体分析，随着决策者可视化知识的不断增加，通过研讨演化过程了解群体研讨的演变状况，帮助局外人关注热点问题，获得复杂货币多目标政策全局概貌。

（3）个性视图：激发知识创造，在主题图上展示复杂关联，通过链接信息视图提供已有信息及知识，实施专家在线研讨，快速检索与研讨相关的数据资料，获取相关感兴趣的外部信息和知识，采用挖掘手段为用户提供更积极的支持。

（4）历史视图：回顾研讨历史和研讨反馈内容，直接利用已成熟货币政策方案，帮助专家分析不同阶段或小群体的研讨及其与全局的关系，经过研讨结果聚类和评价成员的参与，积累和再分析专家或方案的知识结构，为今后研讨选择合适的研讨人员和货币政策决策方案做参考。

4.4.5　结论

在综合集成研讨厅的理论下，采用业务组件、研讨主题图、知识可视化、个性化服务，通过主题图和知识的可视化表示促进知识共享和决策方案的形成，方便、灵活、可扩展地应用货币政策决策相关信息资源，为复杂货币政策多目标交互协调问题的解决提供了一个定性定量相结合的专家研讨平台，下一步的主要工作如下。

（1）充实业务组件形成组件库，提高系统应对多种类、多模式的货币政策问题的能力。

（2）构建一个基于 Web 的主题图发布环境，实施主题图的共享，为更全面、更完善的货币政策方案的形成提供辅助。

参 考 文 献

巴曙松. 2000. "入世"后我国货币政策的调整与完善. 金融信息参考，（3）：6-7.

白仲林，赵亮. 2011. 我国通货膨胀率的最优目标区间几何?. 统计研究，28（6）：6-10.

卞志村，孙俊. 2011. 中国货币政策目标制的选择——基于开放经济体的实证. 国际金融研究，8：4-12.

卞志村. 2007. 通货膨胀目标制：理论、实践及在中国的检验. 金融研究，9：42-54.

曹家和. 2003. 论我国货币政策最终目标的演变与定位. 现代经济探讨，3：59-62.

陈涛. 2006. 多目标：中国转轨时期货币政策的现实选择. 金融与经济，1：20-23.

程均丽，刘枭. 2013. 中国货币政策适宜转向通货膨胀目标制——基于中央银行预期管理的视角. 财经科学，9：11-19.

段忠东. 2012. 房地产价格与通货膨胀、产出的非线性关系——基于门限模型的实证研究. 金融研究，8：84-96.

范从来. 2010. 中国货币政策目标的重新定位. 经济学家，7：83-89.

冯科. 2010. 我国货币政策有效性的实证研究. 北京：中国发展出版社.

高见. 2006. 论通货膨胀目标制在中国的可行性. 经济科学，(5)：30-39.

龚德恩. 1988. 经济控制论评述. 中国人民大学学报，12.

郭红兵，陈平. 2012. 中国货币政策的工具规则和目标规则——"多工具，多目标"背景下的一个比较实证研究. 金融研究，386（8）：29-44.

国务院发展研究中心课题组，卢中原，隆国强，等. 2009. 中国：在应对危机中寻求新突破. 管理世界，6：4-18.

何运信，曾令华. 2004. 单目标制还是双目标制——基于总供给曲线特征的实证分析. 数量经济技术经济研究，5：113-116.

胡志鹏. 2012. 中国货币政策价格型调控条件是否成熟?——基于动态随机一般均衡模型的理论与实证分析. 经济研究，6：60-73.

霍海燕. 2014. 经济结构调整中的就业政策选择. 中共中央党校学报，18（2）：101-108.

贾春平. 2009. 中央银行货币政策实施机制研究. 长沙：中南大学.

李伟. 2014. 适应新常态，迈向新阶段. 光明日报，7：12-29.

李远航. 2013. 基于央行效用动态最优化模型的货币政策传导有效性研究. 湖南科技大学学报（社会科学版），5：81-84.

廖朝辉. 2004. 模糊控制算法在经济控制中的应用. 云南师范大学学报（自然科学版），9：28-34.

刘超，张伟. 2012. 我国货币政策目标间因果反馈及仿真——基于系统动力学视角. 吉首大学学报，2：88-96.

刘超，赵钦涵. 2014. 基于 HMWE 货币政策多目标复杂决策系统的构建. 金融与经济，4：8-13.

刘伟，李连发. 2009. 我国货币政策最终目标框架的现实选择. 经济学动态，12：24-29.

卢宝梅. 2009. 汇率目标制、货币目标制和通货膨胀目标制的比较及其在我国的应用的探讨. 国际金融研究，1：69-80.

闵文杰，贺仲雄. 2002. 模糊可拓经济控制及变换发展理论研究. 系统工程理论与实践，6：73-79.

欧阳志刚. 2009. 我国利率的非线性动态调节及其货币政策效果. 统计研究，4：33-40.

彭海成. 2011. 货币政策目标、资产价格波动与最优货币政策. 广东金融学院学报，3：35-42.

钱小安. 2002. 金融开放条件下货币政策与金融监管的分工与协作. 金融研究，(1)：46-54.

秦宛顺，靳云汇，卜永祥. 2002. 从货币政策规则看货币政策中介目标选择. 数量经济技术经济研究，6：14-16.

曲永刚. 2005. 我国股市价格波动和稳定性分析. 辽宁石油化工大学学报，25（1）：89-93.

盛成松. 2012. 社会融资规模与货币政策传导. 金融研究，10：1-14.

唐文进，刘增印，徐晓伟. 2014. 货币政策调控：数量型还是价格型?——基于 DSGE 模型的分析. 世界经济与政治论坛，1：142-159.

唐旭. 2009. 金融理论前沿课题. 北京：中国金融出版社.

陶江，耿中元. 2008. 不应忽视对名义收入定标规则的研究. 统计研究，25（7）：108-109.

田雁波，郑巍. 1996. SPA 在模糊可拓经济控制论中的应用. 吉林师范学院学报，17（8）：16-19.

万百五. 2014. 经济控制论观点下的全球经济危机及其教训（类比研究与评论）——纪念控制论创始人诺伯特维纳诞生 120 周年（1894-2014）. 控制理论与应用，31（2）：129-140.

王国刚. 2012. 中国货币政策调控工具的操作机理：2001—2010. 中国社会科学，4：62-84.

王浣尘. 1985. 动态模式经济控制论模型原理简介. 系统工程，3.

王晶. 2008. 经济控制论. 北京：科学出版社.

王立勇，张良贵. 2011. 开放条件下我国货币政策有效性的经验分析——基于目标实现与工具选择角度的评价. 数量经济技术经济研究，8：77-90.

王曦，邹文理. 2012. 我国货币政策的最优度量指标. 中山大学学报（社会科学版），1：202-212.

王泽宇. 2013. 基于改进 BP 神经网络的房地产泡沫测度评价研究. 财经理论与实践，4：95-98.

魏加宁. 1996. 通货膨胀与金融体制和金融政策. 经济研究参考，（28）：8-18.

肖玲诺，史建锋，孙玉忠. 2011. 基于 BP 神经网络的产学研知识创新联盟风险评价研究. 中国软科学，12：173-179.

谢平，张晓朴. 2002. 货币政策与汇率政策的三次冲突——1994-2000 年中国的实证分析. 国际经济评论，Z3：30-35.

徐晓虎，陈圻. 2014. 基于神经网络模型的地方智库竞争力评估——以江苏淮安地方智库为例. 研究与发展管理，3：32-40.

杨明，潘长良，刘中. 2004. 矿业经济、资源、环境协调发展控制研究. 系统工程，2：52-56.

杨显中. 2012. Z 变换及其在经济控制论中的应用. 宜宾学院学报，5：25-26.

易纲，王召. 2002. 货币政策与金融资产价格. 经济研究，3：13-21.

易纲，赵晓. 1998. 宏观组寻求多重经济目标下的有效政策组合——1998 年中国宏观经济形势分析与建议. 经济研究，4：3-13.

于慧君，赵铠. 2009. 通货膨胀目标制在我国的可行性研究. 统计与决策，4：129-130.

张宏. 2008. 通货膨胀目标制度与我国货币政策借鉴——兼论泰勒规则. 国际金融研究，（12）：42-48.

张天顶，李洁. 2011. 通货膨胀的门限效应与金融—经济增长关系——基于中国数据的经验研究. 投资研究，329（7）：44-55.

张晓慧. 2010. 金融资本与产业资本互动中企业价值的变化路径探析. 商业时代，（3）：106-107.

章国荣，黄朗辉，彭志龙. 2005. 我国现阶段通货膨胀可容忍区间探讨——《通货膨胀趋势研究》课题系列之二. 统计研究，5：3-5.

周彬，胡凯. 2009. 开放经济下不同目标制的最优货币政策分析. 中南财经政法大学学报，6：82-85.

周书俊. 1988. 经济控制论的形成、基本内容及其应用. 财经理论与实践，4：8-16.

周小川. 2009. 我国货币政策多目标制是符合转轨国情的. 金融时报. [2009-12-23].

周小川. 2013. 新世纪以来中国货币政策的主要特点. 中国金融，2：9-14.

朱庆锋，徐中平，王力. 2013. 基于模糊综合评价法和 BP 神经网络法的企业控制活动评价及比较分析. 管理评论，8：113-123.

Bernanke B S，Blinder A S. 1992. The Federal-funds rate and the channels of monetary transmission. American Economic Review，82（4）：901-921.

Blanchard O，Gali J. 2010. Labor markets and monetary policy：A new keynesian model with unemployment. American Economic Journal-Macroeconomics，2（2）：1-30.

Boivin J，Giannoni，M P. 2006. Has monetary policy become more effective. Review of Economics and Statistics，88（3）：445-462.

Borio C E V，Lowe P W. 2002. Asset prices，financial and monetary stability：Exploring the nexus. BIS Policy Research，114.

Caner M, Hansen B E. 2004. Instrumental variable estimation of a threshold model. Econometric Theory, 20(5): 813-843.

Chowdhury I, Hoffmann M, Schabert A. 2003. Inflation dynamics and the cost channel of monetary transmission. European Economic Review, 50 (4): 995-1016.

Collard F, Dellas H. 2005. Poole in the new keynesian model. European Economic Review, 49 (4): 887-907.

Curdia V, Woodford M. 2011. The central-bank balance sheet as an instrument of monetary policy. Journal of Monetary Economics, 58 (1): 54-79.

Dennis R, Soderstrom U. 2006. How important is precommitment for monetary policy. Journal of Money Credit and Banking, 38 (4): 847-872.

Devereux M B, Lane P R, Xu J Y. 2006. Exchange rates and monetary policy in emerging market economies. Economic Journal, 116 (511): 478-506.

Fatas A, Mihov I, Rose A K. 2007. Quantitative goals for monetary policy. Journal of Money Credit and Banking, 39(5): 1163-1176.

Fisher S. 1993. The role of macroeconomic factors in growth. Journal of Monetary Economics, 32 (3): 485-512.

Gerlach S, Svensson L E O. 2003. Money and inflation in the euro area: A case for monetary indicators. Journal of Monetary Economics, 50 (8): 1649-1672.

Hansen B E. 1999. Threshold effects in non-dynamic panels: Estimation, testing, and inference. Journal of Econometrics, 93 (2): 345-368.

Karras G. 1999. Openness and effects of monetary policy. Journal of International Money and Finance, 18: 13-26.

Lagos R, Wright R. 2005. A unified framework for monetary theory and policy analysis. Journal of Political Economy, 113 (3): 463-484.

Okano E. 2010. Optimal monetary and fiscal policy in a currency union with nontradables. Macroeconomics & Finance in Emerging Market Economies, 3: 17-24.

Poole W. 1970. Optimal choice of monetary policy instrument in a sample stochastic macro model. Quarterly Journal of Economics, 84 (2): 197-216.

Romer C D, Romer D H. 2004. A new measure of monetary shocks: Derivation and implications. American Economic Review, 94 (4): 1055-1084.

Rudebusch G D, Svensson L E O. 1998. Policy rules for inflation targeting. Seminar Papers, 637.

Solow R M. 1956. A contribution to the theory of economic growth. Quarterly Journal of Economics, 70 (1): 65-94.

Svensson L. 2000. Open-economy inflation targeting. Journal of International Economics, 50 (1): 155-183.

Woodford M. 2008. How important is money in the conduct of monetary policy. Journal of Money Credit and Banking, 40 (8): 1561-1598.

第5章　热点宏观经济问题研究

【本章导读】

经济增长、充分就业、物价稳定等是货币政策的最终目标，是货币政策调控的落脚点和首要解决的问题，也是经济社会关注的焦点问题。本书第2～4章对系统科学对货币政策多层次目标之间和最终目标之间的相互作用进行了研究，本章将从非线性、系统性、复杂性的角度对经济增长、失业、通货膨胀、金融稳定这些具体经济问题进行研究，有利于丰富和拓展系统科学在经济领域中的运用，也为政府制定相关的调控政策提供依据。

首先，本章通过阈值自回归模型对失业率和经济增长率之间的非线性关系进行研究。以往关于经济增长和失业率关系的研究多是基于线性假设的条件进行的，如奥肯定律提出失业率与经济增长率之间存在负相关性。本章在非线性框架下，利用 Hansen 和 Seo（2002）发展的阈值协整方法对我国 1978～1994 年的城镇失业率与经济增长率两者之间的关系重新进行了检验，发现两者是非线性的关系，在不同时期两者的关系并非一成不变，因此政府要制定不同的政策促使经济增长的同时降低失业率。

其次，通过系统动力学对就业问题影响的主要因素进行探索。就业困难拉大了贫富差距，高失业率不仅阻碍经济发展，也是造成社会不稳定的终极根源。本章通过构建模型定量研究人口和经济的变动对就业的影响，调整相关参数进行仿真和预测，找到影响就业的主要因素变量之间的多重因果反馈关系，并得出降低利率、增加投资额或者增加消费都会对经济发展产生促进作用，进而有利于降低失业率。其中，增加投资对降低失业的效果最明显。

再次，运用系统动力学方法对我国通货膨胀的形成机制进行分析，提出通货膨胀系统是由经济发展子系统、存贷款子系统、财政收支子系统、国际收支子系统构成的复杂多重反馈系统，建立了通货膨胀系统的因果反馈模型，揭示了通货膨胀系统形成机制的主导因素，进而建立通货膨胀系统的结构流图和方程，对通货膨胀系统动态进行定量分析，通过调整相关参数进行仿真和预测，并在此基础上提出相关政策建议。

然后，对影子银行就金融发展和金融稳定进行了研究。随着我国金融系统的完善发展，影子银行作为我国金融系统的组成部分，在我国金融系统中的占比和发挥的作用也逐步增强。基于我国影子银行 2002～2012 年数据，运用 VAR 方法研究影子银行对金融发展和金融稳定的脉冲效应，结果显示影子银行系统对我国金融发展具有正向促进作用，但其发展对金融稳定产生负向冲击。因此，要充分发挥影子银行对金融发展的积极作用，就必须通过强化并表监管、实行差异化监管等建立全面的影子银行监管体系。

最后，通过协同论对我国银行、证券和保险行业监管系统进行协同评价。随着金融全球化的发展，金融体系的安全性问题日益突出，加强金融监管成为各国政府和金融管理当局的重心。本节从系统科学的分支——协同学的角度出发，利用所构建的协同度模型对我国的金融监管系统进行了实证分析，实证结果表明，我国金融监管系统的整体协同度不高，三个监管子系统中，银行监管子系统的发展是最好的；证券监管子系统和保险监管子系统呈现出无序波动的发展状态。

5.1　中国经济增长率与失业率的阈值协整分析

5.1.1　概述

自改革开放以来，我国经济一直保持着年均 9.82%的高增长速度，开放经济的特征越来越凸显，经济社会发展的开放程度也日益增高。进入 20 世纪 90 年代以后，我国的就业形势就渐渐地变得严峻起来，城镇登记的失业率不断攀高，而实际失业率要比登记数值更高一些，这种现象与我们熟知的经济常理相悖。本书基于非线性范式，利用阈值协整模型定量分析了 1978～2010 年间我国城镇失业率和经济增长率之间的关系，以及其对误差修正项的反映，为政府制定就业政策提供了决策依据。

5.1.2　文献综述

20 世纪 60 年代，美国经济学家奥肯得到了关于经济增长和失业率之间数量关系的经验规律，称为奥肯定律。此后，国内外学者针对经济增长率与失业率的这种数量关系做出了各自的分析研究，并提出了相应的政策建议。

国外方面，奥肯在 1963 年提出了奥肯定律，通过观察 1962～1988 年的资料，奥肯发现产出增长率和失业率的变化之间存在一个近似的比值，为经济增长改变到失业率改变提供了一种实用的转换方法。这个定律在美国、英国、德国和日本等发达市场经济国家得到了良好的印证，成为国外宏观经济学中可靠的经验规律。

国内方面，相关学者通过研究发现中国的经济增长率和失业率并不像国外那样存在典型的奥肯定律。现实的情况是，经济持续高速增长的同时，城镇登记失业率也居高不下。对于这种现象，国内学者做了大量研究进行了不同的解释。武汉大学的邹薇和胡翾（2003）使用就业人口总数替代城镇登记失业率，得出在中国存在第二、三产业的奥肯定律。而学者蔡昉提出经济增长率和城镇失业率双高的原因主要有两个：一是发展中国家过早追求资本密集型产业；二是技术进步产生的就业挤出效应。深圳大鹏证券的周长才认为只要将隐性失业计入总失业，中国就存在一个稳定的奥肯关系。蒲艳萍分析了我国 1985～2003 年间相关数据，建立了劳动需求与就业量决定模型，通过实证分析研究得出，资本投资能够带动就业的增长，但这一带动能力具有逐年减弱的趋势。马琳基于线性假设对我国的经济增长和失业率之间的关系进行了实证分析，并指出我国的基本国情是造成奥肯定律失灵的主要原因。

　　以上研究深化了对于我国失业率与经济增长关系的认识，解释了奥肯定律在我国失灵的原因。然而仅从现有文献看，大部分主要是两者关系的理论研究，或者是以两者之间存在线性关系为前提要件的研究。迄今为止还没有以非线性协整模型来探索二者相关关系的研究。因此，笔者拟在前人研究的理论基础之上应用反映误差修正调整速度不一致的非线性协整模型来对二者之间的非线性关系进行进一步的深入研究。

5.1.3　阈值协整理论的介绍

　　阈值自回归模型（TAR）是一种非线性时间序列模型，由 Tong（1978）提出，Tong 和 Lim（1980）进行了深入讨论。这个模型的主要特点是受限循环，振动的因变量频率和跳跃现象。Tsay（1989）对此类模型提出了一个相对简单的建模程序，并采用重排自回归构造 F 统计量进行检验，这对自回归模型具有重要的推动意义。Bacon 和 Watts（1971），Chan 和 Tong（1986）等提出了平滑转移自回归（STAR）的概念，把机制之间离散的转换扩展为平滑连续的转换，进一步拓展了 TAR 模型的使用范围。

　　协整理论是 Engle 和 Granger 在 1978 年首先提出来的，所谓的协整是指通过某个线性组合可以将两个或多个非平稳的变量序列平稳化，即非平稳变量的线性组合可以降低单整阶数，若干同阶单整时间序列之间总会存在一种关系，这种关系在长期中是稳定的。将此原理应用于经济领域，我们熟知的经济理论可以告知我们某两个变量存在协整关系，而后利用协整检验理论就可以对经济理论的正确性有一个准确的验证。目前关于协整的检验已日益成熟，主要有 Engle-Granger 两步法和 Johansen 法两种协整检验方法。

　　误差修正机制（ECM）是一种具有特定形式的计量经济学模型，它的主要形式是由 Davidson、Hendry、Srba 和 Yeo 于 1978 年提出的，称为 DHSY 模型。误差修正模型的优点有：第一，通过使用一阶差分项可以消除变量存在的趋势因素，避免虚假回归和存在的多重共线性问题；第二，引用误差修正项之后，可以防止变量水平值的信息被忽视；第三，误差修正项本身具有平稳性，从而使得模型可以用经典的回归方法进行估计。

Engle 与 Granger 在 20 世纪 80 年代中后期提出了著名的 Grange 表述定理（Granger representation theorem）：如果变量 X 与 Y 是协整的，则它们之间的短期非均衡关系总能由一个误差修正模型来表述。Engle 和 Granger（1987）将向量自回归（VAR）和误差修正机制（ECM）整合在一起，提出了向量误差修正模型（VECM），这拓展了协整理论概念的内涵，揭示了协整系统的短期动态调整的特征，推动了协整理论的发展。

以上关于协整的讨论都是停留在线性假设的条件下，即认为短期偏离向长期均衡的调整是连续的，并且短期偏离向长期均衡的调整是对称的，但是现实中短期偏离向长期均衡的调整并非是连续的或者是对称的，这就使得阈值协整理论得以产生。阈值协整认为非平稳变量的线性组合并不像传统线性那样是平稳的，而是阈值自回归（TAR）过程。阈值协整理论首先由 Balke 等（1997）提出，他们建立了非线性连续调整的长期均衡关系模型，均衡误差在阈值内表现为非平稳的，在阈值外表现为平稳的。针对这一模型设定，Balke 等提出了建议阈值协整的两步法。此后，Hansen 和 Seo（2002）以前人的阈值协整理论为基础，引入了新的阈值变量误差修正项（ECM）将模型升级到了非线性的误差修正模型，并提出且进一步研究了未知阈值模型情况下参数的估计方法。

线性误差修正模型（ECM）且滞后阶数为 t 的模型公式表示如下：

$$\Delta x_t = A' X_{t-1}(\beta) + \mu_t \tag{5.1}$$

两机制阈值协整模型且滞后后阶数为 1 的模型公式表示如下：

$$\Delta x_t = \begin{cases} A_1' X_{t-1}(\beta) + \mu_t, & \omega_{t-1}(\beta) \leqslant \gamma \\ A_2' X_{t-1}(\beta) + \mu_t, & \omega_{t-1}(\beta) > \gamma \end{cases} \tag{5.2}$$

$$X_{t-1}(\beta) = \{1, \omega_{t-1}(\beta), \Delta X_{t-1}, \Delta X_{t-2}, \cdots, \Delta X_{t-1}\}$$

其中，A，A_1，A_2 代表系数矩阵，这 3 个系数矩阵是动态的；γ 代表阈值；$\omega_{t-1}(\beta)$ 代表平稳误差修正项。在公式（5.2）中，不同的误差修正值得出了两个不同的误差修正模型，即两机制阈值协整模型。在此模型中对均衡的偏离高于阈值时，变量 X_t 倾向于向均衡状态调整，对均值的偏离低于或等于阈值时，变量 X_t 便倾向于不向均衡状态调整。

此外，Hansen 和 Seo（2002）还提出了一种阈值效应存在性的检验方法——LM 检验法，该检验法主要用于检验模型是否存在阈值效应。LM 检验法的零假设（H_0）和备择假设（H_1）分别为：线性误差修正理论可以用来拟合变量的动态关系；线性误差修正理论不可以用来拟合变量的动态关系，而非线性误差修正理论却可以用来拟合变量的动态关系。Hansen 和 Seo 把协整系数分为已知和未知两种不同情况，提出了相异的 LM 检验统计量。并采用 Bootstrap 法获得 LM 检验的 P 值以及临界值。

当协整向量已知时，LM 检验统计量可以表示为

$$\sup LM^\circ = \sup LM(\beta_0, \gamma), \quad \gamma_L \leqslant \gamma \leqslant \gamma_U \quad\quad (5.3)$$

当协整向量未知时，LM 检验统计量可以表示为

$$\sup LM = \sup LM(\tilde{\beta}, \gamma), \quad \gamma_L \leqslant \gamma \leqslant \gamma_U \quad\quad (5.4)$$

其中，$\tilde{\beta}$ 为 β 的估计值，γ_L 和 γ_U 分别为 $\tilde{\omega}_{t-1}$ 的 ϕ 和（$1-\phi$）百分位点。

5.1.4 我国失业率与经济增长关系的阈值协整模型分析

1. 数据选择

关于我国失业率与经济增长关系的阈值协整模型分析中的数据，为了保证统计数据的准确性和权威性，数据来源于中国统计局网站。失业率（UN）采用城镇登记失业率，这里的城镇登记失业率是指城镇登记失业人数占城镇就业人数与失业人数之和的比率。而分母中城镇就业人数是加总城镇单位的就业人数以及城镇私营业主、个体户主、城镇私营企业和个体就业人员，并且需要扣除使用中的农村劳动力、聘用的离退休人员、港澳台及外方人员。

经济增长率（RGDP）是末期国民生产总值与基期国民生产总值的比较，以末期现行价格计算末期 GNP，得出的增长率是名义经济增长率，以不变价格（即基期价格）计算末期 GNP，得出的增长率是实际经济增长率，本书中采用后者的方法来计算经济增长率。为了消除异方差的影响，失业率和经济增长率（表 5.1）分别取其对数记为 LUN 和 LRGDP。

表 5.1 城镇居民失业率和经济增长率

年份	城镇居民失业率	经济增长率	年份	城镇居民失业率	经济增长率
1978	5.3		1989	2.6	4.07
1979	5.4	7.6	1990	2.5	3.83
1980	4.9	7.91	1991	2.3	9.2
1981	3.8	5.26	1992	2.3	14.2
1982	3.2	9.02	1993	2.6	14
1983	2.3	10.9	1994	2.8	13.1
1984	1.9	15.17	1995	2.9	10.93
1985	1.8	13.47	1996	3	10
1986	2	8.86	1997	3.1	9.3
1987	2	11.57	1998	3.1	7.8
1988	2	11.27	1999	3.1	7.6

续表

年份	城镇居民失业率	经济增长率	年份	城镇居民失业率	经济增长率
2000	3.1	8.4	2006	4.1	11.61
2001	3.6	8.31	2007	4	13.02
2002	4	9.1	2008	4.2	9.55
2003	4.3	10	2009	4.3	8.74
2004	4.2	10.1	2010	4.1	10.3
2005	4.2	10.4			

2. 实证分析

1）平稳性检验

实证研究要求，选取平稳的时间序列数据，即要求选取既没有随机趋势也没有确定性趋势的数据。否则极有可能出现"伪回归"问题，进而导致预测失效。本书中，在阈值协整模型的估计之前首先运用 ADF 检验法验证了变量 LUN 和变量 LRGDP 及其一阶差分组成序列的平稳性。如表 5.2 所示。

表 5.2　变量平稳性检验（检验不含常数项和趋势项）

变量	ADF 检验		
	检验统计量	5%临界值	结论
LUN	−0.7885	−1.9517	非平稳
LRGDP	−0.2220	−1.9521	非平稳
△LUN	−2.9973	−1.9521	平稳
△LRGDP	−4.8977	−1.9526	平稳

从表 5.2 中不难看出，变量 LUN 和变量 LRGDP 均不属于平稳性时间序列，但在 5%的显著水平下，其一阶差分序列 ΔLUN 和 ΔLRGDP 都达到了平稳状态，即变量 LUN 和变量 LRGDP 都属于一阶单整时间序列，记作 I（1）。

2）Johansen 协整及 Granger 因果关系检验

从数据中发现我国的失业率和经济增长率都不是平稳的一阶单整时间序列，但是两者之间有可能存在一种线性组合。从长期来看，这种线性组合能够反映变量之间稳定的比例关系，这种平稳的状态比例关系就是协整关系。作者在本书首先对变量失业率和经济增长率建立向量自回归模型（VAR），然后运用 Johansen 检验法对两个变量进行了协整关系验证。检验结果显示（表 5.3）：当显著水平为 5%时，"0 个协整向量"的假设全部不通过，"有 1 个或者 0 个协整向量"的假设通过，这说明了失业率与经济增长率之间存在长期均衡关系。在通过 Johansen 检验得知失业率与经济增长率之间存在协整关系后，我们仍需要通过 Granger 因果关系检验法来验证一下这种均衡关系的因果关系是否成立。检验结果如表 5.4 所示：当显著水平为 5% 时，"LUN 并非 LGDP 的 Granger 原因"的原假设通过，同时 "LRGDP 并非 LUN 的 Granger 原因"的备用假设不通过。由此可见，失业率与经济增长之间不存在双向的 Granger 因果关系，而是单向的 Granger 因果关系。从上面的检测中可得，经济增长率是引起失业率变化的原因，而反过来则不成立。

表 5.3　Johansen 协整检验结果

Eigenvalue	Likelihood Ratio	5 Percent Critical Value	1 Percent Critical Value	Hypothesized No. of CE(s)
0.425179	26.52073	25.32	30.45	None*
0.325290	11.01724	12.25	16.26	At most 1

表 5.4　Granger 因果检验结果

Null Hypothesis:	Obs	F-Statistic	Probability
LUN does not Granger Cause LRGDP	28	0.69939	0.56288
LRGDP does not Granger Cause LUN		4.91874	0.00963

3）阈值协整模型的估计及检验

表 5.3 的 Johansen 检验证实失业率和经济增长之间具有协整关系，但若直接用 Granger 来检验获得的误差修正模型（ECM），无形中忽视了系统调整的不连续性。因此，在检验是否存在阈值效应过程中必须使用 Hansen 和 Seo（2002）的方法。

我们首先需要在 R 软件上运行 Hansen 和 Seo 编制的程序，然后再择取不相同的滞后阶数对其进行协整检验，比较计算得出的 AIC 值与 BIC 值，从中择出最优滞后阶数模型，便可以获得阈值和阈值协整模型，对该阈值再运用 Bootstrap 法进行检验。经过计算，由 AIC 值与 BIC 值最小原则得出滞后阶数应取 2，所估计的阈值 γ 为 3.49，有 29% 的被测量数在均值大于阈值的状态，即 $wt-1>3.49$，71% 的被测量数落在均值小于等于阈值的状态，即 $wt-1 \leqslant 3.49$，取 Bootstrap 检验次数为 5000 次，实证检验结果显示：P 值为 0.145 时，LM 统计量（11.2122）低于固定模型中的临界值（26.2057），此时不接受线性模型假设；P 值为 0.036 时，LM 统计量大于 Bootstrap 所得的临界值（8.424），非线性模型假设通过。这说明拟合失业率和经济增长相互之间动态关系的最优选择非模型（5.2）莫属。当 ϕ 值取 0.15，两机制阈值的协整模型估计如下。

$$\Delta LRGDP = \begin{cases} -0.219 + 2.338w_{t-1} + 0.206\Delta LRGP_{t-1} - 2.711\Delta LUN_{t-1} \\ -0.155\Delta LRGDP_{t-2} + 0.533\Delta LUN_{t-2} + \mu_{1t}, \omega_{t-1} \leqslant 3.49 \\ 0.016 - 0.096w_{t-1} + 0.007\Delta LRGP_{t-1} + 0.365\Delta LUN_{t-1} \\ +0.037\Delta LRGDP_{t-2} + 0.367\Delta LUN_{t-2} + \mu_{2t}, \omega_{t-1} > 3.49 \end{cases} \quad (5.5)$$

$$\Delta LUN = \begin{cases} 0.951 - 13.032w_{t-1} + 0.678\Delta LRGP_{t-1} + 12.436\Delta LUN_{t-1} \\ -0.468\Delta LRGDP_{t-2} - 2.441\Delta LUN_{t-2} + \mu_{1t}, \omega_{t-1} \leqslant 3.49 \\ -0.078 + 0.959w_{t-1} - 0.003\Delta LRGP_{t-1} - 0.816\Delta LUN_{t-1} \\ +0.075\Delta LRGDP_{t-2} + 0.553\Delta LUN_{t-2} + \mu_{2t}, \omega_{t-1} > 3.49 \end{cases} \quad (5.6)$$

从式（5.5）中的模型中可以得出：失业率和经济增长之间并非完全的线性协整关系，系统对误差项的调整具有非连续性，预知将误差修正模型一分为二，因此他们之间存在两阶段阈值协整。当误差修正项小于阈值 3.49 时，误差修正项对 $\Delta LRGDP$ 反应系数为 2.338，对 LRGDP 反应很强烈，$\Delta LRGDP$ 上一期的改变对 $\Delta LRGDP$ 的改变是正促进作用，而 $\Delta LRGDP$ 上二期的改变对 $\Delta LGRDP$ 的改变是反作用，但后者反作用的程度只是上一期正作用的 1/2，ΔLUN 上一期对 $\Delta LRGDP$ 的变化为反作用，上二期对 $\Delta LRGDP$ 的变化为正作用的；当误差修正项高于阈值 3.49 时，误差修正项对 $\Delta LRGDP$ 反应较为平和，$\Delta LRGDP$ 上一期和上二期对 $\Delta LRGDP$ 的变化都有正向促进作用，同样 ΔLUN 前两期对 $\Delta LRGDP$ 的变化也为正。同理，失业率对误差修正项的反应，以及上两期的失业率和经济增长率的反应分析基本相同。

在图 5.1 中反映了失业率和经济增长率对误差修正项的反应，可以明显地看出在以阈值为分界点的两个机制中，对误差修正项的反应明显不同。

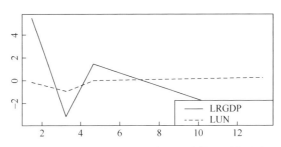

图 5.1　失业率和经济增长率对误差修正项的反应

5.1.5　小结

本书利用阈值协整模型研究了我国失业率与经济增长率之间的关系，不同于之前学者基于线性假设的分析，从以上模型的分析中可以得到以下结论和建议。

（1）奥肯定律指出失业率和经济增长率之间存在负相关性，然而，通过建立阈值协整模型，我们发现两者的关系是一种非线性的关系，不是严格意义上的线性负相关。失业率和经济增长率之间的关系在不同期限下具有不同的线性关系方程，而且他们对误差修正项的调整不是连续的，而是分为两机制。在第一机制内，也即误差修正项小于 3.49 时，误差修正项对经济增长率系数为 2.338，显然作用为正，而对失业率的系数为 -13.032，作用为负，误差修正项对经济增长率和失业率的不同反应使得两者具有负相关性，这刚好与奥肯定律中提到的两者之间具有负相关性相吻合；在第二机制内，也即误差修正项大于 3.49 时，误差修正项对经济增长率和失业率的作用同第一机制一样，但是反应强度却没有那么强烈。

（2）国外发达国家的失业率和经济增长率数据验证了奥肯定律，但是从近年来我国失业率和经济增长率"双高"的实际状况来看，这显然是不合适的。从以上阈值协整模型来看，经济增长率与失业率的关系在不同机制中反应系数不同，而且上期对当期的反应系数也不同。如在式（5.5）中，在第一机制中，失业率和经济增长率的反应系数当滞后一期时存在明显的负相关性；而在第二机制中，反应系数反而为正。这就是说，失业率和经济增长率的关系并不是一成不变的，短期内反应较为明显，但是长期就会比较平稳，这可以从不同滞后期系数的不同看出。通过这种非线性的分析，我们就解释了目前在我国存在的高经济增长率和高失业率并存的现象。

（3）在非线性阈值协整模型的分析下，我们知道失业率和经济增长率之间的关系并非像奥肯定律所说的是一种简单的线性关系，而是非线性的。为此，要使我国经济增长的同时失业率能够降低，本书建议：首先，国家在制定政策时要抓主要因素，在促进经济增长的同时，应该将解决就业作为首要目标；其次，进一步完善市场机制，调整产业结构，侧重于民营经济和第三产业的发展，同时还要调整企业结构，促进中小企业的发展；最后，增加多种就业形式，保障正常就业的同时，增加其他就业形式，为居民提供更多的就业岗位，国家牵头建立就业保障基金，完善社会保障体系。

5.2　基于系统仿真和情景模拟的就业问题研究

5.2.1　概述

近年来，随着社会总人口的持续上升，就业问题已经成为一个全球性问题。对于任何国家和社会，失业的代价都是高昂的。我国人口众多，劳动力资源丰富，供大于求的矛盾非常突出。自改革开放以来，除个别年份外，我国经济一直维持着较高的增长速度，GDP 年均增长率超过 9%以上，但经济的高速增长却并没有缓解就业的压力，特别是 20 世纪 90 年代末期以来，经济高增长始终是在较高的失业率下实现的。而这一现象，与一般的理论或实践经验背道而驰。

现阶段我国的就业情况十分复杂，既要承受人口增长的惯性压力和体制转轨中的失业压力，又要面对产业结构调整导致的就业弹性系数不断下降的趋势。通过运用系统动力学的理论、方法构建模型，对就业问题进行模拟并展开分析和仿真研究，以期能够预测未来我国的就业趋势，并在此基础上归纳出具有现实指导意义的政策和建议。

5.2.2　就业问题的系统动力学反馈机制研究

1. 就业问题的系统动力学建模分析

1）建模的思想和原则

系统动力学建模追求的是动态系统的定义问题，用系统动力学构建模型必须有一个清楚的目的，排除与问题不相关的因素以确保模型的可行性以及结果的时效性。模型是实际系统的"实验室"，有效的建模取决于强大的数据资源和对问题的充分了解。模型的完成不能证明它的正确性，建模是一个反馈的过程，要经历经常的反复、测试和精炼。

2）就业系统的子系统划分

就业系统中的各个因素存在复杂的因果反馈关系，通过对系统的结构进行分析，将就业系统划分为经济发展子系统、财政收支子系统、社会保障子系统和教育结构子系统。其中经济发展影响国民收入，进而影响就业水平，经济发展中的诸多因素都对就业的形成机制有重要影响。此外财政收支会影响政府购买规模，进而导致就业岗位数量的增减，因此应从财政政策的角度将财政收支状况纳入就业系统。各子系统之间以及与系统环境之间都有物质、能量和信息的交换，如图 5.2 所示。

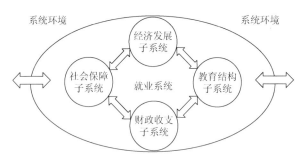

图 5.2　就业系统的子系统

（1）经济发展子系统。经济理论和经济实践表明，经济增长水平是影响就业状况的决定因素之一。失业率与实际经济增长率之间存在着正相关关系。在经济复苏或繁荣时期，就业机会和就业岗位较多，失业率处于较低水平；反之，在经济衰退或萧条时期，经济增长率低，就业机会和就业岗位减少，失业率就高。因此，降低失业率的基本途径之一是保持国民经济的持续快速增长。

（2）财政收支子系统。财政收支子系统主要从财政政策的角度考虑政府实施的政策因素对就业水平的影响。扩张的财政政策使得政府支出增加，可以向社会提供更多的就业岗位，提高就业率。当政府扩大财政支出实行积极的财政政策时，会通过财政收支子系统内部的一些因素反馈到就业水平上。

（3）社会保障子系统。社会保障体系主要包括社会保险、社会救济、社会福利和社会优抚制度等基本内容。建立完善的社会保障体系有利于劳动力的合理流动。在没有完备统一的社会保障制度下，劳动者的各种社会福利全部或大部分由所在单位提供，一旦劳动者离开了该单位，相应的福利待遇便不再存在，而由劳动者新就业的单位重新发放各种福利待遇。由于各单位的福利待遇不均等，促使劳动力形成流入福利待遇高的单位的趋向，但由于内部人的控制，福利待遇高的单位一般难以接纳外部人，从而阻断了劳动力的有序流动，同时也给一些部门或地区造成了就业冲击。因此完善社会保障制度是改善就业环境的有效措施。

（4）教育结构子系统。从世界范围来看，人们逐渐认识到了人力资本投资的重要性，把开发人力资源作为减少失业、促进就业的一项重要手段。现代经济竞争的实质是技术的竞争，技术的竞争实质是人才的竞争。例如，我国人口是美国的 4 倍多，但经济总量仅为美国的 1/10，且劳动力质量较低，发展教育是提高劳动力质量改善人才市场环境的根本途径。

2. 就业系统的因果反馈回路

1）因果反馈回路

（1）GDP（+）→失业率（−）→居民收入（+）→固定资产投资（+）→产出（+）→GDP（+）

该反馈回路极性为负，经济增长促进就业水平的提高，从而增加了个人可支配收入，从而促进投资增加，推动产出的增加，产出增加又进一步影响实际 GDP。

（2）GDP（+）→国民收入（+）→财政收入（+）→财政支出（+）→教育投入（+）→固定资产投资（+）→产出（+）→GDP（+）

该反馈回路极性为正，经济增长增加了个人可支配收入，财政收入增加，从而使财政支出增加，教育方面的投入也随之加大，固定资产投资增加，产出增加，从而影响经济发展，又进一步影响实际 GDP。

（3）GDP（+）→国民收入（+）→个人收入（+）→储蓄（+）→保险需求（+）→保险金总额（+）→固定资产投资（+）→产出（+）→GDP（+）

该反馈回路极性为正，经济增长增加了国民收入，从而拉动了居民对保险的需求，保险金总额随之上升，固定资产投资增加，产出增加，进一步促进经济发展。

（4）GDP（+）→社会保险（+）→保险需求（+）→保险金总额（+）→银行存款（+）→银行贷款（+）→固定资产投资（+）→产出（+）→GDP（+）

　　该反馈回路极性为正，经济发展程度的增加促进了社会保障制度的完善，医疗费用增加，拉动保险需求，保险金总额增加，银行存款增加，贷款增加，固定资产投资增加，从而拉动产出，进一步促进经济发展。

　　（5）死亡率（+）→保险需求（+）→保险金总额（+）→固定资产投资（+）→产出（+）→GDP（+）

　　该反馈回路极性为正，死亡率上升使得人口老龄化速度增加，进而增加了人们对保险的需求，保险金总额增加，进而使得固定资产投资增加，从而拉动产出，进一步促进经济发展。

　　（6）GDP（+）→国民收入（+）→财政收入（+）→财政支出（+）→教育投入（+）→教育水平（+）→保险需求（+）→保险金总额（+）→固定资产投资（+）→产出（+）→GDP（+）

　　该反馈回路极性为正，经济增长增加了国民收入，财政收入增加，从而使财政支出增加，教育方面的投入也随之加大，教育水平随之上升，人口素质提高，风险意识加强，增加了对保险的需求，使得保险金总额增加，固定资产投资增加，从而拉动产出，进一步促进经济发展。

　　（7）GDP（+）→劳动者收入总额（+）→生产成本（+）→通货膨胀率（+）→失业率（−）→产出（−）→GDP（−）

　　该反馈回路极性为负，经济增长带动工资水平上升，工资增加进而增加了生产成本，引起物价上升，当发生通货膨胀时就会影响失业率，最终影响经济增长。

　　2）因果关系图

　　就业系统的因果关系图如图 5.3 所示。

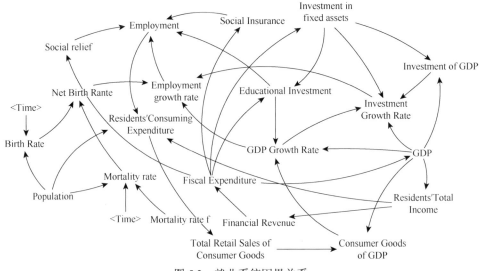

图 5.3　就业系统因果关系

5.2.3　就业系统结构分析

1. 变量分析

将反馈回路中的变量的性质分为状态变量、速率变量、辅助变量、常变量等。选取 GDP、总人口、就业人数和固定资产投资四个主要变量作为状态变量。模型的主要变量及变量类型列举如表 5.5 所示。

表 5.5　模型中的主要变量、变量类型和单位

序号	主要变量	变量类型	单位
1	GDP	状态变量	亿元
2	总人口	状态变量	万人
3	就业人数	状态变量	万人
4	固定资产投资	状态变量	亿元
5	固定资产投资变化量	速率变量	亿元/年
6	GDP 年增加额	速率变量	亿元/年
7	就业人数变化量	速率变量	万人/年
8	出生速率	速率变量	万人/年
9	死亡速率	速率变量	万人/年
10	居民消费支出	辅助变量	亿元
11	社会消费品零售总额占 GDP 比重	辅助变量	%
12	社会消费品零售总额	辅助变量	亿元
13	财政收入	辅助变量	亿元
14	财政支出	辅助变量	亿元
15	劳动者收入总额	辅助变量	亿元
16	失业率	辅助变量	%
17	教育投资	辅助变量	亿元

2. 主要方程式

（1）就业人数变化量=就业人数×就业增长率

（2）就业增长率=−0.997538+0.0159776×GDP 增长率+0.302588×净出生率+0.000886104×固定资产投资增长率

（3）净出生率=出生率−死亡率

（4）出生率=f[（2008，0）－（2020，1）]，（2008，0.01214），（2009，0.01213），（2010，0.0119），（2015，0.0113），（2020，0.0112）

（5）死亡率=f[（2008，0）－（2020，1）]，（2008，0.00706），（2009，0.00708），（2010，0.00711），（2015，0.00714），（2020，0.00718）

（6）财政支出=1645.74+1.02187×财政收入

（7）就业岗位=71413.8+0.0692856×固定资产投资+0.0867202×居民消费支出−0.254132×财政支出

（8）教育投资=185.662+0.0312563×GDP+0.00893122×固定资产投资+0.0480105×财政支出

（9）居民消费支出=−166586+2.4207×居民收入总额+1.46461×总人口

（10）社会消费品零售总额=1.19339×居民消费支出−21990.6

3. 就业系统结构流图（图 5.4）

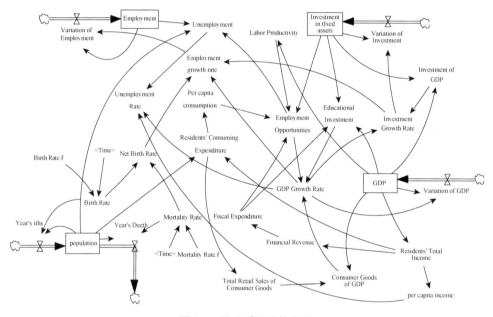

图 5.4　就业系统结构流图

5.2.4　就业系统模型检验与仿真预测

1. 模型有效性检验

对模型进行历史仿真检验，以 2008～2010 年期间 GDP、失业率以及社会消费品零食总额为检验变量，检验结果如表 5.6～表 5.8 所示。根据历史验证结果，

GDP、失业率以及社会消费品零食总额的仿真值与历史值误差较小，模型通过历史的有效性检验。

表 5.6 GDP 历史检验数据表

年份	GDP 真值/亿元	GDP 模拟值/亿元	相对误差
2008	314045.4	314045	−0.0000012
2009	340902.8	350123	0.027
2010	401202	384877	−0.04

数据来源：2009~2011《中国统计年鉴》

表 5.7 失业率历史检验数据表

年份	失业率真值/%	失业率模拟值/%	相对误差
2008	4.2	4.2	0
2009	4.3	4.19	−0.109
2010	4.4	4.4	−0.026

数据来源：2009~2011《中国统计年鉴》

表 5.8 社会消费品零售总额历史检验数据表

年份	零售额真值/亿元	零售额模拟值/亿元	相对误差
2008	114830	114817	−0.000113
2009	132678	125291	−0.055676
2010	154553.7	151666	−0.019

数据来源：2009~2011《中国统计年鉴》

2. 模型仿真预测

模型通过有效性检验后，经运行得出就业人口、GDP、失业率和总人口等参数的预测结果，如图 5.5~图 5.8 所示。

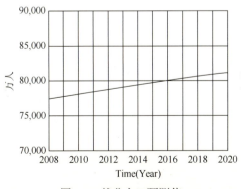

图 5.5 就业人口预测值

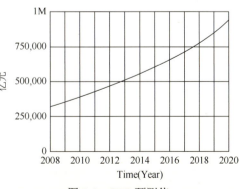

图 5.6 GDP 预测值

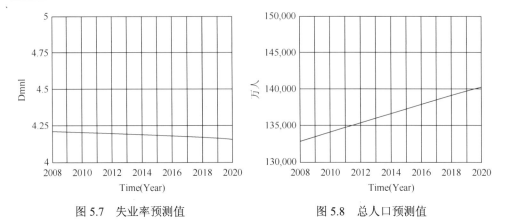

图 5.7　失业率预测值　　　　　图 5.8　总人口预测值

依据上述仿真结果，可以得出结论。

（1）就业人口：由图 5.5 可知，未来我国就业人口呈缓慢增长的趋势，增长率也呈现稳定趋势，劳动年龄人口比例将一直维持高达 70%的比例。由于劳动力供大于求的问题暂时还得不到有效解决，就业问题依然严峻。

（2）GDP：由图 5.6 可以看出未来我国经济总量仍会不断增长，但是 2010～2015 年的经济增长速度将放缓，这与近几年的国际经济形势不稳定有一定的关联。从总体上来看，未来我国 GOP 将持续增长，且增长趋向平稳、有序。

（3）就业率：如图 5.7 所示，未来失业率呈缓慢下降趋势。由菲利普斯曲线可知，通货膨胀率的提高导致失业率的下降，自 2011 年起通货膨胀率提高，失业率为缓慢下降趋势。

（4）总人口：如图 5.8 所示，根据预测结果，到 2020 年我国总人口将达到 14.25 亿人。"十二五"期间，即使是在低生育水平下，由于年龄结构的影响（育龄妇女，尤其是生育旺盛年龄妇女人数的增长），我国人口将迎来第四次增长高峰。

3. 政策模拟

为了分析就业系统的复杂控制，选取经济中的可控变量利率、投资与消费进行敏感性分析，并据此设置三种模拟方案。

方案一：在其他相关变量不变的情况下，将一年期定期存款利率降低 1%，得出失业率对利率的敏感性分析结果如图 5.9。

方案二：在其他相关变量不变的情况下，将社会投资总额提高 5%，得出失业率对投资的敏感性分析结果如图 5.10。

方案三：在其他相关变量不变的情况下，将居民消费总额提高 5%，得出失业率对消费的敏感性分析结果如图 5.11。

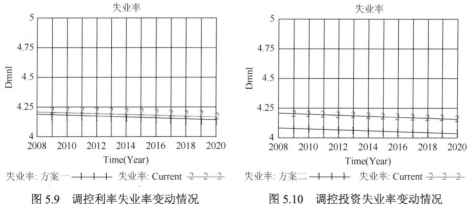

图 5.9　调控利率失业率变动情况　　　图 5.10　调控投资失业率变动情况

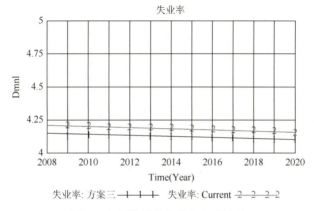

图 5.11　调控消费失业率变动情况

通过对现有规划方案的动态仿真控制可以发现降低利率、增加投资额或者增加消费都会对经济发展产生促进作用,进而有利于降低失业率。但就促进就业方面,由模拟结果可以直观看出,增加投资对降低失业率的效果最明显,因此方案二的模拟结果优于其他方案,代表了促进经济协同提高就业的发展模式。

5.3　基于系统动力学的通货膨胀形成机制研究

5.3.1　概述

通货膨胀问题涉及一个国家的宏观经济稳定,一直是各国货币政策关注的核心问题,保持物价稳定也是各国中央银行的主要目标之一。改革开放以来,中国经济保持快速增长,同时也出现了一定程度的通货膨胀,特别是在 1988~1989年和 1993~1995 年,通货膨胀率都达到 10%以上的水平,1994 年曾达到 24.1%。1998~2006 年通货膨胀率较低位运行后,从 2007 年又出现通货膨胀趋势。2010

年至今，中国的通货膨胀问题日益成为国内外关注的焦点。2011 年底通货膨胀率达到了 4.6%。

随着全球经济一体化，影响经济运行的因素及这些因素之间的关系更为复杂。通货膨胀的形成机理逐渐发生变化，并在宏观经济运行中显著表现出来，呈现出不少传统理论难以解释的新现象、新问题，对理论研究和实践操作提出了新的课题。系统科学的发展，尤其是系统动力学的产生与发展，为经济系统复杂行为的研究提供了一个新的研究视角，也为我们研究通货膨胀问题提供了新的研究方法。

系统动力学是一门分析研究信息反馈系统的学科，也是一门认识系统问题和解决系统问题的综合性新学科，是系统科学和管理科学的一个分支。为了更深层次地探讨通货膨胀的形成机制和未来的发展趋势，运用系统动力学的理论和方法构建通货膨胀系统的系统动力学模型，进而揭示通货膨胀与其他各经济变量之间的反馈关系，从而为通货膨胀的长期预测和分析提供坚实的理论基础。

5.3.2　通货膨胀形成机制理论的相关文献

西方传统的通货膨胀形成机制理论主要有货币数量论、需求上拉和成本推动的通货膨胀理论、结构性通货膨胀理论等。在货币数量论方面，Fisher（1933）在《货币购买力》一书提出了著名的交易方程式：$MV=PT$。其中 M 是流通中的货币数量，V 是货币流通速度，P 是市场上用货币进行交换的商品和劳务价格的平均数，T 是市场上以货币进行交换的商品和劳务的交易总量，Fisher 认为货币数量的变化最终要反映在物价水平的变化上。Pigou（1917）在《货币的价值》一文中提出 $M=KPY$ 的货币需求函数，由 $P=M/KY$ 可知，如果 Y 和 M 不变，K 的增大则使 P 减小，这表明货币的价值与 M 成正比，与 KY 成反比，剑桥方程式说明了货币的价值决定于货币的供求。Friedman（1969）通过对 1867～1960 年美国货币供应量与通货膨胀关系进行研究，得出短期内货币供应量的变化不会对物价水平造成波动，但从长期来看较高的货币供应量会引发通货膨胀。需求拉动论以凯恩斯学说为基础，认为通货膨胀是由总需求超过了总供给而引起物价水平的上涨。凯恩斯主义经济学家将需求冲击作为通货膨胀的原动力，即消费、投资、净出口的变动将影响物价水平的变动。结构性通货膨胀理论是 20 世纪 60 年代由西方经济学家提出的，代表人物是 Streeten（1962）和 Baumol（1967）。此后 Maynard、Rycheghem、Victor 和斯堪的纳维亚的经济学家进一步发展了结构性通货膨胀理论。结构性通货膨胀理论认为，总需求和总供给处于相对均衡的状态时，由于经济结构方面的因素以及部门之间不协调会引起物价水平的上涨。结构性通货膨胀理论学派假设各个部门的货币工资增长率相同，不同部门之间物价波动的差异程度是结构性通货膨胀的一种表现形式。

国内的学者也对通货膨胀的形成机制进行了大量研究，如王君斌等（2011）模拟了一个基于工资刚性的动态新凯恩斯主义模型，结果表明在投资效率低下、产能严重过剩的经济条件下，扩张性货币供给冲击倾向于抑制消费、提高通货膨胀率。在人民币汇率对通货膨胀的影响方面，白钦先和张志文（2011）采用两阶段最小二乘法（TSLS），实证研究结果表明，人民币名义有效汇率变动对中国通货膨胀的影响非常有限。也有学者认为需求冲击造成了通货膨胀，如欧阳志刚和史焕平（2010）研究发现，需求冲击对通货膨胀具有正向长期的持久效应。还有学者分析了食品价格对通货膨胀的影响，如张文朗和罗得恩（2010）分析显示中国的食品价格上涨通过提高通货膨胀预期转化为非食品价格的通货膨胀。

近年来，众多学者将系统动力学运用到经济系统方面的研究，例如，王志刚（2011）构建了经济发展的系统动力学模型，并对中国经济发展进行了动态仿真；赵道致等（2011）分析了农村居民消费与地区经济发展的动态机制，建立了系统动力学模型，进行仿真分析；鞠可一等（2011）从消费、收入、投资、贸易、物价等五个方面建立了易受油价波动影响的主要经济指标体系，在此基础上引入系统动力学的方法，分析了石油价格波动对我国经济的影响。

通过国内外相关文献可以发现，对通货膨胀形成机理的研究积累了大量的研究成果，并提出了较好的见解，为解决某段时期的通货膨胀问题奠定了良好的理论基础。随着系统科学的发展，系统动力学作为系统科学的一个分支，越来越受到经济学者的关注。本书将运用系统动力学的理论和方法，采用计算机仿真和预测技术来分析通货膨胀的形成机理。

5.3.3 通货膨胀系统的系统动力学模型的构建

1. 通货膨胀系统子系统的划分

通货膨胀系统中的各个因素存在复杂的因果反馈关系，通过对系统的结构进行分析，将通货膨胀系统划分为经济发展子系统、存贷款子系统、财政收支子系统和国际收支子系统。子系统之间以及与系统环境之间都有物质、能量和信息的交换。

（1）经济发展子系统。经济发展子系统主要从总需求、总供给等方面考虑对物价水平的影响。物价水平总体受宏观经济的影响，包括消费、投资和净出口，因此将社会消费品零售总额、固定资产投资、净出口等主要因素纳入经济发展子系统，此外经济发展子系统还包括居民可支配收入、失业率、城市化水平等因素。

（2）存贷款子系统。存贷款子系统主要从货币政策的角度考虑各个因素对物价水平的影响。物价水平受存款准备金率、利率、存贷款规模、货币供应量等因素的影响,当一国货币当局实行扩张性的货币政策时,如提高法定存款准备金率、提高利率或者贷款规模控制,都会引起货币供应量减少。通过存贷款子系统中各个变量的相互作用相互影响,构成物价变动的反馈回路。

(3)财政收支子系统。财政收支子系统主要从财政政策的角度考虑政府实施的政策因素对物价水平的影响。物价水平会受政府财政政策的影响,如财政收入、财政支出、税收、中央银行对政府的贷款等因素会影响物价水平的变动。当政府实施扩大财政支出等积极财政政策时,会通过财政收支子系统内部的一些因素反馈到物价水平。

(4)国际收支子系统。一国物价水平不仅受国内因素的影响,随着经济全球化,一国的对外开放程度不断增强,一国的物价水平也受国际物价水平的影响,例如,受人民币汇率、国际粮食价格,国际石油价格的影响。本书将运用人民币汇率中间价、国际大宗商品价格指数、外汇储备增长额等因素分析国际收支因素对通货膨胀系统的影响。

2. 通货膨胀系统的因果反馈回路

1)经济发展子系统

(1)GDP(+)→居民可支配收入(+)→居民消费支出(+)→社会消费品零售总额(+)→通货膨胀率(+)→GDP

该反馈回路极性为正,经济增长促使居民可支配收入增加,从而增加了消费支出,社会消费品零售总额增加,由于总需求增加,从而促使通货膨胀率提高,物价上涨又进一步影响实际GDP。

(2)GDP(+)→城市化→房地产价格(+)→房地产抵押物价值(+)→贷款余额(+)→固定资产投资(+)→通货膨胀率(+)→GDP

该反馈回路的极性为正,经济发展促进了城市化,使土地交易价格上升,从而提高房地产的价格,使房地产抵押物的价格上升,银行的信贷量增加,增加了固定资产投资,由于投资需求的增加带动了总需求,从而促使通货膨胀率提高,物价上涨又影响实际GDP。

(3)GDP(+)→净出口(+)→通货膨胀率(+)→GDP

该反馈回路的极性为正,伴随经济的增长,净出口增加,带动总需求增加,促使通货膨胀率提高,进而影响实际GDP。

(4)GDP(+)→职工工资总额(+)→生产成本(+)→通货膨胀率(+)→失业率(−)→GDP

该反馈回路极性为负,经济增长带动工资水平的上升,工资的增加进而增加了生产成本,引起物价上升,当发生通货膨胀时就会影响失业率,最终影响经济增长。

前三条主导的反馈回路分别从总需求的角度，即消费、投资和净出口三个方面分析了对通货膨胀的影响，而且三条主导的反馈回路极性都为正，影响总需求的因素增加时将会使通货膨胀系统远离原来的平衡状态。引起通货膨胀的因素除了总需求外还有总供给，第四条反馈回路是从总供给的角度分析对通货膨胀的影响。

2）存贷款子系统

（1）存款利率（+）→居民储蓄存款（+）→GDP（+）→流动性（M2/GDP）（–）→通货膨胀率（–）→存款利率

该反馈回路极性为正，当存款利率提高，居民储蓄存款增加时，储蓄转化为投资，会带来经济增长，GDP 增加，在货币供应量相对不变的情况下，流动性下降，从而促使通货膨胀率降低，则会引起利率降低。

（2）贷款利率（法定存款准备金率、贴现率）（+）→贷款余额（–）→M2（–）→通货膨胀率（–）→贷款利率（法定存款准备金率、贴现率）

该反馈回路极性为负，央行采取紧缩性的货币政策，提高贷款利率、法定存款准备金率或者再贴现率，从而使各项贷款余额减少，货币供应量相应降低，使通货膨胀率下降，物价水平稳定时则央行会采取审慎货币政策，如适当降低贷款利率以促进经济的增长。

存贷款子系统主要包含这两条主导反馈回路，通过货币政策调整存贷款利率的变换，进而引起存贷款余额的变化，最终反馈到物价水平。

3）财政收支子系统

（1）财政支出（+）→财政收支差额（+）→中央银行对政府贷款（发行国债）（+）→M2（+）→通货膨胀率（+）→财政支出

该反馈回路是正反馈回路，政府如果采取宽松的财政政策，政府支出相应增加，如果支出大于收入则会引起财政赤字，这时如果政府发行国债或者向中央银行贷款，都会引起货币供应量增加，促使通货膨胀率上升，这时宏观经济可能过热，政府为了防止进一步物价上涨会减少财政支出。

（2）财政收入（+）→财政支出（+）→基础设施建设（+）→生产成本（–）→通货膨胀率（–）→GDP（+）→财政收入

该反馈回路的极性为正，当财政收入增加时，财政支出则相应增加，如果这部分财政支出用于基础设施建设（如交通、通信设施、能源、科技投入），则会降低生产成本，从而降低物价水平，进而吸引更多的资本流入，促进经济发展，使财政收入增加。

财政收支子系统主要有两条主导的反馈回路，第一条是通过财政支出的"财富效应"引起物价水平的上涨；第二条反馈回路是通过财政支出的"生产效应"使物价水平下降。

4）国际收支子系统

（1）国际收支（+）→外汇储备（+）→M2（+）→通货膨胀率（+）→GDP（−）→国际收支

该反馈回路极性为正，随着经常项目、资本和金融项目顺差不断增加，国际收支总额出现顺差，一国政府为了稳定汇率水平而买进外汇，从而使外汇储备增加，进而使外汇占款增加，基础货币增加，通过货币乘数的作用货币供应量进一步增加，最终使物价水平上涨，影响经济的发展，最终又影响国际收支。

（2）国际收支（+）→人民币汇率（+）→进口原材料（+）→生产成本（+）→通货膨胀率（−）→GDP（+）→国际收支

该反馈回路极性为负，国际收支顺差时，外汇的供给大于需求，外汇汇率下降，进而人民币升值，人民币的购买力增强，进口原材料的成本降低，使生产产品价格相对降低，降低通货膨胀率，影响经济的发展，进而影响国际收支水平。

（3）国际收支（+）→人民币汇率（+）→进口需求（+）→国内需求（−）→通货膨胀率 −→GDP（+）→国际收支

该反馈回路极性为正，国际收支顺差时，外汇的供给大于需求，外汇汇率下降，进而人民币升值，人民币的购买力增强，进口需求增加，使国内产品总需求相对降低，进而使物价下降，促进经济的发展，进而影响国际收支水平。

以上是国际收支子系统的三条主导反馈回路，第一条反馈回路是从外汇储备增加进而引起的物价水平上涨；第二条和第三条反馈回路是从人民币汇率的角度进行分析，通过"价格效应"和间接的"替代效应"对物价水平的影响。国际收支子系统中除了以上三条主导的反馈回路外还有其他一些影响因素，如石油价格、国际农产品价格等，这些因素都会通过以上的反馈机制影响我国的物价水平，将反映在通货膨胀系统的因果反馈模型中。

综上所述，本书列出了通货膨胀系统的 11 条主导反馈回路，11 条反馈回路之间相互影响、相互作用，进而形成通货膨胀系统的作用机制。通货膨胀系统的反馈模型如图 5.12 所示。

3. 通货膨胀系统的结构流图和方程

反馈回路中包含的变量较多，为了简化分析，基于面向对象的建模原则对因果反馈回路中重要的参数变量进行选择，即此通货膨胀系统结构流图是一个简化的模型，而不是通货膨胀系统的整体模型。将反馈回路中变量的性质分为状态变量、速率变量、辅助变量、常变量等。本书主要选取 GDP、M2、贷款余额、居民储蓄存款、总人口、人民币汇率中间价五个主要变量作为状态变量。

主要变量解释如下。

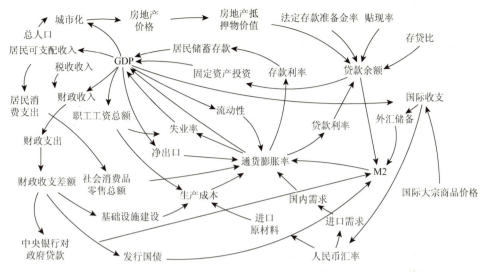

图 5.12　通货膨胀系统的因果反馈模型

通货膨胀率：运用居民消费价格指数来衡量通货膨胀水平。

利率：选择 1 年的贷款利率作为本书中的利率变量，同时将贷款利率和居民储蓄利率作为政策参数，通过调整政策参数对通货膨胀水平进行宏观调控。

人民币汇率中间价：运用人民币对美元的汇率中间价。

流动性：用 GDP 和 M2 的比率衡量，M2 为广义货币供应量。

贷款余额：金融机构人民币贷款各项贷款的数据。

失业率：数据采用城镇登记的失业率。

通货膨胀系统的结构流图如图 5.13 所示。

4. 通货膨胀系统仿真模型的检验和模拟

1）模型边界检验

通货膨胀系统涉及的变量有 GDP、贷款余额、居民储蓄存款、M2、财政支出、人民币汇率等，从基本模拟对贷款余额、GDP 等指标预测可以看出，通货膨胀系统基本可以通过这些变量之间的相互关系反映出来。因此可以认为所构造的通货膨胀系统模型与实际系统近似。

2）模型历史检验

对模型进行历史仿真检验，本书以 GDP、贷款余额、M2、通货膨胀率作为检验变量。模型设定 2005 年为基年，模拟时间范围为 2005~2010 年，其中的数据均来自中国金融年鉴。如表 5.9 所示。

对 2005~2010 年 GDP 的实际值和仿真值进行比较，GDP 的模拟仿真图如图 5.14 所示。

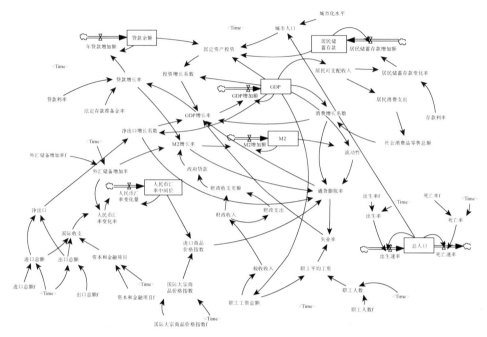

图 5.13　通货膨胀系统的结构流图

表 5.9　GDP 历史检验数据表

年份	GDP 实际值/亿元	GDP 仿真值/亿元	相对误差/%
2005	184937.37	184937.37	0
2006	216314.43	215232.9	0.5
2007	265810.31	263418.2	0.9
2008	314045.43	317814.1	1.2
2009	340902.80	350107.2	2.7
2010	397983.30	409922.8	3.3

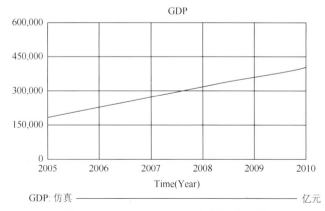

图 5.14　GDP 2005～2010 年模拟仿真图

　　通过将 GDP 的模拟值和真实值进行对比后发现，模型运行最初三年的误差值相对较小，随着不确定因素的增加，后期的误差值相对较大，但是误差基本在 4% 以内。

　　对 2005～2010 年贷款余额的实际值和模拟仿真值进行比较，贷款余额历史检验表见表 5.10，模拟趋势如图 5.15 所示。

表 5.10　贷款余额历史检验表

年份	贷款余额实际值/亿元	贷款余额仿真值/亿元	相对误差/%
2005	194690.39	194690.39	0
2006	225285.28	225510.6	0.1
2007	261690.88	261952.6	0.1
2008	303394.64	304304.8	0.3
2009	399684.82	391291.4	2.1
2010	479195.55	466257.3	2.7

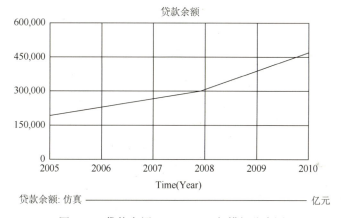

图 5.15　贷款余额 2005～2010 年模拟仿真图

　　通过对比贷款余额的仿真值和真实值，发现 2005～2008 年贷款余额的仿真值和实际值之间误差较小，而 2009 年和 2010 年的误差相对较大，原因是模型在设计贷款余额的变化因素时未能将临时性的政策（如 4 万亿的经济刺激计划、扩大贷款规模等）因素考虑在内，但是误差也基本控制在 3% 以内。

　　对 2005～2010 年货币供应量 M2 的实际值和仿真值进行比较，货币供应量 M2 的历史检验表见表 5.11，仿真趋势如图 5.16 所示。

表 5.11　货币供应量 M2 历史检验表

年份	M2 实际值/亿元	M2 仿真值/亿元	相对误差/%
2005	296040.1	296040.1	0
2006	345577.9	344541.2	0.3

年份	M2 实际值/亿元	M2 仿真值/亿元	相对误差/%
2007	403401.3	405821.7	0.6
2008	475166.6	463287.4	2.5
2009	610224.5	583984.8	4.3
2010	725851.8	702624.5	3.2

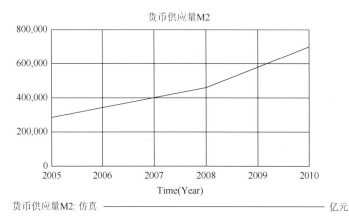

图 5.16　货币供应量 M2 2005～2010 年的模拟仿真图

　　通过将货币供应量 M2 实际值和仿真值进行对比后发现，2009 年的误差值相对较大，2009 年受国际金融危机的影响增加了不确定因素和一定的风险，但各年的误差值均在 5%以内，仍然可以通过模型的历史性检验近似模拟实际货币供应量 M2 的变化趋势。

　　通过以上的模型边界检验、历史检验之后，利用通货膨胀系统的系统动力学模型对通货膨胀系统内的主要指标因素进行预测。模型以 2010 年为基年，将状态变量 2010 年的数据设为初始值，并对 2010～2025 年的趋势变化情况进行模拟。2010～2025 年通货膨胀率趋势图如图 5.17 所示。

　　从图 5.17 可以看出，2010～2025 年我国通货膨胀率的变化趋势。2016 年开始，通货膨胀率又不断上升，所以应该采取适当的措施预防通货膨胀。

5.3.4　政策模拟和政策建议

　　为了分析通货膨胀的复杂控制，选取贷款利率、法定存款准备金率、货币供应量 M2、人民币汇率中间价作为监测变量，且贷款利率的初始值为 7%，法定存款准备金率的初始值为 16%，货币供应量初始值为 725851 亿元，人民币汇率中间价为 6.4（1 美元=6.4 人民币），设置以下四种模拟方案。

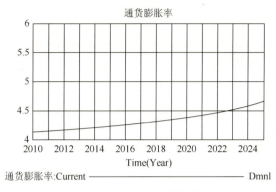

图 5.17　通货膨胀率模拟曲线

　　表 5.12 和图 5.18 为四种方案的模拟仿真情况，从图中可以看出，方案一的政策效果较好，提高贷款利率有利于降低通货膨胀率；方案二和方案三的政策效果模拟曲线大致重合，说明调整法定存款准备金率和调节货币供应量对通货膨胀率的影响有一定的吻合程度；方案四的政策曲线说明，对通货膨胀率变动影响较小的是人民币汇率的变动，近几年的人民币汇率升值对通货膨胀变动影响相对较小。

表 5.12　模拟方案表

方案	贷款利率	法定存款准备金率	货币供应量 M2	人民币汇率
方案一	提高 1%	不变	不变	不变
方案二	不变	提高 1%	不变	不变
方案三	不变	不变	降低 1%	不变
方案四	不变	不变	不变	提高 1%

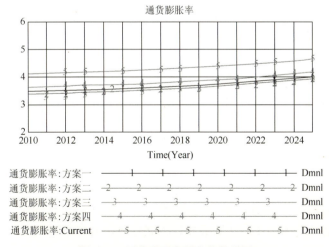

图 5.18　通货膨胀率的变化趋势图

每一个经济周期中出现通货膨胀的原因都不尽相同，实际观测到的价格变动往往是各种因素共同作用的结果，应货币政策、财政政策和收入政策的相互配合，在经济增长、通货膨胀和就业方面找到一个平衡点。

1. 经济发展子系统方面

由于经济的高速增长往往伴随着通货膨胀，所以保持适度的经济增长速度至关重要。一方面，建议适当放慢经济增长的速度，调整经济结构，各产业部门之间要保持一定比例，避免因经济结构不协调推动物价上涨；另一方面，控制过剩产能盲目发展，降低能源和资源消耗，发展低碳经济，降低由于能源、原材料的价格上涨推动总体物价水平的上涨。

2. 存贷款子系统方面

方案三说明降低货币供应量可以降低通货膨胀率，因此对于存贷款子系统，应控制货币供应量，继续实施好稳健的货币政策，把稳定物价总水平作为宏观调控的首要任务。通过调整存贷款利率和法定存款准备金率等审慎的货币政策，控制流通中的货币供应量，进而稳定币值以稳定物价。

3. 财政收支子系统方面

控制物价上涨如果只采用紧缩性的货币政策会影响经济的发展，因而应采用适当的财政政策。可以通过提高最低工资水平以及减税的方式提高中低收入者的收入水平。物价水平上涨过快增加了中低收入者的生活负担，不利于扩大内需，所以应该提高中低收入者的收入水平，降低企业的税负，增加职工的工资，这种结构调整方式有利于推动产业结构的调整，有利于经济持续稳定增长。

4. 国际收支子系统方面

1）保持适度规模外汇储备

在现有的我国结汇售汇体制下，外汇储备的增加会引起外汇占款的增加，进而引起基础货币增加，通过货币乘数的作用货币供应量进一步增加，造成了一定的通货膨胀压力。尽管我国央行采用发行央票等方式冲削外汇储备增加造成的货币供给增加，但从长期来看，央行的冲销政策作用空间有限，不能从根本上解决由于外汇储备增加造成的货币供给增加。因此，应当调整外汇储备的规模，并且适当调整外汇储备管理机制，减少外汇占款，在一定程度上削弱由外汇储备增长而带来的物价波动。

2）增强人民币汇率弹性

人民币适当升值会降低进口成本，一定程度上有利于缓解国内输入性通货膨胀压力。本书政策模拟的方案四说明汇率上升对于抑制通货膨胀的作用相对较小，因此短期内不能利用人民币升值来降低通货膨胀率。从长期来看，人民币升值会使企业的出口产品国外价格相对上升，不利于企业的出口，因此应增强人民币货币制度的弹性，缓和通货膨胀压力。

综合运用多种货币政策工具，健全宏观审慎政策框架，有效管理流动性，保持合理的社会融资规模和货币总量。要着力优化信贷结构，推动产业结构进一步调整，引导金融机构提高金融服务水平，加大对结构调整的信贷支持。要继续发挥直接融资的作用，更好地满足多样化投融资需求。

5.4　影子银行系统对我国金融发展、金融稳定的影响

5.4.1　概述

影子银行又称为平行银行系统，其概念由美国太平洋投资管理公司执行董事麦卡利首次提出。在美国，它包括投资银行、对冲基金、货币市场基金、债券保险公司、结构性投资工具等非银行金融机构。国际货币基金组织（IMF）结合中国情况，将影子银行定义为"在受到监管的银行体系外的金融中介活动"。银监会在 2011 年年报中，曾从广义和狭义两方面对影子银行进行定义。从广义上来看，影子银行是指传统银行体系之外涉及信用中介的活动和机构；从狭义上来看，则是可能引起系统性风险和监管套利的非银行信用中介机构。综合我国发展实际可将影子银行看作传统银行体系之外的，在一定程度上能够替代传统银行核心业务并且不受制或者较少受制于一般银行机构所适用的审慎监管，通过不同的金融工具完成信用转换、流动性转换、期限转换等活动的信用中介体系。

中国影子银行的快速发展时期始于 21 世纪初，至今已有十多年的时间。尤其自 2008 年全球金融危机后，受投资回报率及安全性等因素影响，银行理财产品、信托产品、民间借贷等影子银行业务呈现出井喷状态。以信托产品为例，2008 年底信托资产总规模约为 1.22 万亿元人民币，截至 2012 年 12 月，全行业 65 家信托公司管理资产规模已经达到 7.47 万亿。4 年时间信托产品的规模增长了将近 5倍。中国社会科学研究院最新统计数据显示，2012 年底中国影子银行规模或达到20.5 万亿元，占 GDP 的 40%。

随着影子银行系统发展规模的不断扩大，其资产的高杠杆率所带来的资产的脆弱性也逐步显现，市场的风险累积性因影子银行体系的发展而增强。一方面，影子银行的期限错配、高杠杆率使得影子银行相对于传统银行来说风险性更大，对风险的抵抗能力也更加脆弱，并且影子银行系统的风险很容易分散扩展到整个金融体系，增加整个体系的脆弱性；另一方面影子银行的发展壮大使得原有的金融体系结构发生变化。传统银行的作用不断被削弱，影子银行的作用却随着影子

银行的快速发展而增强，但因缺乏对影子银行的完善监管机制，使影子银行体系的风险更容易蔓延到整个金融体系，放大金融体系的风险。从影子银行对金融系统发展的影响考虑，金融业发展和改革"十二五"规划中已将加强影子银行的监管作为完善金融发展的调控指标。

但是从另一种角度来讲，影子银行的产生和发展又是金融市场自身不断演化的结果，在一定程度上改变了融资过度依赖银行体系的情况，满足了实体经济的部分融资需求，丰富和拓宽了居民和企业的融资渠道。影子银行的活动还提高了整个金融市场的流动性和活跃程度，有利于提升金融市场价格发现功能，提高投融资效率，特别是在我国金融结构调整、利率市场化不断推进的今天，影子银行的健康发展对我国金融业的转型和结构性的变革具有重要的推动作用。

本书从历史发展的角度出发，在认识到影子银行风险的同时，也看到影子银行对我国金融行业乃至宏观经济发展的正面影响，在此基础上研究影子银行对我国金融稳定和金融发展的作用，以期为我国金融结构调整提供借鉴。

5.4.2 文献梳理

影子银行作为金融体系中的新生力量，国内外学者对其研究也开始得较晚，研究成果较新但尚未完善。学者主要从影子银行的产生、特性及存在的问题和监管等几个方面对影子银行展开研究。

1. 有关影子银行产生的研究

影子银行是应金融系统发展的需求而产生的，在新的金融体系下，传统的金融机构之间的竞争加剧、金融监管力度不够使得非银行金融机构应运而生并得到发展。Gorton 等（2010）认为商业银行为缓解盈利能力下降的压力，寻求新赢利点的动机是影子银行产生的主要推动力。Nersisyan 等（2010）通过对影子银行的研究发现，金融业的发展促使地方性的金融机构逐渐向国际化发展，这就使传统的商业银行和简单的储蓄机构在金融系统中所占份额减少，而能够顺应国际化发展的非银行机构却得到发展，持有资产逐步增加。钟伟和谢婷（2011）认为监管缺失也是影子银行得以产生的因素之一。影子银行不受传统的资本充足率和存款准备金的管制，资本的杠杆率较高，在缺乏严格监管的条件下得到快速的发展。

2. 有关影子银行特性及存在问题的研究

在影子银行快速发展的同时，其间存在的问题也不断地显露出来，学者们开始对影子银行的特性及影子银行体系中存在的问题展开研究。在国外研究中，Shin（2008）对影子银行的资产结构进行分析认为影子银行具有的高杠杆率在使资产流动性增强的同时也使影子银行承担的风险增加。当优质资金来源减少时，为平衡扩张的资产负债表，影子银行会采用吸收次级资金的方法保持负债表的平衡，这使影子银行的风险大大增加。Crotty 等（2008）认为影子银行的债务多为短期，而债权则是长期，资产组成由原来流动性较强的资产转变成流动性较差的资产，使得银行的信用期限结构发生改变，出现期限错配。

在国内研究中，巴曙松（2009）认为影子银行能够积累金融风险，对金融系统的发展具有负面的影响。在此基础上提出了影子银行纳入监管的必要性。这是对影子银行的风险和发展中存在问题的综合性阐述。随后王晓雅（2010）对影子银行的特性进行了研究，在概括影子银行的不透明性、高杠杆性、表外性以及具有实质性的信贷膨胀效应等特点的基础之上，又对影子银行体系的脆弱性进行了研究，得出其脆弱性的主要根源是期限错配、自我加强的资产抛售循环、高杠杆率及风险跨境传递等。张坤（2010）从影子银行积极作用的一面对影子银行系统进行研究，认为影子银行系统的发展加剧了信贷市场的竞争，为商业银行提供了更多更有效的信用风险管理工具，影子银行影响范围的扩张促使商业银行改进经营模式，促进商业银行的发展。李波和伍戈（2011）也从影子银行信用创造功能的角度研究影子银行的发展对我国货币政策的影响，认为影子银行通过影响金融体系稳健性间接对货币政策效果产生系统性影响。

3. 有关对影子银行监管问题的研究

美国政府于 1999 年和 2000 年颁布《金融服务现代化法》和《商品期货交易现代化法》从法律的角度放松了对影子银行的监管。期间影子银行因宽松的监管环境而得到快速发展，但 2008 年金融危机爆发以后，各国政府纷纷采取措施加强对影子银行的监管，2010 年 11 月 11 日在韩国首尔举行的 G20 峰会会议文件中就明确将"加强影子银行的监管和规制"作为会议的重要议题。Kenc 等（2010）指出美国次贷危机引发的全球金融危机的重要原因在于全球放松的金融监管和不到位的风险管理方法，而影子银行无疑在这次危机中扮演重要的角色。Calmes 等（2011）通过对影子银行表外资产的分析得出传统的监管方法并不能适应现代金融业的发展，应该寻求新的方法对影子银行表外资产的风险加以控制。

在国内关于影子银行监管的研究中，杜亚斌和顾海宁（2010）认为影子银行体系的脆弱性是引发全球金融危机的重要因素，我国金融业应该以此为鉴循序渐进地推动金融产品创新，注重防范金融危险，金融监管机构应对金融机构及金融活动实行全面监管。李扬（2011）认为探讨影子银行体系的发展机制及其多样化形式，不仅可以为我国的金融创新找到可持续的发展路径，同时也将为我国金融宏观调控和金融监管提供有益的借鉴。李东卫（2011）首先从美国影子银行系统的现状和存在的金融风险进行分析，并对中美两国影子银行体系的不同进行了简要的比较，以美国为鉴提出了我国影子银行监管的建议。王达（2012）从对美国影子银行体系的发展及其监管改革历程的分析中认为对影子银行的有力监管能够促进金融体系的稳定与健康发展。黄益平等（2012）认为信托融资和委托贷款融资潜在风险较大，中国的影子银行虽具有一定的风险，但尚不足以导致系统性的金融风险，可从加强对影子银行的监管入手对风险进行调控。林晶和张昆（2013）通过对影子银行的研究认为我国尚未形成完备的影子银行体系，应借鉴国外影子银行体系和监管经验对我国现有的影子银行体系做有益的补充与完善。

4. 文献述评

从当前对影子银行研究文献的国内外概览来看，一方面，国外学者的研究主要侧重于研究信贷资产证券化及其以相关的金融衍生产品为主的影子银行系统对金融发展及金融稳定的影响，虽然对我国影子银行研究具有一定的借鉴意义，但由于我国影子银行处于发展初期，因此对我国的适用性较小；另一方面，因影子银行在金融危机中的作用，国内学者在对影子银行进行研究时多从其风险性及监管缺失等角度分析，缺乏对我国影子银行积极作用的研究，对影子银行在利率市场化及金融结构调整中的重要作用还没有充分的认识。

本书通过对我国影子银行体系构成的分析，充分地认识我国影子银行体系与2008 年金融危机中西方国家的影子银行体系构成的不同，在此基础上，分析我国影子银行发展对金融稳定和金融发展的重要作用，为我国影子银行及整个金融体系的健康发展提供更为全面的研究角度。

5.4.3　我国影子银行系统分析

在研究影子银行系统对我国金融发展、金融稳定的影响作用之前首先要对我国现阶段影子银行系统进行分析，通过对我国影子银行系统的认知，掌握我国影子银行系统运作特点，从而更好地研究影子银行在我国金融体系改革中的重要作用。

1. 我国影子银行的起源、类型

与美国等西方国家金融危机中的影子银行体系相比，我国现阶段的影子银行系统在监管体系、经济环境、政策背景等方面都有很大的不同，同时也没有出现"高杠杆经营""主要以金融衍生品为主要交易品种"等特点。我国影子银行系统的成因是国家严格的金融控制导致正规金融机构尤其是传统银行不能满足实体经济发展对资金的需求，是传统银行和投资者在资金供求关系作用过程中逐步发展起来的，是我国迈向利率市场化进程的产物。

根据我国影子银行的起源及其发展特点，可以将影子银行分为：银行主导型影子银行、传统银行模式的非银行金融机构、不受或较少受监管的影子银行，而这三类影子银行又可以继续细分，如图 5.19 所示。

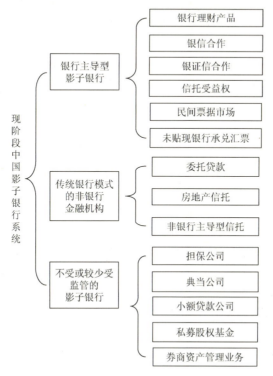

图 5.19　我国影子银行系统结构图

（1）银行主导型影子银行。银行主导型影子银行主要包括：非保本类银行理财产品、银信合作、银证信合作、信托受益权、银证合作、民间票据市场、未贴现银行承兑汇票等。

（2）传统银行模式的非银行金融机构。传统银行模式的非银行金融机构主要包括：委托贷款、房地产信托、非银行主导型信托等传统信托业务。

（3）不受或较少受监管的影子银行。不受或较少受监管的影子银行主要包括：民间借贷、小额贷款公司、典当公司、担保公司、券商资产管理业务等。

2. 我国影子银行特征分析

从我国影子银行的本质和其业务范围来看，主要具有以下四个方面的特征。

（1）影子银行具有信用中介的功能。一方面，影子银行具有信用创造的功能，如影子银行提供的质押服务中，质押品可以多次循环使用并且在资产质押过程中有一定比例的折扣率。这就相当于传统银行货币信用的制造过程，从而扩大影子银行信用。另一方面，影子银行具有期限错配的功能，从影子银行的资产和负债结构来看，影子银行吸收短期资金而将其用于长期的借贷，使资金的流动性发生改变。

（2）影子银行与传统银行之间存在着密切的联系。影子银行作为现代金融系统的一个组成部分，必然会与金融系统其他机构存在相互的关联。随着金融系统复杂性和竞争的加强，传统银行在不断地拓展自身的业务范围，丰富资金的管理方法，其中就有传统银行将持有资金投资于影子银行的金融产品或者直接持有影子银行资产。

（3）尚缺乏对影子银行的全面监管体系。影子银行顺应金融市场的发展需求而产生，影子银行体系带来了金融工具的多样化，使金融系统结构与市场之间的运作更加协调，但影子银行业务种类的多样化使得传统的监管机制难以对其进行有效监督。

（4）影子银行增加了金融系统风险。一方面，影子银行的期限错配、高杠杆率使得影子银行相对于传统银行来说风险性更大，对风险的抵抗能力也更加脆弱，影子银行系统的风险很容易分散扩展到整个金融体系，增加整个体系的脆弱性；另一方面，影子银行的发展壮大，使得原有的金融体系结构发生变化。传统银行的作用不断被削弱，影子银行的作用却随着影子银行的快速发展而增强，因缺乏完善监管机制，使得影子银行体系的风险更容易蔓延到整个金融体系中，放大金融体系的风险。

从对我国影子银行系统内部的分类及影子银行的特点来看，我国影子银行系统的发展解决了传统银行收益小、投资标的少的缺陷，从传统银行中发展起来，丰富了投资者的资产配置种类、增加了投资回报，并且通过多种资产组合的方式有效地降低投资风险。影子银行系统是我国利率市场化过程中催生出来的创新的金融机构或组织，从现阶段我国影子银行系统发展来看其风险在很大程度上仍然是一般的信贷风险，加之我国影子银行现有规模在金融总规模中占比尚小，不足以对我国金融发展造成巨大的冲击。但是，我们依然要保持对影子银行风险的警惕，加强对影子银行的监管，对其发展进行合理的引导。

5.4.4　对金融发展、金融稳定的影响

通过以上的分析可知，影子银行系统是金融系统发展的产物，对我国金融系统发展具有重要的推动作用，但因其风险性的存在又对我国金融稳定提出新的挑战。本书研究影子银行系统对金融发展及金融稳定的影响，涉及不同时期的多个变量的联合分析，而向量自回归（VAR）模型可以通过脉冲分析对时间序列之间的相互联系以及随机扰动对多变量系统的动态响应进行研究。因此，可以采用VAR模型方法对本书的研究数据进行分析。

1. 模型构建与数据选取

1）模型构建

向量自回归（VAR）是基于数据的统计性质建立的模型，VAR 模型把系统中的每一个内生变量作为系统中所有内生变量的滞后值的函数来构造模型，从而将单变量自回归模型推广到由多元时间序列变量组成的向量自回归模型。VAR 模型是处理多个相关经济指标的分析方法，1980 年 Sims 将 VAR 方法引入经济学的研究中，推动了经济系统动态分析方法的发展。

VAR 模型的数学表达公式为

$$y_t = A_1 y_{t-1} + \Lambda + A_p y_{t-p} + Bx_t + \varepsilon_t \tag{5.7}$$

其中，$t = 1, 2, \cdots, T$，y_t 是 k 维内生变量向量，x_t 是 d 维外生变量向量，P 是滞后阶数，T 是样本个数，$k \times k$ 维矩阵 $A_1, \cdots, A_p$ 和 $k \times d$ 维矩阵 B 是要被估计的系数矩阵，ε_t 是 k 维扰动向量，它们之间可以同期相关，但不与自己的滞后值相关及不与等式右边的变量相关，假设 Σ 是 ε_t 的协方差矩阵，是一个 $k \times k$ 的正定矩阵。

VAR 模型是一个非理论性的模型，它无需对变量作任何先验性约束，因此，在分析 VAR 模型时，往往不分析一个变量的变化对另一个变量的影响如何，而是分析模型受到某种冲击时对系统的动态影响，然后再通过方差分解分析每个结构冲击对内生变量变化的贡献度，进而评价不同结构冲击的重要性。

2）数据选取

鉴于统计数据的可得性及代表性，本书相关变量及数据选取处理如下。

影子银行系统方面：基于对我国影子银行结构的分析，选取 2002 年 1 月～2012 年 12 月月度委托贷款和信托贷款的总规模作为影子银行系统的研究数据。

金融发展方面：本书整理人民银行网站 2002 年 1 月～2012 年 12 月金融机构年末存款余额、金融机构各项贷款余额的月度数据作为我国金融发展的衡量数据。

金融稳定方面：因银行间同业拆借利率具有自主性、偿还性、短期性等特点，是我国比较具有代表性的市场利率，因此，本书选取银行间同业拆借利率作为金融稳定的衡量数据。

本书所选取数据均来源于中国人民银行网站、国家统计局网站、中国金融年鉴、中国经济信息统计数据库，银行间同业拆借利率选取 7 天同业拆借利率，所有数据均采用月度数据。

2. 实证结果与分析

1）平稳性检验

VAR 模型构建需要平稳的时间序列，因此，在对数据进行脉冲响应分析之前要先对数据变量进行平稳性检验，本书采用应用较为广泛的 ADF 单位根检验。结果如表 5.13 所示。

表 5.13　各个变量单位根检验

变量		检验类型 (C, T, N) *	ADF 统计量	临界值（1%）	结果
金融发展	金融机构存款余额	(C, 0, 1)	−9.65	−3.55	I（0）
	金融机构贷款余额	(C, 0, 1)	−10.22	−3.55	I（0）
金融稳定	同业拆借利率	(C, 0, 1)	−6.92	−3.55	I（0）
影子银行系统	影子银行系统数据	(C, 0, 1)	−3.07	−2.83	I（0）

*检验类型（C, T, N）中，C 为常数项，T 为趋势项，N 为滞后项

2）脉冲响应分析

运用 Eviews 6.0 软件对研究数据变量进行脉冲响应分析，结合 AIC、SC 准则和 LR 准则确定 VAR 模型的滞后期，本模型中最优滞后阶数为 2，实证运行结果得到影子银行系统对金融发展指标、金融稳定指标的冲击效应如下所示。

（1）影子银行系统对金融发展（金融机构存款余额）的冲击效应：金融机构存款余额作为金融发展的衡量指标，当受到影子银行单位正向冲击之后，金融机构存款余额先是迅速下降，在第 2 期又有上升趋势，但随之又下降，在第 4 期回升并逐步趋于稳定，但一直呈现负效应。这说明影子银行系统会对存款产生冲击效应，并且影子银行的发展使投资方式多元化，人们逐渐开始改变以往的理财方式，采用存款以外的多种投资方式提高资金回报率和利用率。如图 5.20 所示。

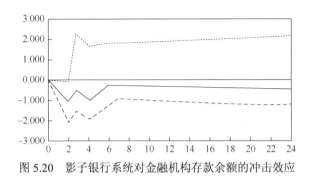

图 5.20　影子银行系统对金融机构存款余额的冲击效应

（2）影子银行系统对金融发展（金融机构贷款余额）的冲击效应：金融机构贷款余额同样可以作为金融发展的重要指标，当金融机构贷款余额受到影子银行单位正向冲击之后，金融机构贷款余额在第 1 期小幅上升，随后第 2~3 期有所回落，在第 4 期又有上升趋势，在第 5 期又开始缓慢回落，并逐步趋于平稳。这说

明影子银行系统的发展会促进金融机构贷款的增加，提高社会资金的利用率，在一定程度上对金融发展起到促进作用。如图 5.21 所示。

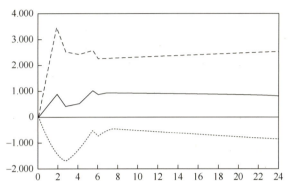

图 5.21　影子银行系统对金融机构贷款余额的冲击效应

（3）影子银行系统对金融稳定的冲击效应：在金融稳定指标的选取上，因我国还未实现利率的市场化，因此选择比较具有代表性的 7 天银行间同业拆借利率来侧面地反映。当金融稳定指标受到影子银行系统的正向冲击之后，在第 1 期迅速地下降，第 2 期又开始回升，并在某一短的阶段内呈现正效应，但随后又迅速回落，直至趋于稳定，并呈现负效应。这说明影子银行系统的发展对我国金融系统造成了冲击，在一定程度上影响了我国的金融稳定。如图 5.22 所示。

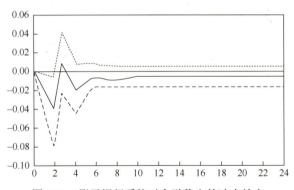

图 5.22　影子银行系统对金融稳定的冲击效应

3）方差分解分析

从图 5.23 中可以看出，影子银行因素较金融发展指标对金融稳定影响的作用小。这是因为一方面，本书选取的影子银行数据为委托贷款和信托贷款的总量，只是影子银行系统的一部分并不是影子银行系统的总量，对金融稳定的影响力度上要小于影子银行实际的影响力度；另一方面，我国的影子银行还处于发展阶段，其规模与我国庞大的金融系统相比尚小，但是影子银行对金融系统稳定性的影响不能忽视，随着我国影子银行的发展，这种影响作用会逐渐增强。

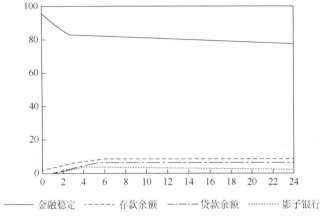

图 5.23　金融稳定的方差分解

图 5.24 为影子银行的方差分解，从中可以看出金融机构贷款余额对影子银行的影响力约占 8.6%，金融机构存款余额的影响力在 6.3%，金融稳定对影子银行的影响力在 5.5%，说明影子银行的发展在对金融发展和金融稳定产生影响的同时，金融系统发展和稳定的金融环境也对影子银行的发展产生推动作用。

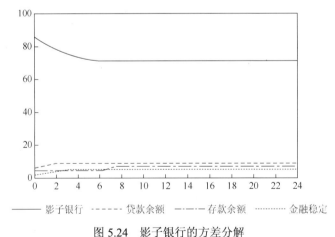

图 5.24　影子银行的方差分解

5.4.5　小结

（1）我国影子银行系统对金融发展具有一定的正向冲击效应。影子银行发展对金融机构存款余额产生负向效应，对金融机构贷款余额产生正向效应，但通过对比可以看出影子银行对金融发展的正向效应要高于负向效应，因此，影子银行系统发展促进我国金融系统发展。

（2）我国影子银行系统对金融稳定产生一定的负向冲击效应。虽然方差分解中影子银行在金融稳定因素中占比较小（这是由于我国影子银行尚处于快速发展阶段，且本书所选取的数据仅为影子银行代表性数据），但随着影子银行规模和资产的扩大，影子银行系统势必会成为我国金融稳定中重要的影响因素。

（3）我国金融系统的发展以及金融稳定性的保持也为影子银行的发展提供了良好的环境，是我国影子银行健康持续性发展的关键。

5.4.6　对影子银行发展的政策建议

通过以上的分析，我们可以看出要发挥影子银行对经济和金融的促进作用，降低其带来的金融风险性，充分地发挥影子银行对金融系统发展的促进作用，就必须在引导影子银行发展的同时，加强对影子银行的监管，结合影子银行体系特点建立全面的影子银行监管体系，主要可以从以下几个方面着手。

（1）强化并表监管和集中度风险监管机制，弱化影子银行对传统银行的影响。传统银行与影子银行之间存在的复杂联系使得影子银行的风险很大程度上会转移到传统银行体系。因此要通过监管措施在识别传统银行支持的非银行机构基础上加强这类机构业务的合规性，有助于对影子银行传递给传统银行的风险的识别，增强传统银行的风险抵御能力。一方面，可以通过实行并表监管以整个银行体系为对象，对银行体系的总体经营和风险进行监督。通过对银行机构是否按照会计规则并表的监管，可有效暴露影子银行风险，实现对各类非银行机构以及银行表外机构的监管；另一方面，建立集中度风险监管机制，对传统银行与影子银行之间的大额交易进行监管，暴露大额交易风险，以防止跨境监管套利。

（2）根据影子银行机构经济功能的不同实行差异化监管。不同的影子银行机构承担的经济功能不同，甚至有时相同名称的机构所起的经济功能也有所差别。从影子银行的发展来看，其所起的经济功能主要包括：客户现金资产管理、信贷支持、市场中介活动、信贷创造、为银行机构提供融资等。传统的监管机制很难对影子银行种类繁多的业务进行有效的监管，因此，可以以影子银行的业务活动为基础，按照其实际履行的经济功能对影子银行进行差异化监管，扩展审慎监管的范围，提高监管效率。

（3）加强对资产证券化业务的监管。资产证券化可以增加银行资产的流动性，但是由于缺乏有利的监管机制，使得很多机构滥用资产证券化来实施监管套利，从而增加了金融系统的系统性风险。随着风险累积性增加，资产证券化也成为本轮全球金融危机的导火索。此次危机之后资产证券化的交易规模大幅减缩，银行流动性压力增大，因此，建立有效的资产证券化市场对银行业和金融市场的运转具有重要意义。但重启资产证券化必须要建立在稳健的基础之上，并且建立严格的监管机制。从对现有的资产证券化业务的分析来看，可以通过建立以风险留存、产品标准化、信息披露要求为重点，建立新的资产证券化监管规则，要求资产证券化交易各方审慎参与资产证券化的全过程，实现风险和收益的共担。

（4）从金融稳定角度强化证券融资市场监管。证券融资市场主要包括证券借贷市场、高杠杆投资基金融资、回购融资以及银行与证券公司之间的政府债券回购交易。证券融资增加了总期限转换的规模，但是也同时导致资产的杠杆率增加，从而扩大系统性风险。因此，要从金融稳定的角度加强对证券融资市场的监管，通过对证券融资市场的细分，进而分析市场中不同的运作机制，评估可能产生的风险。可以采取设定最低保证金或折扣率、限制回购抵押品类型、限制高杠杆活动、加强中介机构对客户的信息披露、加强金融机构的信息披露等方式加强对证券融资市场的监管。

5.5　协同理论视角下的金融监管研究

5.5.1　概述

进入21世纪以来，国际金融形势复杂多变，历年来爆发的金融危机表明金融业运行中的各种潜在风险因素不容忽视。从我国监管的实际情况看来，实行的是分业监管，但实际上我国金融业混业经营的方式已经形成，分业监管与混业经营之间的矛盾日益加深，需要建立适应我国经济金融稳定发展的金融监管协调组织体系。因此，加强金融监管，构建和完善金融监管机制是金融监管机构的重点发展方向。传统的线性金融理论渐渐凸显出一定的局限性，其试图把复杂的东西简单化，满足于对复杂金融体系某个层面和侧面的认识。而金融监管系统作为金融系统的子系统，是一开放的复杂系统，它通过内部各要素及子系统间的相互作用使整个系统不断地由无序向有序化方向完善和发展。这就需要一个全新的视角和方法来研究金融监管系统，即运用系统科学的分支——协同学对金融监管系统进行定性和定量分析，研究其内部的自组织、序参量来保证金融监管工作有效率地运行，维护金融系统的健康有序的发展。

5.5.2　文献综述

随着金融全球化的发展，如何改进和加强金融监管，维护金融系统的稳健运行，成为各国政府和金融监管当局的工作重心。诸多学者对金融监管问题进行了各类分析和相关研究。本书主要从金融脆弱性、金融管制失灵、金融监管的协调机制和金融协同监管方面对文献进行了梳理。

在金融脆弱性的研究上，自 1982 年，Minsky 首次提出了"金融不稳定假说"后，众多学者从不同角度对金融体系的脆弱性问题进行了大量的研究。Fisher（1933）、Cagan（1965）与 Friedman 等（1969）从不同的角度出发指出，之所以会出现债务—通货紧缩是因为一连串的金融突发事件。Kaufman（1996）在"金融不稳定假说"的基础上，从各金融机构之间的关系出发对金融体系的脆弱性原因进行了研究，指出发生金融恐慌是由于各金融机构间的资产和负债是相互关联。Kregel（1997）从银行的角度对信贷市场流动性的脆弱性问题进行了研究，指出金融体系脆弱性的原因是商业周期，并在此基础上提出了"安全边界说"。李正辉（2006）从系统理论视角出发，对金融系统的脆弱性形成机理进行了分析，并在此基础上建立了基于脆性熵的金融脆弱性测度函数。

管制俘获理论认为，管制与公共利益无关，最初被管制者可能会抵制管制，但随着时间的推移，他们就会影响管制者通过法规给他们带来更高的利益。换句话说，管制机构是被管制者俘获的俘虏而已。在金融管制失灵理论的研究上，Stigler（1970）、Posner（1975）认为只有满足了以下两点，管制机构才能不易受制于被管制者，处于被动地位：一是管制机构设立的动机是为公众利益服务的；二是管制机构从政府方面得到强有力的财政和人员的支持。Owen 和 Braeutiqam（1981）在前者研究的基础上进一步指出，资源在市场中的分配会因为监管机构的管制行为而产生错乱，使要素在行业和部门之间的分配不公平合理。在诸多学者的研究推进下，管制理论的发展使人们清晰地了解金融监管主体与客体之间的实质关系，重新认识了政府在市场监管中的作用和局限性。

金融监管协调机制是在我国混业经营和跨行业金融产品不断出现的背景下而建立的，它是一个过渡性的管理制度，推动着我国金融体制的改革。陈志（2001）和钟伟（2003）通过研究指出，央行制定的货币政策不是独立存在的，它与银行监管有密切的关系，两者相互联系相互影响。钱小安（2002）认为由于中央银行具有特殊的地位和作用，它具有货币政策与金融监管的双重职能，因而可能会在金融机构的稳健性以及实施货币政策方面顾此失彼，从而产生一系列问题。而有的学者通过一定的研究指出，中央银行应保留银行监管与货币政策两项职能，陈建军（2004）和刘红（2004）从我国实际国情出发对金融监管进行了研究，指出当前背景下将银行监管职能从央行分离出来是不明智的，我国应采取一定措施在现有的监管框架下处理好银行监管与货币政策之间的关系。自银监会成立以后，学者们对协同监管问题的研究重心转向了三个分业监管机构之间应如何协调上。例如，李成和文苑（2007）、孙工声（2009）、李明凯和杨富玉（2009）等都认为虽然将银行监管职能从人民银行中分离出来，由专门成立的银监会承担，但两者所承担的职责之间有着密切的关系，为了保证我国金融系统继续的稳健发展，应在原有磋商会议的基础上尽快制定金融监管协同机制。2004年6月，我国"三会"（银监会、证监会和保监会）联合签署了《三大监管机构金融监管分工合作备忘录》，并在此基础上建立了两大机制：监管联席会议机制和经常联系机制。大量的学者对《备忘录》和监管联席会议制度做出了评价，巴曙松（2006）认为金融机构是分是合其实并非金融监管的主要问题，监管机构应重点关注如何提高金融监管效率等相关问题，并指出我国应构建一个金融监管协调机制，从而提高金融监管的效率。

随着巴塞尔资本协议的签署及对其不断地修改完善，涉及的关键性监管指标——最低资本充足率得到各国政府和监管机构的高度重视。因此，众多国外学者对金融协同监管进行了研究。例如，在分业经营、分业监管的背景下，以美国为代表，Merton（1993）以及 Giorgio 等提出了功能性监管的金融监管协调模式。Lawfence 等（1992）、Grain 等和 Poona 等则从金融危机过程的分析来探讨金融协调发展的问题，并提出金融多重均衡理论。再者，在混业经营的背景下，Morrison 对金融控股公司的资本监管问题进行了研究，指出金融集团内部银行业的资本充足率应适当大于保险业的资本充足率，从而避免金融集团内部出现"资本套利"的隐患。Jayamah 指出，为了提高金融监管的效率，需要寻找一条中间道路，即金融监管当局之间应当在监管金融集团方面进行更紧密的协调和合作。近年来，国内学者对金融协同监管也进行了一定的研究。例如，罗嘉（2004）从协同学的核心理论出发研究了我国金融监管问题，指出我国在建立金融监管协同机制时应结合协同学的核心思想。郑宝安（2008）研究了我国金融业混业经营的风险和监管模式，对其运用协同学理论进行了重新审视，并在此基础上设计了基于协同机制的监管模式。孟维（2011）从三个方面：系统论、协同学以及制度经济学理论对我国金融监管问题进行了研究。刘相友等（2010）从库珀-约翰的协调博弈理论的角度出发，对央行与三家金融监管机构的协同机制进行了分析研究，指出我国必须在完善制度的基础上提高金融监管水平。

通过对国内外有关的文献梳理可以发现，金融监管理论的研究已从寻找监管的原因到如何加强监管，从金融监管有效性理论到协同学在金融监管中的应用进行了研究。在国内外学者对金融监管问题研究的过程中始终伴随着金融危机，但学者在分析金融监管问题时，一般是从经济和社会发展等外界环境方面对其研究，而对金融监管本身的内在运动却很少关注。再者，由于金融监管系统是由大量的子系统构成的复杂巨系统，并且影响金融监管的因素众多且相互关系复杂，在协同监管方面的研究比较分散。因此，本书在前人研究的基础上，用系统科学研究方法中的开放系统分析法和协同分析法，深入地分析我国金融监管系统内部的运动规律，为监管者提供新的视角。

5.5.3 协同度模型的构建

协同学（synergetics）源自于希腊文，意为"协调合作之学"，它揭示的是在迥然不同的科学领域，也包括社会科学在内的许多复杂系统的结构在性质上发生宏观变异的共同原理。

金融监管系统作为金融系统的子系统，它是由属性不同的银行监管系统、保险监管系统和证券监管系统复合而成的，三者之间存在着复杂的非线性相互作用（图 5.25）。我国金融监管系统内的各个子系统是一个并行的、互嵌的过程，它们是相互作用、相互渗透、相互制约的有机整体。根据协同学原理，如果银行监管系统、保险监管系统和证券监管系统协同发展将产生"1+1＞2"的整体协同效应，进而带动金融系统的健康稳定运行。因此，运用协同学的方法来研究金融监管问题是应对复杂金融系统的研究创新。

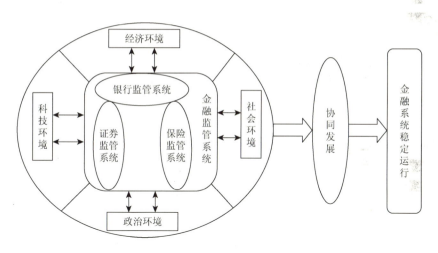

图 5.25　金融监管子系统的协同发展

从协同学视角出发，可以对我国金融监管系统协同度进行定义，它是指在金融监管系统的演进过程中，系统内各组成要素以及各个子系统之间相互作用时所表现出的和谐一致的程度。它是一种量化指标，模型构建的步骤如下。

第一步，划分子系统。

第二步，选择序参量。

第三步，查找各序参量在考察时间段内的数值。

第四步，建立模型，并将数据进行计算。

第五步，对模型结果进行分析，并提出政策建议。

1. 我国金融监管系统与子系统

用 $s = (s_1, s_2, s_3)$ 来表示我国金融监管系统，s_1，s_2，s_3 分别表示衡量银行业、证券业和保险业监管状态的参量。

用 i 来标识子系统，在我国金融监管这一系统是由银行监管子系统、证券监管子系统和保险监管子系统共同组成的，而银行监管子系统又是由银行业与银行业监管当局这两个系统所构成的复合系统。同理，证券和保险监管子系统也都是复合系统。i 的取值范围从 1 到 3，即 $i \in [1, 3]$。

2. 序参量

用 e_{ij} 来表示序参量，从系统科学的分支——协同学出发，序参量是系统相变前后所发生的宏观质变最突出的标志，它决定系统发生相变的进程。设我国金融监管系统某一子系统发展的序参量变量为 $e_{ij} = (e_{i1}, e_{i2}, \cdots, e_{in})$，其中 $n \geq 2$，$\beta_{ik} \leq e_{ij} \leq \alpha_{ik}, k \in [1, n]$。$\alpha_{ik}$ 是序参量的上限值，可以根据子系统发展趋势选择未来某年的预测值；β_{ik} 是序参量的下限值，可以选取过去某年的实际值。

3. 子系统的有序度

当 $e_{i1}, e_{i2}, \cdots, e_{im}$ 的取值越大时，金融监管系统的有序程度高；反之则金融监管系统的有序程度低，即为金融监管系统的正向指标；当 $e_{im+1}, e_{im+2}, \cdots, e_{in}$ 的取值越大时，金融监管系统的有序程度越低；反之则金融监管系统有序程度越高，即为逆向指标。

$$\begin{cases} u_i(e_{ik}) = \dfrac{e_{ik} - \beta_{ik}}{\partial_{ik} - \beta_{ik}}, & i \in [1,3], k \in [1,m] \\[3mm] u_i(e_{ik}) = \dfrac{\partial_{ik} - e_{ik}}{\partial_{ik} - \beta_{ik}}, & i \in [1,3], k \in [m+1,n] \end{cases} \tag{5.8}$$

式（5.8）为采用几何平均法集合而成的序参量 e_{ik} 的系统有序度，则子系统的系统有序度 $u_i(e_i)$ 可表示为

$$u_i(e_i) = \sqrt[n]{\prod_{i=1}^{n} u_i(e_{ik})} \tag{5.9}$$

由式（5.9）可知 $u_i(e_i) \in [0,1]$，并且 $u_i(e_i)$ 越大，对系统有序的"贡献"越大，系统有序的程度就越高，反之则越低。

4. 金融监管系统协同度

设金融监管系统中某一子系统 i 的系统有序度在初始时刻 t_0 时为 $u_i^0(e_i)$，对于整个金融监管系统来说，在其发展演化进程中的 t_1 时刻而言，如果此时金融监管

子系统 i 的系统有序度为 $u_i^1(e_i)$，并且 $u_i^1(e_i) \geqslant u_i^0(e_i)$ 同时满足，则说明金融监管系统在该时间段内是协调发展的，将式（5.10）称为我国金融监管协同度。

$$c = \sqrt[n]{\prod_{i=1}^{n}[u_i^1(e_i) - u_i^0(e_i)]}, \quad c \in [0,1] \tag{5.10}$$

当 $u_i^1(e_i) \geqslant u_i^0(e_i)$ 不能同时满足时，则表明金融监管系统从 t_0 到 t_1 时间段内至少有一个金融监管子系统是向无序方向发展的，故视该系统的有序度为零。式（5.10）综合考虑了金融监管系统中两个子系统的情况，如果其中一个子系统的有序程度得到较大幅度的提高，而另一个金融子系统的有序程度提高幅度较小，则表明整个金融监管系统处于较低协调的状态或根本不协调的状态。

5.5.4　实证分析

1. 选择序参量

哈肯指出序参量在系统的相变过程中发挥着决定性作用，它支配着系统中的其他变量，并决定着系统的演化方向。因此，选择序参量在协同度模型中是非常重要的。在实际应用中，应设置适当的指标，选择那些实际意义明确，并在系统的演进过程中起决定性作用的因素，从而有利于综合评价金融监管系统协同度。

因此，在模型中涉及的三个子系统中，选择的序参量必须能较好地体现其在子系统中所起的作用，将子系统的某些特征表现出来。这样，金融监管系统的序参量按所属的子系统进行划分，如表 5.14 所示。

表 5.14　金融监管系统协同度研究的序参量选择

子系统	序参量	单位	性质	记号
银行监管子系统	银行业金融机构总资产	亿元人民币	正向	e_{11}
	商业银行不良资产率	百分比	负向	e_{12}
	监管成本	元/万元银行业资产	负向	e_{13}
证券监管子系统	上市公司数量	个	正向	e_{21}
	股票市价总值与 GDP 的比值	百分比	正向	e_{22}
	监管成本	元/个	负向	e_{23}
保险监管子系统	保险深度	百分比	正向	e_{31}
	保险密度	元/人	正向	e_{32}
	监管成本	元/万元保险业资产	负向	e_{33}

2. 数据来源

模型的样本期为 2002～2011 年，数据通过直接查找和间接获取得到。有的序参量数据无法直接获得，需要寻找替代指标。数据来源于《中国统计年鉴》《中国保险年鉴》、银监会年报和证监会年报。

1）商业银行不良资产率

本模型中用四大国有商业银行的平均不良贷款率来代替商业银行不良资产率。原因是我国四大国有商业银行中不良资产的主要构成是不良贷款，并且四大国有银行不管是在经营规模还是市场占有率等方面都占有绝对优势。

2）监管成本

银行的监管成本主要包括直接成本和间接成本。直接成本是指被监管者因遵守监管条例而消耗的资源以及监管机构执行工作时所耗费的人力、财力、物力等资源，因此，该模型中用历年监管人员的工资成本代替直接成本；间接成本是指监管所引起的效率损失，在对间接成本的研究上，许多学者对直接成本和间接成本之间的关系进行了研究。Lomax（1987）指出，英国在执行 1986 年的《金融服务法案》时，其直接成本是 20 亿英镑，间接成本是 80 亿英镑，根据此研究最先提出了直接成本和间接成本的经验比例是 1：4，这一比例随后得到其他学者的广泛引用。Franks 等（1997）估算了英国、美国和法国三国在监管证券交易和投资管理时的直接成本和间接成本，发现两者的关系基本上遵循 1：4 的比例。

监管总成本=直接成本+间接成本=直接成本+4×直接成本=5×（监管机构职工人数×职工年平均工资）

银监会平均监管成本=（银监会职工人数×5×银行业职工年平均工资）÷银行业金融机构总资产

证监会平均监管成本=（证监会职工人数×5×证券业职工年平均工资）÷（境内上市公司数量+投资者账户数）

保监会平均监管成本=（保监会职工人数×5×保险业职工年平均工资）÷保险机构总资产

3）股票市价总值与 GDP 的比值

对于该序参量的使用体现了我国证券市场发达程度，这个指标则用证券化率来衡量。如表 5.15 所示。

表 5.15　原始数据整理结果

年份	亿元	百分比	元/万元	个	百分比	元/个	百分比	元/人	元/万元
2002	228850.57	21.41	0.67996304	1224	37	0.61942112	2.98	237.64	1.83141614
2003	276583.80	19.74	0.65590957	1287	36	1.32853426	3.33	287.44	1.37416923

续表

年份	亿元	百分比	元/万元	个	百分比	元/个	百分比	元/人	元/万元
2004	315989.80	15.57	1.02227776	1377	23	1.58313007	3.4	332.16	1.15718758
2005	374696.90	10	1.04314943	1381	18	1.61082072	2.8	375.64	1.3956814
2006	439499.7	9.22	1.02448221	1434	43	1.85850382	2.80	431.30	1.23547327
2007	525982.5	8.05	1.07132398	1550	133	9.17138233	2.93	532.42	0.8909227
2008	623912.9	2.81	1.09671338	1625	40	11.1692028	3.25	740.66	0.92849043
2009	787690.5	1.8	0.8404983	1718	73	12.6926087	3.27	834.42	1.77967688
2010	942584.6	1.31	0.83005592	2063	66.69	14.0790089	3.2	962	1.6672973
2011	1132873	1.1	0.84980529	2342	45.55	15.9604084	3.0	1062	1.74549661

　　上述指标在进行测算时，由于各自的单位不同，使得各指标的测量值之间有很大的差异，因此，为了使不同单位、不同数据级的指标无量纲化，应采取对原始数据进行均值化处理的措施。如表 5.16 所示。

表 5.16　序变量均值化处理结果

年份	e_{11} 亿元	e_{12} 百分比	e_{13} 元/万元	e_{21} 个	e_{22} 百分比	e_{23} 元/个	e_{31} 百分比	e_{32} 元/人	e_{33} 元/万元
2002	8.94038	0.0008364	0.0000266	0.047817	0.001446	0.0000242	0.0001164	0.0092838	0.0000715
2003	8.94705	0.0006386	0.0000212	0.041632	0.001165	0.0000430	0.0001077	0.0092982	0.0000445
2004	8.95029	0.0004410	0.0000290	0.039003	0.000652	0.0000448	0.0000963	0.0094083	0.0000328
2005	8.95717	0.0002391	0.0000249	0.033013	0.000430	0.0000385	0.0000669	0.0089797	0.0000334
2006	8.96076	0.0001880	0.0000209	0.029237	0.000877	0.0000379	0.0000571	0.0087936	0.0000252
2007	8.96188	0.0001372	0.0000183	0.026409	0.002266	0.0001563	0.0000499	0.0090716	0.0000152
2008	8.96516	0.0000404	0.0000158	0.023350	0.000575	0.0001605	0.0000467	0.0106427	0.0000133
2009	8.96987	0.0000205	0.0000096	0.019564	0.000831	0.0001445	0.0000372	0.0095020	0.0000203
2010	8.97038	0.0000125	0.0000079	0.019633	0.000635	0.0001340	0.0000305	0.0091551	0.0000159
2011	8.97250	0.0000087	0.0000067	0.018549	0.000361	0.0001264	0.0000238	0.0084112	0.0000138

3. 数据计算

　　在表 5.14 中可以看出，序参量中有四个为正向指标，将表 5.16 中的相关数据代入公式 $u_i(e_{ik}) = \dfrac{e_{ik} - \beta_{ik}}{\partial_{ik} - \beta_{ik}}$ 中计算有序度；另五个为负向指标，代入公式 $u_i(e_{ik}) = \dfrac{\partial_{ik} - e_{ik}}{\partial_{ik} - \beta_{ik}}$ 中计算有序度。其中，序变量的上限值 α_{ik} 和下限值 β_{ik} 取最大最小值的 110%。从而得到各子系统序变量的有序度，如表 5.17 所示。

表 5.17　各子系统序变量的有序度

年份	银行监管子系统（s_1）			证券监管子系统（s_2）			保险监管子系统（s_3）		
	$u_1(e_{11})$	$u_1(e_{12})$	$u_1(e_{13})$	$u_2(e_{21})$	$u_2(e_{22})$	$u_2(e_{23})$	$u_3(e_{31})$	$u_3(e_{32})$	$u_3(e_{33})$
2002	0.46653	0.09091	0.20548	0.07603	0.15882	0.99669	0.38884	0.02269	0.15203
2003	0.47036	0.30596	0.41323	0.11908	0.15112	0.95496	0.70203	0.07499	0.53161
2004	0.47222	0.52066	0.11253	0.18058	0.05107	0.93998	0.76466	0.12196	0.71173
2005	0.47617	0.74018	0.26871	0.18331	0.01259	0.93835	0.22777	0.16762	0.51375
2006	0.47823	0.79568	0.42606	0.21953	0.20500	0.92377	0.22777	0.22608	0.64674
2007	0.47887	0.85092	0.52842	0.29879	0.89764	0.49343	0.34410	0.33228	0.93277
2008	0.48076	0.95611	0.62537	0.35004	0.18191	0.37587	0.63044	0.55098	0.90158
2009	0.48346	0.97772	0.86583	0.41359	0.43588	0.28622	0.64834	0.64945	0.19498
2010	0.48375	0.98645	0.93080	0.64933	0.38732	0.20464	0.58570	0.78344	0.28827
2011	0.48497	0.99053	0.97622	0.83997	0.22462	0.09392	0.40674	0.88846	0.22336

然后，将表 5.17 中的数据代入公式（5.9）中，得到各子系统的有序度（图 5.26），并将各个子系统有序度代入公式（5.10），得到我国金融监管的协同度，如表 5.18 所示。

表 5.18　各子系统有序度以及金融监管系统的协同度

年份	银行监管子系统（s_1）	证券监管子系统（s_2）	保险监管子系统（s_3）	系统的协同度
2002	0.205787	0.761043	0.337943	—
2003	0.390328	0.614024	0.553194	0
2004	0.302449	0.428904	0.594421	0
2005	0.455822	0.267217	0.456639	0
2006	0.545275	0.428630	0.423012	0
2007	0.599373	0.315422	0.446620	0
2008	0.659968	0.129053	0.554836	0
2009	0.742455	0.153820	0.389113	0
2010	0.762988	0.144618	0.307805	0.2179387
2011	0.776922	0.061438	0.154996	0.4181248

4. 实证分析

分析上述表中的数据可得出以下结论。

(1)根据图表数据可以看出我国金融监管系统内三个子系统的发展各有特色。

首先，银行监管子系统的有序度在 2002～2011 年间总体呈现上升的趋势，表明我国银行监管一直向着有序的方向发展，在 2004 年稍微下降，原因是 2003 年

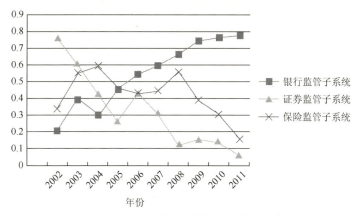

图 5.26　各子系统的有序度

银监会的成立增加了在短时间内难以消化的调整成本和变迁成本，因此，2004 年银行监管处于无序状态。但在总体的发展趋势上，三个监管子系统中银行业监管是发展最好的，这得益于平均监管成本的下降与我国银行业的快速发展，以及在监管方面我国构建了具有中国特色的银行业监管理论体系，包括清晰的银行业监管目标、科学的银行业监管理念、完善的审慎监管框架以及强有力的持续监管。上述表明：银行业监管职能由专门成立的银监会来承担，符合该金融监管子系统演化的需要，并能够促使该金融监管子系统朝着有序的方向演进。

其次，证券监管子系统在 2002~2011 年呈现出无序波动的状态，通过序参量有序度变化情况（表 5.17）可知，是由于股票市价总值与 GDP 的比值（e_{22}）和证监会平均监管成本（e_{23}）的波动所致。主要原因是 2005 年的股份制改革使股票市场发生了大的波动。但从表 5.15 中可以看出我国上市公司数量在逐年上升，表明虽然证监会的监管成本不能有效降低，但我国证券业一直处于蓬勃发展时期，从表 5.19 中可以看出呈现逐年上升的趋势。证券业监管成本居高不下的原因是新兴证券市场的法律体制不够完善，使得证券市场波动性较大、跳跃性特征较强，突发事件较多。

表 5.19　证券业发展情况

年份	证券业国有经济单位职工年平均工资	证监会职工人数	证监会监管总成本	投资者账户数	证监会平均监管成本
单位	元	人	元	个	元
2002	19804	428	42380560	68419624	0.61942112
2003	43647	425	92749875	69813687	1.32853426
2004	47011	486	114236730	72158777	1.58313007
2005	51604	458	118173160	73362081	1.61082072
2006	63741	458	145966890	78540000	1.85850382

续表

年份	证券业国有经济单位职工年平均工资	证监会职工人数	证监会监管总成本	投资者账户数	证监会平均监管成本
单位	元	人	元	个	元
2007	113405	2246	1273538150	138860000	9.17138233
2008	135151	2512	1697496560	151980100	11.1692028
2009	166100	2621	2176740500	171496700	12.6926087
2010	205100	2589	2655019500	188580000	14.0790089
2011	234900	2745	3224002500	202000000	15.9604084

数据来源：2002～2005 年数据来源于《我国金融监管协同机制研究》（罗嘉，湖南大学出版社）；其中证券业国有经济单位职工年平均工资来源于《中国统计年鉴》（4-26 按细分行业分职工平均工资）；证监会职工人数、投资者账户数来源于证监会年报

最后，保险监管子系统在 2002～2004 年呈现出上升的趋势，但在 2005 年以后呈现出无序波动的现象，从表 5.17 中可以看出是由于保险深度（e_{31}）和保监会平均监管成本（e_{33}）这两个序变量有序度的波动。保险深度是指保费收入与国内生产总值（GDP）之间的比例，体现出了保险业在整个国民经济中的地位，我国保险业尚处于起步阶段，保险发展在城镇和农村之间极不平衡；我国当前的社会保险制度存在大量的问题，这些因素都制约着保险监管子系统向着有序的方向发展。

（2）对于我国金融监管系统来说，在 2003～2009 年期间我国金融监管系统协同度为 0，表明在这期间我国金融监管一直处于无序状态。这主要是因为金融监管系统在发展过程中存在"木桶效应"，即整个复合系统协同发展的水平在一定程度上由某些子系统有序度的"短板"所决定。总的来说，在 2002～2011 年期间，由于证券和保险监管子系统有序度相对处于较低水平，即使银行监管子系统有序度呈现出逐年上升的趋势，但整个监管系统有序度处于较低水平，甚至无序状态。

在公式（5.10）中假设当 $u_i^1(e_i) \geq u_i^0(e_i)$ 中至少有一个不成立时，表明系统从 t_0 到 t_1 时间段内是处于非协调发展状态的，表示金融系统中至少有一个金融监管子系统是向无序方向发展的，故视该系统的有序度为零。在表 5.18 中 2003～2009 年金融监管系统的协同度为 0，原因是证券监管子系统处于无序发展的状态，因此，从整个复合系统的协同发展来看，制约整个金融监管系统协同发展的关键因素是证券监管子系统和保险监管子系统的有序发展问题。

（3）金融协同监管的经济学分析。金融监管系统是一复杂的开放系统，由协同学理论可知，一个系统虽由大量的子系统组成，却只受少量的序变量支配，实现系统在总体上的有序结构。在金融监管系统中，支配银行监管、证券监管和保

险监管三个子系统行为的序参量是监管成本和监管收益。在对金融机构进行监管的过程中是有成本的，为了追求在既定的监管收益下监管成本最小化，监管机构必然采取最能节约监管成本的监管方式。由表 5.15 和表 5.17 可以看出，证监会和银监会的监管成本居高不下是造成其无序波动的主要原因。因此，三个子系统之间必然进行紧密的联系，包括金融监管系统内部三个子系统之间的内部协同（信息内部的共享和交流等），图 5.25 中所描述的外部协同（各子系统与外部环境之间进行信息、物质和能量的交换等）。通过上述的内外部协同，以节约监管成本，提高系统的协同度，从而提高金融监管水平以及监管的有效性，最终实现金融系统的稳健运行。

5.5.5　小结

本书通过构建协同度模型，对我国金融监管系统内的各子系统及子系统之间的协同度进行了分析。研究结果表明，利用金融监管协同度模型对我国金融监管系统内数据进行测算，实证数据结果与我国金融监管实际情况基本吻合，这为促进金融监管系统的演化提供了新的分析视角。首先，在改革和发展的历程中，我国的金融监管系统实现了数次的突变，但就目前来说，仍处在接近系统临界点区域之前的混沌阶段，尚未形成自组织结构。在这一阶段中，系统是混乱无序的，由于系统的无序和混乱就使涨落相对变大；其次，在 2004～2009 年我国金融监管协同度取零值，虽然最近两年协同度不为 0，但协同度很低，这也表明在该阶段我国的监管在宏观上表现出混沌的特性，仍处于无序的发展状态。

参 考 文 献

巴曙松. 2006. 金融监管机构是分是合：这并不关键——谈当前监管框架下的金融监管协调机制. 西部论丛，11：38-40.

巴曙松. 2009. 加强对影子银行系统的监管. 中国金融，7：24-25.

白钦先，张志文. 2011. 人民币汇率变动对 CPI 通胀的传递效应研究. 国际金融研究，12：38-46.

陈建军. 2004. 央行与银监会：分工与合作. 中国证券期货，4：4-12.

陈志. 2001. 银行监管、货币政策与监管改革路径. 金融研究，7：76-83.

杜亚斌，顾海宁. 2010. 影子银行体系与金融危机. 审计与经济研究，1：82-87.

黄益平，常健，杨灵修. 2012. 中国的影子银行会成为另一个次债. 国际经济评论，2：42-52.

鞠可一，周德群，吴君民. 2011. 石油价格波动对我国经济影响的系统动力学分析. 江苏科技大学学报（自然科学版），8：376-380.

李波，伍戈. 2011. 影子银行信用创造功能及其对货币政策的挑战. 金融研究，12：77-84.

李成，文苑. 2007. 我国金融监管协调的重点、机制和效应. 金融理论与实践，10：9-10.

李东卫. 2011. 关于影子银行系统监管的几点思考. 金融会计，4：65-70.

李明凯，杨富玉. 2009. 金融协调监管服务平台的建设方案研究. 金融与经济，5：12-15.

李扬. 2011. 影子银行体系发展与金融创新. 中国金融, 12: 31-32.

李正辉. 2006. 金融系统脆弱性理论研究. 统计与信息论坛, 21 (03): 39-43.

林晶, 张昆. 2013. "影子银行"体系的风险特征与监管体系催生. 改革, 7: 51-57.

刘红. 2004. 目前不宜将银行监督职能从中央银行分离. 山西财政大学学报, S1: 8-12.

刘相友, 梁锐, 李成. 2010. 基于博弈理论的金融监管协调机制与整体效率研究. 统计与决策, 1: 143-145.

罗嘉. 2004. 金融监管机构的协同机制研究. 长沙: 湖南大学: 5-8.

孟维. 2011. 中国金融监管协同机制研究. 沈阳: 辽宁大学: 2-5.

欧阳志刚, 史焕平. 2010. 中国经济增长与通胀的随机冲击效应. 经济研究, 7: 68-78.

钱小安. 2002. 金融开放条件下货币政策与金融监管的分工与协作. 金融研究, 1: 46-54.

孙工声. 2009. 进一步完善金融监管协调机制. 中国金融, 6: 24.

王达. 2012. 论美国影子银行体系的发展、运作、影响及监管. 国际金融研究, 1: 35-43.

王君斌, 郭新强, 蔡建波. 2011. 扩张性货币政策下的产出超调、消费抑制和通货膨胀惯性. 管理世界, 3: 7-20.

王晓雅. 2010. 次贷危机背景下影子银行体系特性及发展研究. 生产力研究, 11: 65-67.

王志刚. 2011. 中国经济发展系统动态仿真研究. 经济与管理研究, 10: 33-38.

张坤. 2010. 影子银行: 商业银行的机遇与挑战. 金融与经济, 4: 37-41.

张文朗, 罗得恩. 2010. 中国食品价格上涨因素及其对总体通货膨胀的影响. 金融研究, 9: 1-18.

赵道致, 孙德奎, 李昊. 2011. 农村居民消费与地区经济发展的系统动力学分析. 北京工商大学学报(社会科学版), 1: 123-128.

郑宝安. 2008. 重新审视混业经营风险及其监管模式——基于协同理论视角的分析. 新金融, 12: 40-43.

钟伟, 谢婷. 2011. 影子银行系统的风险及监管改革. 中国金融, 12: 33-35.

钟伟. 2003. 论货币政策和金融监管分立的有效性前提. 管理世界, 3: 45-52.

邹薇, 胡翾. 2003. 中国经济对奥肯定律的偏离与失业问题研究. 世界经济, 6: 40-47.

Bacon D W, Watts D G. 1971. Estimating the transition between two intersecting straight lines. Biometrika, 58 (3): 525-534.

Balke N, et al. 1997. Threshold cointegration. International Economic Reviews, 38: 627-645.

Baumol W. 1967. Macroeconomics of unbalancd growth. The Anatomy of Urban Crises, 6.

Cagan P. 1965. Determinants and Effects of Charge in the Stock of Money: 1875-1960. New York: Columbia University Press.

Calmes, et al. 2011. The rise of shadow banking and the hidden benefit of diversification. RePAd Working Paper Series, UQO.

Chan K S, Tong H. 1986. On estimating thresholds in autoregressive models. Journal of Time, 7 (3): 179-190.

Crotty, et al. 2008. Proposal for effectively regulating the U.S. financial system to avoid yet another meltdown. Political Economy Research Institute Working Paper, 181.

Engle R F, Granger C W J. 1987. Co-integration and error correction: Representation, estimation, and testing. Econometrica, 55 (2): 251-276.

Fisher I. 1933. The debt-deflation theory of great depression. Econometric, I: 337-35.

Franks J R, Schaefer S M, Staunton M D. 1997. The direct and compliance costs of financial regulation. Journal of Banking & Finance, 21 (11-12): 1547-1572.

Friedman. 1969. The Optimum Quantity of Money and other Essays. Chicago: Aldine Publishing Company.

Gorton, et al. 2010. Haircuts, forthcoming in federal reserve bank of St. Louis Review.

Hansen B E, Seo B. 2002. Testing for two-regime threshold cointegration in vector error-correction models. Journal of Econometrics, 110 (2): 293-318.

Kaufman G. 1996. Bank failures, systemic risk and bank regulation. CATO, 16: 17-45.

Kenc, et al. 2010. The 2007-2009 financial crisis, global imbalances and capital flows: Implications for reform. Economic Systems, 34: 3-21.

Kregel J A. 1997. Margins of safety and weight of the argument in generating financial fragility. Journal of Economic Issues, 31 (2): 543-548.

Lawrence F, et al. 1992. Changes in relative wages, 1963-1987: Supply and demand factors. quarterly Journal of Economics, 1: 35-78.

Lomax D F. 1987. London markets after the Financial Services Act. Butterworths.

Merton R C, Bodie Z. 1993. Deposit insurance reform: a functional approach. Carnegie-Rochester Conference Series on Public Policy, 38: 1-34.

Nersisyan, et al. 2010. The global financial crisis and the shift to shadow banking. Levy Economics Institute Working Paper.

Owen B M, Braeutiqam R. 1981. The Regulation Game. Pensacola: Ballinger Publishing Company.

Pigou A C. 1917. The value of money. Quarterly Journal of Economics, 32 (1): 38-65.

Posner R A. 1975. The social costs of monopoly and regulation. Journal of Political Economy, 83 (83): 807-827.

Shin H S. 2008. Securitisation and financial stability. Economic Journal Lecture.

Stigler G J. 1970. The optimum enforcement of laws. Journal of Political Economy, 78: 526-536.

Streeten P. 1962. Crecimiento desequilibrado. Desarrollo Económico, 2 (3): 67-97.

Tong H, Lim K S. 1980. Threshold autoregression, limit cycles and cyclical data. Journal of the Royal Statistical Society, 42 (B08): 170-170.

Tong H. 1978. On a threshold model in pattern recognition and signal processing. Sijthoff & Noordhoff.

Tsay R S. 1989. Testing and modeling threshold autoregressive processes. Journal of the American Statistical Association, 84 (405): 231-240.

第6章　汇率市场系统性特征研究

【本章导读】

随着 2016 年 8 月中旬人民币连续贬值，"人民币汇率贬值""干预汇率市场""汇率改革"等一时成为了网络热词，汇率问题再次成为人们关注的重点。

汇率是一国货币兑换另一国货币的价格或者比率，汇率波动就是一种货币相对于另一种货币价值的上下变化，包含汇率升值和汇率贬值。汇率是一国货币与其他国家货币联系的桥梁，也是国家之间实物和金融流通的重要纽带，汇率波动会给本国和其他国家带来不同的影响。

同时，汇率是货币政策和金融市场的重要操作工具，能通过传导机制从多方面影响经济和金融市场，如汇率波动会引起利率变化，而利率变化又会导致国外直接投资流向变化，而直接投资的变化又会反过来影响汇率、利率、就业、物价等经济变量的一系列变化，对整个宏观经济产生影响。因此，合理的汇率水平和良好的汇率制度有利于一个国家币值稳定、金融稳定，对国家的宏观经济健康发展起着至关重要的作用。

国内外学者常用的研究汇率的理论包括购买力平价理论、利率平价理论、均衡汇率理论等，这些理论都将本国汇率的波动归因于其他国家汇率的变化和资本的流动，而忽略了本国汇率系统自身和内部系统之间的相互作用。随着系统科学的发展与完善，非线性理论、系统动力学等在经济领域的广泛应用为汇率市场的研究提供了新的研究思路，学者们开始关注汇率市场的内部特征。本章也从系统科学的方法入手，深入探究人民币汇率波动行为的复杂性、系统性特征和表现形式，揭示其内在的运行规律，并在此基础上指导中央银行制定有效的汇率政策，保持汇率和宏观经济运行的稳定性。本章的研究对丰富和完善系统科学在社会经济中的应用有重要的理论意义，也对我国的汇率制度改革及我国经济的稳定和发展具有现实指导意义。

本章将着重分析 2005 年 7 月我国汇率改革前后汇率市场呈现的不同系统性特征，通过系统科学中的混沌理论、分形理论，对人民币汇率波动的混沌性、分形特征进行研究，并结合系统动力学，分析汇率和货币政策四大最终目标（经济增长、物价稳定、充分就业和国际收支平衡）之间的因果反馈关系，揭示影响汇率波动的主导因素。

本章首先运用混沌理论和技术方法，选取 2005 年汇改后与汇改前人民币兑美元汇率数据为研究对象，综合集成 R/S 方法、G-P 算法和 Wolf 方法对汇率波动行为进行了混沌性实证检验。研究发现汇改后汇率波动具有长期记忆性和非周期循环，而汇改前汇率波动不存在状态持续性和循环周期；汇改前汇率收益率的最大 Lyapunov 指数小于零，表明汇率波动不具有混沌特征，而汇改后汇率收益率的最大 Lyapunov 指数大于零，表明汇率波动具有弱混沌现象和长期不可预测性；并指出交易者异质性、制度变迁的路径依赖等是导致混沌产生的背后诱因。

其次，本章以 2000～2013 年期间的人民币兑美元、欧元、日元汇率为研究对象，分别用非线性检验、R/S 分析、计盒维数等方法对其非线性、自相关性、长期记忆性、标度不变性、分维等特性进行研究，并对汇改前后的汇率市场特性及不同汇率之间的稳定性、周期长度等进行比较，结果表明人民币汇率市场具有明显的分形特性，汇率具有长期记忆性，汇改后的 Hurst 指数与汇改前相比更加稳定和规律，统计循环长度和计盒维数的确定则分别揭示了汇价波动规律和各种汇率波动的主要影响因素数目。

最后本章运用系统动力学理论构建汇率与经济发展系统的反馈模型、结构流图和方程，以计算机仿真和模拟为辅助手段，通过对相关参数的确定和调控模拟，揭示影响汇率的主导因素。研究发现国内生产总值、经济增长率、国际收支顺差、国际储备净增加额、利率、失业率等是影响我国汇率变动的主要因素。在此基础上，本书对人民币汇率与经济发展系统进行仿真和模拟，得出经济增长、国际收支、失业率、物价和人民币升值之间的关系，为我国实现经济目标提供决策依据。

6.1　人民币对美元汇率波动的混沌性研究

6.1.1　概述

汇率作为一国重要的宏观经济变量，不仅影响一国宏观经济的运行和微观层次上的资源配置，而且还是维系全球经济发展的一条重要纽带（谢赤，2013）。2005 年 7 月，我国开始实行以市场供求为基础，参考一揽子货币进行调节，有管理的浮动汇率制度，此后人民币对美元汇率总体上呈现持续升值态势。截至 2013 年 5 月底，人民币对美元汇率中间价报收 6.1811，与 2005 年汇改时的报价相比，累计升值幅度已超过 30%，并且汇率波动呈现出随机性、时变性和持续性等特点（雷强和郭白滢，2010）。对于汇率波动所呈现的这种异常现象，如何进行合理的解释呢？其内在的运行机制是怎么样的呢？

目前，研究人民币汇率波动机制的方法和模型较多，比较常用的有 ARCH 族模型和 GARCH 族模型，如蔡晓春和邹克（2012）、翟爱梅（2010）选取人民币汇率数据进行实证研究，发现人民币汇率收益率具有显著的尖峰厚尾和波动聚集特征。此外，关于汇率波动趋势预测方面的研究一直以来都是学术界关注的焦点，赵华和燕焦枝（2010）、惠晓峰等（2003）、Nieuwland 等（1998）通过构建改进的 GARCH 族汇率波动模型，获得了更优的拟合和预测效果。

自混沌理论被首次引入汇率研究之后，更多学者广泛采用混沌理论探究汇率系统内部的混沌动力学特征和本质结构。Peters（1991）、Schwartz 和 Yousefi（2003）通过计算日元、美元等多种汇率序列的相关维，发现这些汇率时序存在较低的分形维，一定程度上验证了汇率混沌的存在。Bask（1996）选取英镑、马克等汇率时序，计算得到最大 Lyapunov 指数大于零，同样证明了汇率序列中存在确定性的混沌。Scarlat 等（2007）将罗马尼亚货币兑美元汇率数据划分为被动过渡时期和主动过渡时期，研究发现两个阶段均具备混沌特性的充分判据。相比而言，国内关于人民币汇率非线性特征的研究较晚，研究成果也较少。陆前进（2000）主要探讨了混沌理论及其汇率混沌模型的构建，并提出汇率混沌的分析方法。该方法是汇率理论研究方法上的一种突破，它给理论经济学家和计量经济学家提供了一种研究汇率的新视角。曾振宁和谢冰（2000）利用 R/S 方法对日元汇率的混沌特征进行了实证分析，研究发现汇率波动具有持续性和不可预测性。张永安（2003）通过汇率市场上交易者与投机者博弈行为分析建立汇率波动的非线性模型，揭示了汇率波动行为对初始条件的敏感依赖性、汇率波动的持久性、可控性，指出了混沌理论与方法在非线性系统的动态行为研究中的意义与应用前景。谢赤等（2008）选取 5 种主要汇率时序，运用相空间重构技术和小数据量算法进行实证检验分析，研究结果表明：5 种汇率时序的最大 Lyapunov 指数均大于 0，相关维数均为分数，因此可以判定汇率时序存在混沌现象。

综上所述，已有的文献运用分形、混沌技术对国际上的主要汇率进行研究，但是已有的研究方法单一，或者是采用 R/S 分析法，或者是计算最大 Lyapunov 指数，而且没有对汇率波动所表现出来的混沌现象做出系统的理论性解释；此外，国内文献大多关注的是汇改后汇率数据的波动特征，对汇改前的汇率数据研究较少，不能完全反映人民币汇率波动的特点。

因此，本书的研究更加注重汇率数据选取的全面性和研究方法的综合性，选取 2005 年汇改前和汇改后两个不同时段的人民币兑美元汇率数据，综合集成 R/S 分析、关联维检验和 Lyapunov 指数检验对汇率波动的混沌性进行检验和对比，探究人民币汇率混沌特征生成背后的非线性诱因，为进一步有效预测和风险控制提供重要的理论支持。

6.1.2 检验模型与数据构成

1. 混沌检验模型

汇率波动呈现的随机性、时变性和持续性等复杂非线性特征，要求对汇率波动的研究建立在一个非线性的范式上。近年来，随着非线性动力学的发展与完善，混沌理论为汇率波动的研究提供了一种全新的思维方式。

1）R/S 分析

R/S 分析由水文学家 Hurst 提出，对于收益率序列 $\{r_1, r_2, \cdots, r_n\}$，R/S 统计量的计算公式如下：

$$Q_n = \frac{1}{s_n}\left[\max_{1\leqslant k\leqslant n}\sum_{j=1}^{k}(r_j - \overline{r}_n) - \min_{1\leqslant k\leqslant n}\sum_{j=1}^{k}(r_j - \overline{r}_n)\right] \tag{6.1}$$

其中，$\overline{r}_n = \frac{1}{n}\sum_{j=1}^{k} r_j, s_n = \left[\frac{1}{n}\sum_{j=1}^{k}(r_j - \overline{r}_n)^2\right]^{1/2}$。

Q_n 与 Hurst 指数 H 具有如下关系：$Q_n = a * n^H$（a 为常数），故有 $\ln(Q_n) = \ln(a) + H*\ln(n)$，通过线性回归可以得到 Hurst 指数 H。R/S 分析采用 Hurst 指数来度量相关性，其理论依据是现在对未来影响的相关性度量 C 和 Hurst 指数 H 具有的关系：$C = 2^{(2H-1)} - 1$。如果 H=0.5，则 C=0，表明现在对未来没有影响；如果 $0.5<H<1$，则 $C>0$，表明序列有一个持久性或增强的趋势，即序列具有长期相关性；如果 $0\leqslant H<0.5$，则 $C<0$，表明序列是均值回复的；H 越偏离 0.5，相关性越强。

在实施 R/S 分析中，对于 Q_n 中的每个 n 的取值（如 $n=k$），本书把整个序列分成若干个长度为 k 的子序列，分别计算每个子序列的 R/S 统计量，并取其均值作为 $n=k$ 时 Q_n 的估计值。然后以 $\text{Ln}(Q_n)$ 为被解释变量，以 $\text{Ln}(n)$ 为解释变量作线性回归，$\text{Ln}(n)$ 的回归系数就是 Hurst 指数的估计值。

Hurst 指数 H 用来度量序列相关性和趋势强度：当 H=0.5 时，序列是标准的随机游走过程；当 $0.5<H<1$ 时，序列是趋势增强的，遵循有偏随机游走过程；当 $0<H<0.5$ 时，序列是反持续性的。

通过做 $\log(R_N/S_N)$ 关于 $\log N$ 的图像，可以观察出斜率在何处发生突变，从而可以估计出周期长度，然后在周期长度内对 H 指数进行估计。为了使周期估计得更加准确，采用 $V_n = (R_N/S_N)/\sqrt{N}$。观察 V_n 关于 $\log N$ 的曲线，若序列为独立的随机过程，则对应于平坦的曲线；当序列为持续状态时，曲线向上倾斜；当序列为反持续状态时，曲线向下倾斜。因此当曲线形状发生改变时，就发生突变，长期记忆消失。

2）关联维检验

关联维检验技术最先是由 Grassberger 和 Procaccia 于 1984 年根据延迟时间重构思想提出来的，因此将计算关联维的方法称为 G-P 算法，其计算步骤如下。

第一步，相空间重构。

设 $x_i (i = 1, 2, \cdots, N)$ 是观测得到的某一时间序列，将其嵌入到 m 维欧氏空间 R^m 中，得到一个点（或向量）集 $V(m)$，其元素记作：

$$V_n(m,\tau)=(x_n,x_{n+\tau},\cdots,x_{n+(m-1)\tau}),n=1,\cdots,N_m \tag{6.2}$$

第二步，欧氏距离计算。

从 N_m 个点中任意选定一个参考点 V_i，计算其余 N_m-1 个点到 V_i 的距离：

$$r_{ij}=d(V_i,V_j)=\left[\sum_{k=0}^{m-1}(x_{i+k\times l}-x_{j+k\times l})^2\right]^{1/2},i\neq j \tag{6.3}$$

第三步，相关积分求解。

相关积分 $C_m(r)$ 定义为"参考点周围半径为 r 的 m 维空间所能包含矢量的概率"。

$$C_m(r)=\frac{1}{N_m^2}\sum_{i=1}^{N_m}\sum_{j=1}^{N_m}H(r-r_{ij}) \tag{6.4}$$

式中，$H(x)$ 是 Heaviside 函数，即 $H(x)=\begin{cases}0,x<0\\1,x\geqslant 0\end{cases}$

3）最大 Lyapunov 指数检验

从单变量的时间序列提取最大 Lyapunov 指数的方法仍然是基于时间序列的相空间重构。Wolf 等提出直接基于相轨线、相平面、相体积等演化来估计最大 Lyapunov 指数。这类方法统称为 Wolf 方法，它在混沌的研究和基于最大 Lyapunov 指数的混沌时间序列预测中应用十分广泛。

设混沌时间序列 $x_1,x_2,\cdots,x_k,\cdots$，嵌入维数 m，时间延迟 τ，则重构相空间

$$Y(t_i)=(x(t_i),x(t_i+\tau),\cdots,x(t_i+(m-1)\tau)),\quad i=1,2,\cdots,N \tag{6.5}$$

取初始点 $Y(t_0)$，设其与最近邻点 $Y_0(t_0)$ 的距离为 L_0，追踪这两点的时间演化，直到 t_1 时刻，其间距超过某规定值 $\varepsilon>0$，$L_0'=|Y(t_1)-Y_0(t_1)|>\varepsilon$，保留 $Y(t_1)$，并在 $Y(t_1)$ 邻近另找一个点 $Y_1(t_1)$，使得 $|Y(t_1)-Y_1(t_1)|<\varepsilon$，并且与之夹角尽可能小，继续上述过程，直至 $Y(t)$ 到达时间序列的终点 N，这时追踪演化过程总的迭代次数为 M，则最大 Lyapunov 指数为

$$\sigma=\frac{1}{t_M-t_0}\sum_{i=0}^{M}\ln\frac{L_i'}{L_i} \tag{6.6}$$

2. 数据说明与统计分析

本书选取直接标价法下人民币兑美元汇率中间价的每日数据，并将人民币汇率样本区间分为两个时段进行对比研究，即 1994 年 10 月 5 日～2005 年 7 月 20 日，共计 2586 个数据，2005 年 7 月 21 日～2013 年 7 月 31 日，共计 1951 个数据（资料来源：Wind 数据库）。

对汇率价格序列进行对数处理，然后做一阶差分，得到几何收益率为 $V_t=\log P_{t+1}-\log P_t$（$P_t$ 表示 t 时刻人民币对美元汇率中间价），这种汇率波动的度

量方法可以更好地反映汇率序列的动态性。汇改前和汇改后的收益率波动序列分别为 V_{bef} 和 V_{aft}，各序列数据样本与相关统计描述结果如表 6.1 所示。

表 6.1　人民币对美元汇率对数收益率序列的基本描述性统计量

	均值	中值	最大值	最小值	标准差	偏度	峰度	J-B 值	P 值
V_{bef}	-1.17×10^{-5}	0.000000	0.001328	−0.003595	0.000154	−11.21783	207.1532	4541582	0.000000
V_{aft}	−0.000140	0.000000	0.003535	−0.004257	0.000833	−0.427499	5.703358	652.8473	0.000000

注：V_{bef} 表示汇改前的收益率波动序列，V_{aft} 表示汇改后的收益率波动序列

可以发现人民币汇率波动较为频繁，并且均呈现出一定的波动聚集特征，这表明人民币汇率变化具有一定的群体行为性和投机性。其中，汇改后的汇率波动情况相对于汇改前更为剧烈，这与由盯住单一美元的固定汇率制向参考一揽子货币的浮动汇率制转变等因素相关。同时，表 6.1 中的数据还显示汇改前和汇改后的汇率波动序列均存在不同程度的尖峰厚尾特征，并且 J-B 统计量的伴随概率小于显著性水平 1%，波动序列在 99%的置信水平下拒绝服从正态分布的原假设，这说明某些较大的汇率波动所发生的概率很大。

进一步进行人民币兑美元汇率序列 P_t 单位根检验，发现汇改前汇率原始序列的 ADF 检验值的绝对值均大于三个不同检验水平的临界值，说明人民币汇率原始序列是一个平稳时间序列。进一步进行人民币兑美元几何收益率 V_t 的一阶差分单位根检验，得出 ADF 检验值的绝对值均大于三个不同检验水平的临界值，说明人民币兑美元汇率收益率波动序列是一个平稳时间序列。同理，对汇改后的汇率原始序列和收益率波动序列进行 ADF 检验，可以发现汇率原始序列是一个非平稳序列，因为实行人民币盯住美元的浮动汇率制，其升值幅度明显增大；而收益率波动序列是一个平稳序列。检验结果如表 6.2 所示。

表 6.2　单位根检验

| 时间 | 序列 | (C，T，L) | ADF 统计量 | 临界标准 | | | P 值 | 平稳 |
				1%	5%	10%		
1994～2005	P_{bef}	(1，1，1)	−6.003522	−3.961598	−3.411548	−3.127638	0.0000	接受
	V_{bef}	(1，1，2)	−16.71642	−3.961599	−3.411549	−3.127639	0.0000	接受
2005～2013	P_{aft}	(1，1，2)	−0.483950	−3.963611	−3.412533	−3.128223	0.9843	拒绝
	V_{aft}	(1，1，1)	−23.68582	−3.963615	−3.412535	−3.128224	0.0000	接受

注：P_{bef} 表示汇改前汇率原始序列，P_{aft} 表示汇改后汇率原始序列；检验形式（C，T，L）分别代表常数项、时间趋势和滞后阶数

6.1.3 实证检验与结果分析

1. R/S 检验

在应用 R/S 分析时，首先采用 AR（1）残差法对收益率波动序列进行处理，这有助于消除人民币汇率时间序列中的线性化依赖，由此得到的收益率也具有良好的统计特征。运用 MATLAB 软件运行 R/S 分析程序，得到 R/S 分析图（图 6.1）和相关数值计算结果（表 6.3）。

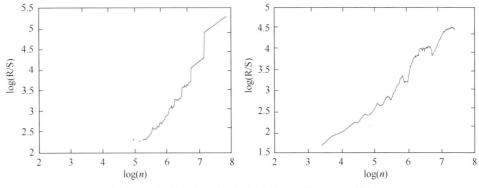

图 6.1 人民币对美元收益率波动序列的 R/S 分析图

表 6.3 人民币对美元汇率收益率波动序列（R/S）$_n$ 计算结果

时间	n	$\log(n)$	R/S	$\log(R/S)$	V 统计量
汇改前	140	4.9416	10.2599	2.3282	0.8671
	170	5.1358	9.7752	2.2799	0.7497
	240	5.4806	11.4987	2.4422	0.7422
	820	6.7093	40.0494	3.6901	1.3986
	1290	7.1624	73.3641	4.2954	2.0426
	1870	7.5337	163.5865	5.0973	3.7829
	2580	7.8555	195.5009	5.2756	3.8489
汇改后	30	3.4012	5.3346	1.6742	0.9740
	110	4.7005	11.3758	2.4315	1.0846
	240	5.4806	15.8193	2.7612	1.0211
	340	5.8289	28.7227	3.3577	1.5577
	810	6.6970	54.4119	3.9966	1.9118
	940	6.8459	55.9975	4.0253	1.8264
	1650	7.4085	88.1352	4.4789	2.1697

注：n 代表数据按照时间先后顺序排列

　　然后，根据表 6.3 中的 V 统计量得到关于 log(n)-V 统计量图，如图 6.2 所示。

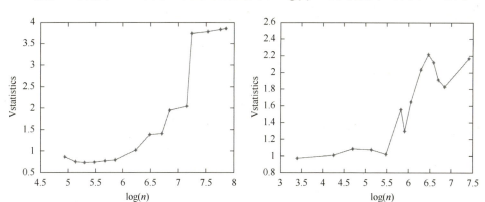

图 6.2　汇改前和汇改后的 V 统计量

　　图 6.2 给出了汇改前和汇改后 V 统计量相对于 log(n)的变动趋势。当时间序列呈现出持续性（$H>0.5$）时，V 统计量曲线就会一直上升；如果序列呈现出随机游走（$H=0.5$）或反持续性（$H<0.5$），V 统计量将大致保持不变或单调下降。所以 V 统计量曲线由上升转为保持大致不变或下降的分界点就是序列长期记忆的消失点。如表 6.3、图 6.3、图 6.4 所示，汇改前和汇改后汇率收益率波动序列分别在 $n=1290$ 和 $n=340$ 处 V 统计量停止增长，所以 $n=1290$ 和 $n=340$ 即为收益率波动序列的分界点，分别就分界点前后的 log(n)和 log(R/S)序列进行回归，可以计算分界点前后的 Hurst 指数，分析结果如表 6.4 所示。

表 6.4　Hurst 指数估算表

	区间	截距	H	标准差	R^2	F 统计量	Multiple R	$C(t)$
汇改前	$140{\leqslant}n{\leqslant}2580$	−4.7685	1.2975	0.1762	0.9641	6554.2416	0.9820	2.0209
	$140{\leqslant}n{\leqslant}1290$	−3.6176	1.1051	0.1216	0.9655	3216.764	0.9827	1.3137
	$1290{\leqslant}n{\leqslant}2580$	0.9272	0.5535	0.0012	0.9999	1105445	0.9999	0.0770
汇改后	$30{\leqslant}n{\leqslant}1650$	−1.3653	0.8048	0.1221	0.9694	5137.703	0.9847	0.5258
	$30{\leqslant}n{\leqslant}340$	−0.6359	0.6493	0.0915	0.9559	672.534	0.9784	0.2230
	$340{\leqslant}n{\leqslant}1650$	−1.0422	0.7594	0.1132	0.8918	1072.326	0.9448	0.4328

　　由表 6.4 可以看出，对汇改前收益率波动序列进行回归分析的结果显示，Hurst 指数 $H=1.2975$，调整的 R^2 等于 0.9641，相关系数等于 0.9820，标准误差和 F 统计量分别为 0.1762 和 6554.2416，回归方程的拟合效果较好；同样，在 $140{\leqslant}n{\leqslant}1290$ 和 $1290{\leqslant}n{\leqslant}2580$ 两个子区间经回归分析分别得到 Hurst 指数 $H=1.1051$ 和 $H=0.5535$，标准误差、调整的 R^2、F 统计量和相关系数的值均表明回归方程也表

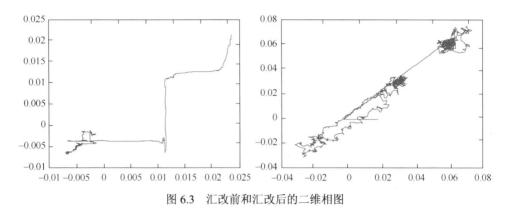

图 6.3　汇改前和汇改后的二维相图

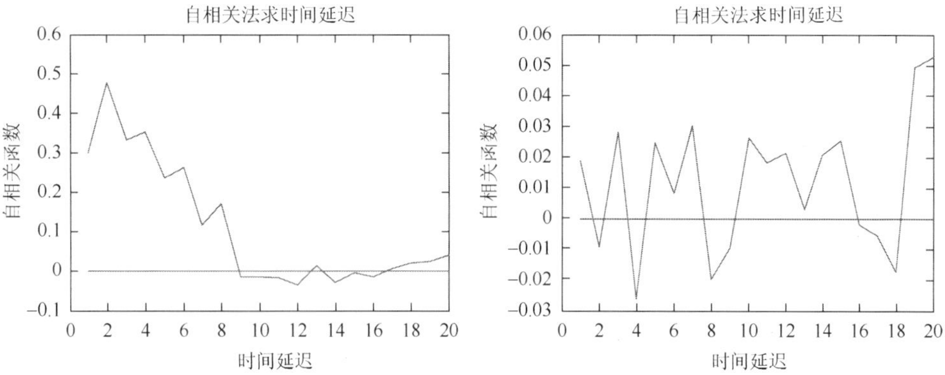

自相关法求时间延迟　　　　　　　　　　　　自相关法求时间延迟

图 6.4　汇改前和汇改后自相关函数图

现出较好的拟合效果。由以上指标可以得出，汇改前收益率波动序列的 Hurst 指数 H 是大于 1 的，区间 $140 \leqslant n \leqslant 1290$ 的收益率波动序列的 Hurst 指数 H 也是大于 1 的，因此不具有分形特征；然而区间 $1290 \leqslant n \leqslant 2580$ 的 Hurst 指数 H 介于 0.5 和 1 之间，且计算得出的关联尺度为 0.0770，表明此区间收益率波动序列具备明显的分形特征。

然后，对汇改后收益率波动序列进行回归分析的结果表明，Hurst 指数 $H = 0.8048$，经过调整的 $R^2 = 0.9694$，相关系数等于 0.9847，标准误差为 0.1221，F 统计量为 5137.703，这都表现了回归方程具有很好的拟合效果。进一步分别对区间 $30 \leqslant n \leqslant 340$ 和 $340 \leqslant n \leqslant 1650$ 的收益率波动序列进行回归拟合，标准误差分别为 0.0915 和 0.1132，调整的 R^2 分别为 0.9559 和 0.8918，F 统计量分别为 672.534 和 1072.326，相关系数分别为 0.9784 和 0.9448，诸如这些分析结果均证实了回归方程的拟合效果较好，分别得到 Hurst 指数为 0.6493 和 0.7594，表明收益率波动序列具有明显的分形特征和长期记忆性，收益率波动呈现状态持续性，长期记忆周期为 340 天。

2. 关联维检验

关联维是混沌时间序列非线性分析中的一个重要概念，主要利用关联积分计算变量前后的关联性，借此描述吸引子的确定规律及其维度复杂性。同时，通过关联维的相空间重构还可获得描述一个复杂系统至少需要几个实质性状态变量的信息。

相空间重构的具体做法是对金融市场时间序列数据 $\{x_1, x_2, \cdots, x_n\}$ 重构一个等价的状态空间，形成二维空间上的点：

$$(x_1, x_{1+\tau}), (x_2, x_{2+\tau}), \cdots, (x_t, x_{t+\tau}), \cdots$$

或形成三维空间上的点：$(x_1, x_{1+\tau}, x_{1+2\tau}), (x_2, x_{2+\tau}, x_{2+2\tau}), \cdots, (x_t, x_{t+\tau}, x_{t+2\tau}), \cdots$

如图 6.3 所示，汇改后人民币兑美元汇率原始序列的运动轨迹似乎是沿着 45° 坐标线方向运动，点的运动轨迹呈现螺旋形状，这与洛伦兹描述天气变化混沌系统所产生的蝴蝶翅膀形状的混沌吸引子极为相像，预示着人民币兑美元汇率原始序列的运动似乎被一种内生力量左右着，而不是纯粹的随机运动。然而汇改前人民币兑美元汇率原始序列的运动轨迹是杂乱无章的，但从整体看来有比较明显的上升趋势。因此，汇改前和汇改后的汇率原始序列可能是混沌的，但需要进一步验证。

运用自相关函数法分别对汇改前和汇改后人民币兑美元汇率原始序列的收益率波动序列进行相空间重构，根据绘制的时间延迟图，得到重构相空间延迟时间分别为 9 和 2，计算结果如图 6.4 所示。

运用 MATLAB 运行 G-P 算法程序，计算人民币兑美元汇率收益率波动序列的关联维数，运行结果图 6.5、图 6.6 和表 6.5 所示。

表 6.5　人民币对美元收益率波动序列的关联维的计算

m	1994～2005				2005～2013			
	R^2	F	常数	系数	R^2	F	常数	系数
2	0.8908	146.8798	0.3737	0.1092	0.9750	700.7660	1.6757	0.6738
5	0.9169	198.7023	0.4284	0.1237	0.9702	586.3536	1.8881	0.7565
8	0.9173	199.7126	0.4459	0.1286	0.9632	471.7290	2.0601	0.8229
11	0.9177	200.8370	0.4583	0.1321	0.9562	393.1208	2.2179	0.8837
14	0.9180	201.3808	0.4736	0.1364	0.9498	340.8242	2.3952	0.9529
17	0.9181	201.6892	0.4859	0.1409	0.9462	316.5683	2.5179	1.0211
18	0.9181	201.7908	0.4901	0.1416	0.9454	311.9258	2.5554	1.0006
19	0.9181	201.8938	0.4944	0.1423	0.9450	309.0016	2.5911	1.0003
20	0.9182	201.9985	0.4988	0.1411	0.9447	307.2967	2.6254	1.0061
D^*	0.1416（18）				1.0003（19）			

注：D^* 所列数值为关联维收敛的数值，括号内的数值为对应的空间嵌入维数

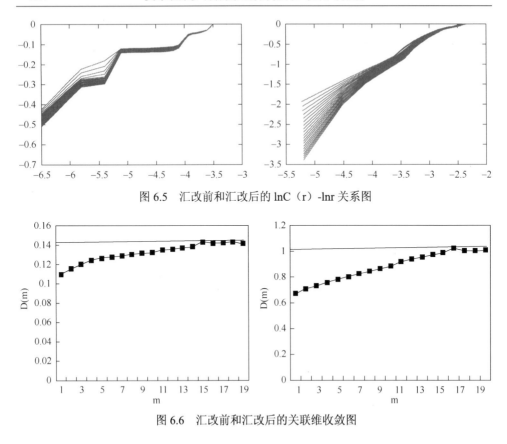

图 6.5　汇改前和汇改后的 lnC（r）-lnr 关系图

图 6.6　汇改前和汇改后的关联维收敛图

通过分析图 6.5、图 6.6 和表 6.5 的计算结果，我们得到汇改后人民币兑美元汇率的关联维在 1～2，其嵌入维数收敛至 $m=19$，这一结果表明人民币汇率系统是一个很复杂的动力系统，影响其变化的因素达到 19 个，主要包括国民收入、国际收支水平、货币供给、财政支出、通货膨胀率、利率、投机活动、心理预期、政治因素、汇率干预政策等，但起决定性的因素只有 2 个，这 2 个决定性因素有可能是其中的 2 个单个因素，也有可能是综合因素。总之，多种多样的因素影响着汇率的波动，这些因素的关系错综复杂，有时这些因素同时起作用，有时个别因素起作用，有时甚至起互相抵消的作用。但是通过长时间观察来看，汇率波动的规律主要受到国际收支状况和通货膨胀的制约，因此它们是决定汇率变化的基本因素。起决定性作用的是一国的财政政策和货币政策，利率因素和汇率政策起从属作用，即助长或削弱基本因素所起的作用，而投机活动只是在其他因素所决定的汇价基本趋势基础上起推波助澜的作用。而汇改前人民币汇率的关联维为 0.1416，其饱和嵌入维为 18，同样表明影响汇率波动的因素有 19 个，但起决定性的因素只有 1 个，即汇率干预政策，因为该时期我国实行单一有管理的浮动汇率制，其实质是盯住美元的官方固定汇率制。

　　通过上述分析，我们发现人民币汇率中含有混沌吸引子，它控制着外汇价格的运动，由此可以初步判定人民币汇率系统是一个具有分形结构的低维混沌系统，可以对人民币汇率波动趋势进行短期预测。然而，由于低维混沌吸引子的存在并不是系统中存在混沌的充分条件，因此需要进一步观察汇改前和汇改后汇率序列的最大 Lyapunov 指数的情况。

　　3. 最大 Lyapunov 指数检验

　　根据 Wolf 方法，计算表征混沌现象的最大 Lyapunov 指数，运用 MATLAB 编程实现。首先，通过自相关函数方法可以得知人民币兑美元汇率汇改前和汇改后的收益率波动序列的时间延迟分别为 9 和 2，通过 G-P 算法可以得知汇改前和汇改后波动序列的空间嵌入维数是 18 和 19，用 FFT 方法可得汇改前和汇改后汇率收益率波动序列平均周期为 1329 和 308，最后可以得到汇改前和汇改后收益率波动序列的最大 Lyapunov 指数分别为–0.0010 和 0.0029。计算结果如表 6.6、图 6.7 所示。

表 6.6　人民币兑美元汇率收益率的最大 Lyapunov 指数

样本区间	样本容量	时间延迟	饱和嵌入维	关联维数	最大 Lyapunov 指数
1994～2005	2586	9	18	0.1416	−0.0010
2005～2013	1951	2	19	1.0003	0.0029

　　由表 6.6 可以看出，汇改后的人民币兑美元汇率收益率波动序列的最大 Lyapunov 指数显著大于零，表明人民币兑美元汇率中含有混沌吸引子，其演化具有对初始条件的敏感依赖性，因此对汇率的短期行为的预报是可行的，而对其长期预报则意义不大。一方面，因为最大 Lyapunov 指数是正的，无论系统怎样演化，它的相轨迹都不会趋向于点吸引子或者极限环的形式，所以人民币兑美元汇率并非是一个周期或者稳定的过程。另一方面，最大 Lyapunov 指数代表着外汇市场系统演化的衰减速率，$1/\lambda$ 则表示的是系统可以预报的时间尺度。所以，把求得的最大 Lyapunov 指数代入计算，就可以得到人民币兑美元汇率的可预报时间大约为 344.83 天，这就是说从某一时刻开始的 344.83 天，人民币兑美元汇率是可以进行短期预测的。尽管发现该时段的汇率市场存在低维混沌，但并不意味着任何人可以更容易地开发这个系统而获利，因为汇率市场是一个复杂的动力学系统，类似于生态系统，它有自身的适应性与进化机制以保障其生存与发展。汇改前收益率波动序列的最大 Lyapunov 指数小于零，说明汇改前人民币兑美元汇率的混沌性不显著，无法对其进行短期预测。

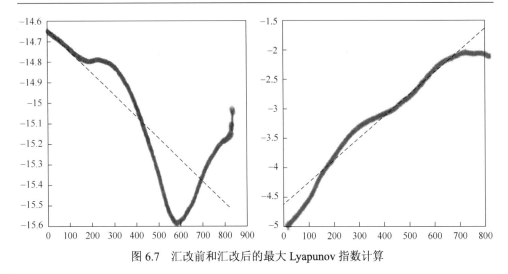

图 6.7　汇改前和汇改后的最大 Lyapunov 指数计算

6.1.4　小结

通过综合运用 R/S 分析法、关联维计算和最大 Lyapunov 指数计算分别对汇改前和汇改后人民币兑美元汇率收益率波动序列进行混沌特征研究，研究结果如下。

（1）汇改后的人民币兑美元汇率波动具有长期记忆性和非周期循环。汇改后人民币汇率的 Hurst 指数不等于 0.5，且关联尺度不为零，说明每一观测值都带有之前发生的所有事件的记忆，其波动受历史信息的影响存在着"长期记忆"特征。在实际中，长期记忆过程不是无限的，而是具有一定的限度。通过观察汇改后的 log(n)-V 统计量图，我们发现 log(n)-V 统计量曲线具有明显的转折点，即 n=340（约 11 个月）时，曲线斜率开始发生变化。这说明汇率波动的平均循环周期在 340 个交易日附近，汇率市场某一时刻的价格会对以后 340 个交易日内的价格产生影响，而 340 个交易日之后的汇率价格与之是相互独立的。

（2）汇改前人民币兑美元汇率收益率的 Hurst 指数为 1.2975，表明汇率时间序列不存在状态持续性。观察汇改前的 log(n)-V 统计量曲线得知，其 V 统计量在 n=1290 处停止增长，即在 n=1290 处汇率序列的长期记忆性消失，因此汇改前的汇率波动不具有循环周期。

（3）汇改前人民币汇率收益率的最大 Lyapunov 指数是小于零的，说明该时期人民币汇率不具有混沌特征；汇改后汇率收益率的最大 Lyapunov 指数大于零，表明该时期汇率收益率具有混沌性，而且是弱混沌现象，因此汇率波动呈现持续性和不可长期预测性。

人民币汇率系统的运行既受确定性规律的支配，同时又表现出某种随机现象，即表现出时变性、随机性和模糊性的特点。人民币汇率与其他宏观经济变量（国际收支、通货膨胀、利率等）之间的非线性相互作用导致汇率运动对初始条件和特定参数的初值敏感，从而导致汇率混沌现象的产生。汇率收益率波动序列具备混沌特征，为正确认识汇率本质特征和内部结构提供了一种新的研究范式；同时表明不能将汇率偏离均衡的原因完全归结于外部干扰，试图通过强制干预令其回归均衡的努力是无效的。因此，在进行外汇市场干预时，中央银行不仅要研究宏观方面的影响因素，还要对微观主体的投资心理加以研究，重视微观结构主体在汇率波动中的作用，同时考虑汇率变化的长期记忆性并采取相应措施，这样才会使外汇市场的干预行为取得更为理想的效果。

6.2　人民币汇率市场分形特性研究

6.2.1　概述

随着经济全球化趋势加速及中国开放程度不断提高，出口拉动成为中国经济增长的重要动力，人民币汇率对中国经济内外均衡的重要性日渐增强，对世界经济和国际关系也有着重要的影响（陈雨露，2011；姜凌和马先仙，2005）。汇率问题普遍与国际资本流动和货币政策相关联。对于一个开放经济体而言，汇率稳定、资本自由流动和货币政策独立这三项政策目标一般同时实现其中两项。为增强政府调控经济的主动性，中国必须要坚持自身货币政策的独立性。因此，人民币的汇率问题及其政策取向是关乎中国经济长期发展的一个关键问题（姜波克和李天栋，2006）。

传统的汇率决定理论以购买力平价为基础，但是随着经济的发展，经济系统作为一个非平衡的开放系统，其多目标的不一致性、非线性与复杂性使传统方法难以揭示和实现经济系统的协调运作，市场上越来越多的异常现象使得传统汇率决定理论面临挑战。现实的经济系统中普遍存在非线性关系，其价格收益率并不是相互独立的，一般呈现出尖峰厚尾等特征。要完整地刻画市场特性，必须充分考虑市场中无序、不稳定且高度复杂的现象，非线性系统理论尤其是分形理论的引入，有效解决了传统市场假说的局限性和缺陷（Peters，1996）。

该研究运用分形理论从非线性的角度对人民币汇率市场进行分析，以人民币兑美元、欧元和日元汇率为例，从相关性、标度不变性、长期记忆性、分形维数等方面判断分析人民币汇率市场的分形特征，并通过计算统计循环长度和分形维数等对人民币汇率市场短期可预测性进行证明并提出建议。

6.2.2　文献综述

汇率决定问题是当今国际货币学研究的热点问题之一，国内外相关学者对此做了大量研究，并取得了一定进展。传统汇率决定理论主要从宏观角度解释汇率的决定和波动，在此过程中形成了以商品贸易为主的流量模型和以资产交换为主的存量模型，如购买力平价说、国际收支说、资产市场分析法。然而现实经济中，这些传统理论很难预测汇率的走势，其解释能力也很欠缺（陈雨露和侯杰，2005）。基于购买力平价的传统汇率理论受到越来越多学者的质疑，对于汇率研究方法的突破点，郑术专和黄永强（2006）认为单位根和协整理论的研究为传统的线性范式提供了发展空间，而非线性科学最近所取得的重大成果也为学者提供了新思路，非线性方法成为解释复杂的汇率波动现象的新方法，甚至许多学者认为汇率的非线性变化就是一个混沌过程，混沌、分形理论的出现开拓了用非线性方法来研究经济的新领域。

　　分形理论最早在金融系统中的应用起始于 Greene 和 Fielitz（1977）将 R/S 分析法引入数理金融学中，并用此法研究了美国普通股票的波动特征，发现股票的收益率序列存在长期依赖且呈现非正态分布。Michael（2001）运用 R/S 分析法研究了澳大利亚股票收益率的日数据和月数据的非周期循环，研究发现当用一阶自回归消除价格波动的短期效应之后，股票市场出现了长期记忆性，且存在非线性循环。我国对于分形理论在金融系统中的应用多集中于股市，黄诒蓉（2004）应用 R/S 分析方法对中国股票市场的分形特征进行实证研究，得出中国股市具有明显的长期记忆性的结论。杨成义等（2009）通过对中国股市日收益率的 R/S 双对数曲线以及 V 统计量进行拟合研究，发现中国股票市场的收益率序列并非正态分布而是具有明显的分形特征。苑莹和庄新田（2012）以中国股市为例，以多重分形为基础对金融市场的复杂特性进行分析。

　　分形理论在汇率问题上的应用相对较少，且方法较为单一。戴国强等（1999）采用 R/S 分析法对 1984～1998 年 15 种主要货币兑美元的日汇率进行分析，得出汇率波动具有长期记忆性、关联性、非线性和稳定的周期性的结论。孙继国和伍海华（2006）以 1994～2003 年的人民币、日元兑美元的日汇率为研究对象，同样得出了中日外汇市场均表现出分形特性的结论，但受数据限制未估计出状态循环周期。戎如香（2008）采用 R/S 分析法对汇改后三年（2005～2008）的六种货币兑人民币汇率的日收益率序列进行研究，结果表明样本汇率均表现出较强的正状态持久性、非线性和非周期循环特征。

　　通过对上述文献的梳理可以发现，在汇率市场的研究中引入分形理论是科学和必要的。但是从目前作者掌握的相关文献来看，汇率波动的分形特性研究还存在一些不足之处：一是研究方法上主要运用 R/S 分析方法，对汇率序列的非线性、长期记忆性加以证明，但多止步于此，进一步的研究非常有限，且尚未形成框架体系，很难对实际的经济活动起到理论支撑和实践指导作用；二是上述文献的汇率数据选取存在不足之处，由于 2005 年 7 月 21 日中国人民银行宣布人民币与美元脱钩，参考一揽子货币实行有管理的浮动汇率制度，改革后的汇率市场具有更好的市场特性，所以有必要针对汇改前后人民币汇率特性的变化进行对比分析。

因此，选取 2000～2013 年的人民币兑美元、欧元和日元汇率的中间价作为研究对象，对比分析改革前后汇率市场的特征变化，从而证明改革后的汇率市场比改革前具有更好的分形分布特征；此外，在实证分析上形成包括非线性检验、相关性检验、标度不变性检验、分维计算和 R/S 分析等一系列实证方法在内的分析框架，并据此判断人民币汇率市场的分形特性，确定其统计循环长度和分维，从而证明汇率市场具有短期可预测性。

6.2.3 分析框架与逻辑关系

分形思想和汇率特性的融合是对传统汇率决定理论的创新和突破。构建汇率特性的分形研究基于以下分析框架和逻辑关系。

1. 分形理论

分形理论是非线性科学的前沿和重要分支，用于研究自然界中无序的复杂现象。分形的概念首先从几何意义上展开，指形状不规则、内部存在无穷层次和自相似特征、无法用经典的欧氏几何来描述的集合体。分形理论是联系整体与部分、混乱与规则、有序与无序、连续与间断的纽带，它将传统的确定论思想与随机论思想结合在一起，使人们可以从无序的表象中认识其中的有序规律、从事物的局部特性中认识整体的特性（孙洪军和赵丽红，2005）。

2. 分形特征和应用领域

（1）分形体的主要特征。
①有精细的结构。在任意小的比例下，它总是有复杂的结构。
②不规则性。
③有自相似形式。分形体本身的结构在大小比例上存在近似的或统计意义上的自相似性。
④分形维多为非整数且大于拓扑维。
⑤大多数情况下，分形图形可以由迭代产生。
（2）分形的应用领域。发展至今，分形理论的应用被拓展到自然科学的各个领域，在地球科学、生物学、物理学、化学、材料科学、计算机图形学和图像处理、语言和情报学、经济学和金融等领域中都有广泛应用，为复杂系统的深入研究提供新的方法论。

3. 分形金融理论思想及分形在金融领域中的应用

（1）分形金融理论思想。
①金融系统内部的复杂结构使金融系统呈现多标度特性，在不同标度范围内

表现出不同的特征和现象。

②在一定标度范围内金融系统具有时间和空间上的自相似性，我们能够通过对金融系统局部构成的研究，把握其整体特性。

③金融系统的运行是历史因素和现实因素相互作用的结果，这也是金融系统表现出非周期循环的原因。

④金融系统的分形特质所产生的内部不稳定性会使金融系统发生不连续的突变，这也是金融危机爆发的作用机制之一。

⑤根据对金融系统规律的探索和把握可以对金融系统的运动趋势做出短期的预测，且这种预测具有一定的可靠性。

（2）分形理论在金融领域的应用。学者根据金融系统的特点，综合集成已有的分形理论研究方法，对金融系统的各个分形特征做了科学严谨的实证分析。

运用分形理论研究金融市场自相似性，不仅包括金融时间序列的自相似性，还涉及金融体系空间结构的自相似性；运用分形理论研究金融市场长期记忆性，金融资产价格变动的可预测性与价格之间的长记忆性正相关，重标极差法（R/S分析法）是验证金融市场长期记忆性的常用方法；运用分形理论研究金融市场标度无关性，从金融数据的标度无关性入手进而对其复杂性进行研究，可探索出股市波动的规律；运用分形理论研究金融市场多重分形特性，通过具有时变性的参数对金融时间序列的局部分形特性进行细致描述，可对金融市场的价格变化有更加真实的反映；利用多标度分形理论研究金融风险测度，建立新的金融风险预测模型对金融市场的发展有深远意义（刘超，2013）。

汇率波动特性问题作为金融领域中的重要问题，具有明显的分形特征，有必要运用分形金融理论对人民币汇率市场的分形特性进行分析验证。

4. 汇率分析框架与逻辑关系

本书在对人民币汇率市场的分形特性进行定性理论分析的基础上，综合多种研究方法对汇率市场的分形特性进行全面的定量分析，证明汇率市场存在分形特征，主要从非线性、自相关性、标度不变性、长期记忆性、分形维数等几个方面展开定量论证。

（1）首先运用峰度、偏度等基本统计量、Jarque-Bera 检验和 Q-Q 图检验，验证人民币兑美元、欧元、日元汇率日收益序列的分布并非正态分布，而是呈现非线性特性，这是研究汇率市场分形结构的基础。

（2）在人民币汇率市场具有非线性特性的基础上，运用 BDS 检验和 LB-Q 检验对样本序列进一步进行自相关性检验，证明样本汇率的收益率序列均存在一定的自相关特征，且金融市场中市场信息的重要性并不都是随着时间长度的增加而减弱的，较近的市场信息对现期价格的影响并不一定大于较远期的市场信息。

（3）自相关性仅是汇率序列之间长程相关性表现的一部分，DFA dynamic financial analysis 方法可以对时间序列的长程相关性做出更全面的分析，利用 DFA 方法可以计算出汇率时间序列的标度指数，对人民币兑美元、欧元、日元汇率的标度不变性做出较为准确的测度，证明汇率序列在不同时间标度上具有相似的统计特性。

（4）通过对 R/S 分析方法得出的 Hurst 指数进行分析，一方面可以证明人民币兑美元、欧元、日元汇率序列呈分形分布并具有长期记忆性，另一方面可以得出统计循环长度，揭示上述三种汇率的状态持续周期。

（5）最后，分形维数的计算能最终确定人民币兑美元、欧元、日元汇率的关键影响因素数目，并就不同汇率序列的分形维数进行分析，比较不同汇率的复杂性。

6.2.4　实证分析

1. 数据选取

（1）数据来源。选取人民币兑 100 美元、人民币兑 100 欧元、人民币兑 100 日元的汇率中间价日数据为研究对象，数据来源于国家外汇管理局网站的统计数据与报告。

（2）品种选取。美元、欧元、日元作为国际货币在国际贸易中居于主要地位，在国际货币流通中占有很大的比例，且是我国对外贸易中的主要计价货币，对人民币汇率的影响较大。

（3）期限选取。对于分形结构而言，汇率序列的时间跨度越长，分形结构特性越明显且由于改革后的汇率具有更好的市场特性，所以选择汇率改革前后（2000～2013 年）的汇率数据。

（4）数据处理。在对人民币汇率市场展开实证研究之前，对人民币汇率中间价目数据进行对数化转化，即 $r_t = \ln(p_t) - \ln(p_{t-1})$，经过此公式处理得到的对数收益序列能更好地消除时间序列数据的短期记忆性和自相关的影响且相对于汇率的绝对数变化，投资者更关注收益率的变化。

2. 人民币汇率市场的非线性检验

1）非线性检验方法和统计量

（1）偏度和峰度。偏度和峰度以正态分布（偏度=0，峰度=3）为基准，用来测定收益率分布的形状。偏度的大小反映分布偏斜的程度，当偏度 $S>0$ 时，序列分布右偏，当偏度 $S<0$ 时，序列分布左偏；峰度反映分布隆起的程度，当峰度 $K>3$ 时，在峰值附近集中取值的频率大于正态分布，序列分布曲线相对于正态分布更隆起，当峰度 $K<3$ 时，序列分布曲线相对于正态分布更平坦。

（2）Jarque-Bera 检验。Jarque-Bera 统计量是用来检验时间序列是否服从正态分布，以时间序列呈现正态分布为零假设，时间序列根据检验值与偏度和峰度偏离 0 和 3 的程度来衡量。

（3）Q-Q 图检验。Q-Q 图检验是根据其形状来判定样本数据分布是否与已知分布（本书中已知分布为正态分布）相同。

2）非线性检验实证结果

（1）利用 Eviews 软件对三种汇率的日收益率序列进行分析，结果如表 6.7 所示，样本汇率的日收益率序列偏度均大于 0，分布为右偏，并非围绕均值对称分布；峰度均大于 3，呈现出尖峰特征；其中人民币兑美元汇率的右偏程度和尖峰状态最为明显。此外，三种汇率收益率的 JB 统计量明显大于临界值，所以都拒绝了收益序列服从正态分布的零假设。综上，汇率的收益率分布远远偏离正态分布。

表 6.7　人民币兑美元、欧元、日元汇率基本统计量及 JB 检验

汇率名称	均值	标准差	偏度 S	峰度 K	JB 统计量	Probability
人民币兑美元汇率	8.79×10^{-5}	0.00073	6.9565	184.318	4603428	0.000
人民币兑欧元汇率	7.68×10^{-5}	0.00638	0.1917	7.1698	2439.412	0.000
人民币兑日元汇率	4.46×10^{-5}	0.00651	0.2948	8.9568	4144.404	0.00

注：JB 统计量在 5% 和 1% 显著性水平下的临界值分别为 5.9915 和 9.2103

（2）图 6.8 中的 Q-Q 图充分显示了人民币兑美元、欧元、日元汇率的收益率分布与正态分布的显著差异。

上述检验表明：人民币兑美元、欧元、日元汇率的日收益率序列不呈现正态分布，而是具有非线性特性，即我国人民币汇率市场是一个非线性的市场，其中人民币兑美元汇率偏离正态分布的幅度最大。以正态分布假定为基础的有效市场理论及其分析方法存在很大的局限性，这就要求学者积极探索建立在非正态特性基础上的新理论和方法。

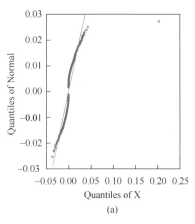
(a)
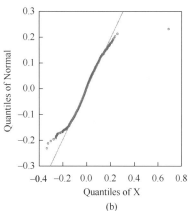
(b)

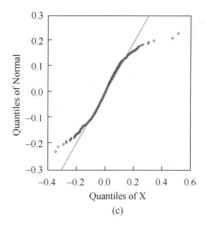

图 6.8　人民币兑美元、欧元、日元汇率日收益率分布 Q-Q 图

3. 人民币汇率市场的相关性检验

探索汇率市场的非线性相关性是研究汇率市场分形结构的基础，因此在研究汇率市场的分形结构之前首先要对其非线性相关性进行验证。

1）人民币汇率市场的 BDS 相关性检验

（1）BDS 相关性检验方法。BDS 统计量用于检验给定时间序列的内在非线性特征。如果检验结果拒绝独立同分布的零假设，则意味着原始时间序列在给定的显著水平下是非线性相关的。

（2）BDS 检验实证结果。从表 6.8 中可以看出，随着嵌入维不断增大，BDS 的统计值均不断增加，人民币兑美元、欧元、日元汇率的 BDS 统计值均大于临界值（显著性水平为 5%，z 统计量为 1.96），表明三种汇率 BDS 统计均拒绝汇率时间序列独立同分布的零假设，汇率时间序列具有非线性的相关关系。其中，人民币兑美元汇率的检验值较大，也就是说人民币兑美元汇率非线性关系最为明显。因此，为了正确地描述汇率时间序列的变动，必须使用非线性模型。

表 6.8　人民币兑美元、欧元、日元汇率的 BDS 检验结果

嵌入维 m	人民币兑美元汇率	人民币兑欧元汇率	人民币兑日元汇率
2	26.5888	6.4162	8.0249
3	34.6346	7.9788	9.0072
4	41.6523	8.6888	9.4643
5	48.7961	9.4431	10.2368
6	58.8069	10.4972	11.0840

　　2）人民币汇率市场的 LB-Q 相关性检验

　　（1）LB-Q 相关性检验方法。要证明汇率时间序列在变动过程中的相关性，仅仅证明其不服从独立同分布的假设是不够的，为对汇率时间序列在不同时期取值的相关程度进行度量，我们进一步选择 Ljung-Box Q 统计量对金融时间序列的自相关进行检验，LB-Q 相关性检验的零假设为"序列不存在 k 阶自相关"，如果 Q 统计量在某一滞后阶数显著不为零，则说明序列存在某种程度上的序列相关。

　　（2）LB-Q 相关性检验实证结果如表 6.9 所示。

表 6.9　人民币兑美元、欧元、日元汇率收益率序列自相关检验

	滞后阶数 K	1	2	3	4	5	10	15	20	25	30	35
人民币兑美元汇率	自相关系数	0.037	0.002	0.029	−0.019	0.024	0.026	0.024	0.059	−0.002	0.031	0.50
	Q 统计量	4.617	4.635	7.453	8.624	10.539	18.944	30.745	53.020	58.263	71.638	92.567
	P 值	0.032	0.099	0.059	0.071	0.061	0.041	0.010	0.000	0.000	0.000	0.000
人民币兑欧元汇率	自相关系数	−0.015	0.012	0.030	−0.007	0.011	−0.014	0.019	−0.022	−0.052	0.022	0.001
	Q 统计量	589	1.020	1.154	1.712	2.072	4.756	14.42	19864	31.23	37.79	40.17
	P 值	0.442	0.600	0.764	0.788	0.839	0.907	0.494	0.466	0.182	0.818	0.252
人民币兑日元汇率	自相关系数	0.001	−0.044	0.031	−0.018	0.027	0.041	−0.052	−0.020	0.004	0.022	0.001
	Q 统计量	0.003	6.399	9.651	10.72	13.18	22.35	34.41	46.21	51.07	57.58	63.52
	P 值	0.959	0.041	0.022	0.030	0.022	0.013	0.003	0.001	0.002	0.002	0.002

　　检验中滞后阶数取 35，通过计算人民币兑美元、欧元、日元汇率市场的自相关函数和偏自相关函数以及相关性可以得出以下结论。

　　（1）人民币兑美元、欧元、日元汇率的收益率序列均存在一定的自相关特征。由表 6.9 知，虽然三种汇率的自相关系数均相对较小，但随着时间长度的增加，人民币兑美元、欧元、日元汇率的收益率序列 Q 统计量的值均较显著，这正是三种汇率相关性的数学表征，并且自相关和偏自相关函数虽然随着阶数增大有逐步减小的趋势，但是衰减速度很小。

　　（2）汇率市场中市场信息的重要性并不都是随着时间长度的增加而减弱的。从表 6.9 中的数据可以得出，自相关函数的大小并不是随着时滞的增加而减少的，这也就说明了时间对于信息强度的影响较小。

　　（3）较近期的市场信息对现期价格的影响并不一定大于较远期的市场信息。从研究结果来看，人民币兑欧元汇率的时间序列的一阶自相关函数和偏自相关函数并不是显著地大于其他阶数的函数值，其他两种汇率亦然，这表明信息产生的时间远近并不影响其对市场价格变化的影响强度。

虽然验证了人民币兑美元、欧元、日元汇率的时间序列存在相关性，但仅仅用数据之间的相关函数来说明它们之间的相关程度远远不够，要对汇率时间序列之间的长程相关性做出更进一步的研究和说明，需用其他方法加以佐证，下面用DFA 方法对人民币汇率市场长程相关性进行验证。

4. 人民币汇率市场的标度不变性

DFA 方法可以在对时间序列中的各阶趋势成分做有效过滤的同时，对含有内部噪声且存在多层次趋势复杂信号的时间序列的长程相关性做很好的分析。

根据 DFA 方法得出来的标度指数 c 是判断时间序列特性的重要指标。当 $c=0.5$ 时，时间序列不存在任何的相关性，是随机游走时间序列；当 $c \neq 0.5$ 时，时间序列具有长期记忆性，每一时期的时间观测值都受到前期时间观测值的影响而带有一定的 "记忆性"；当 $0<c<0.5$ 时，时间序列具有反持续性，在时间序列的变化图中表现为趋势的逆转；当 $0.5<c<1$ 时，时间序列具有正的持续性，这种持续性会使时间序列的前期趋势得到增强；当 $c>1$ 时，时间序列具有持久性的长期记忆性，对前期趋势的记忆要强于 $c<1$ 时的情况，但时间序列之间不再是幂律相关。

由表 6.10、图 6.9～图 6.11 分析得出以下结论。

表 6.10　人民币兑美元、欧元、日元汇率及汇改前后汇率 DFA 日标度指数对比

日标度指数 样本区间 汇率名称	总区间（2000～2013 年）	汇改前（2000～2005 年）	汇改后（2005～2013 年）
人民币兑美元汇率	0.63743	0.27057	0.66911
人民币兑欧元汇率	0.51981	0.52624	0.57729
人民币兑日元汇率	0.47077	0.51676	0.44744

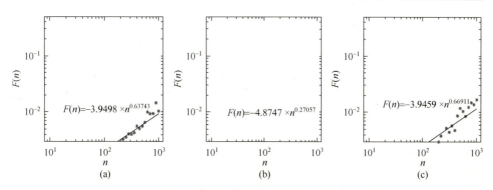

图 6.9　人民币兑美元汇率及改革前后汇率 DFA 分析图

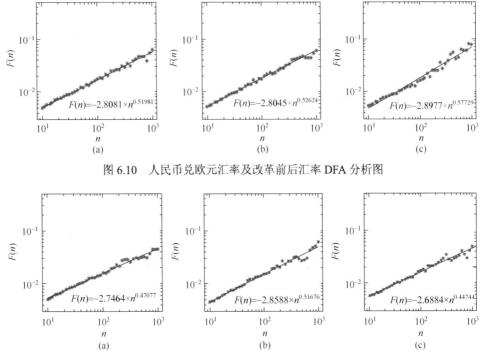

图 6.10　人民币兑欧元汇率及改革前后汇率 DFA 分析图

图 6.11　人民币兑日元汇率及改革前后汇率 DFA 分析图

（1）人民币兑美元、欧元、日元汇率的日标度指数两者均介于 0～1 且不等于 0.5，说明三种汇率时间序列均具有长期记忆性，每一时期的时间观测值都受到前期时间观测值的影响。

（2）人民币兑美元和欧元汇率的日标度指数 c 分别为 0.63743 和 0.51981，说明两者时间序列呈现出正的持续性，如果没有其他重大外界因素的影响，后期价格极可能与前期价格同向变化；而人民币兑日元汇率在整个样本区间的日标度指数为 0.47077，呈现反持续性的特征，后期价格变化很大程度上与前期呈反方向关系。

（3）人民币兑美元汇率的日标度指数在三种汇率中是较大的，说明该汇率具有更长的持续性或记忆性，前期价格的波动对后期的影响更大。

（4）人民币兑美元和欧元汇率在汇改后的日标度指数比汇改前更大且与整个样本区间的日标度指数所反映的持续性方向一致，与人民币兑日元汇率相比，这两种汇率更加稳定，更有规律可循。

5. 人民币汇率市场的长期记忆性特性检验

1）经典 R/S 分析方法

R/S 分析方法（重标极差）能从分形时间序列中区分出随机序列和非随机序

列，辨别出一种介于随机结构与确定结构之间的统计结构，即分形结构。

通过 MATLAB 软件操作得出的 Hurst 指数可用于区分所研究时间序列是随机序列还是非随机序列，判定时间序列的分形结构和状态持续性。当 Hurst 指数等于 1/2 时，时间序列增量之间不相关，时间序列为随机序列，反之则是非随机序列；在判定所研究时间序列为非随机序列的基础上，可进一步判定是持续性序列，还是反持续性序列；当 1/2＜Hurst 指数＜1 时，该时间序列具有状态持续性（长期记忆性），将来时期与过去时期呈同向变动；当 0＜Hurst 指数＜1/2 时，时间序列存在反持续性（均值回复），将来时期与过去时期呈反向变动。此外，Hurst 指数可用于比较不同市场的风险大小或市场的有效性程度，Hurst 指数越大表明时间序列走势越平稳，意味着风险越小。在此基础上，进一步测定平均循环长度，估算系统初始条件信息完全丢失的时间长度。

2）R/S 分析方法实证结果

运用 MATLAB 操作对人民币汇率收益率序列进行实证研究，分为以下两步：首先，计算 Hurst 指数确定样本时间序列是否具有分形分布特征；然后，计算出 V_n 统计量确定统计循环长度 m，在 10～m 进行回归分析，求出 Hurst 指数实际值。如表 6.11、图 6.12～图 6.14 所示。

（1）人民币兑美元、欧元、日元汇率在整个样本区间内的 Hurst 指数均不等于 0.5，在 0.5562～0.7161 波动，说明三种汇率的波动具有分形结构特性，而非完全的随机游走，汇价之间存在长期记忆性。

（2）汇率改革后人民币兑美元、欧元、日元收益率数据的 Hurst 指数介于 0.5～1，说明人民币兑美元、欧元、日元汇率时间序列服从分形布朗运动，具有状态持续性，即汇价的上一时刻是增加（减少）的，则下一个时刻增加（减少）的可能性比较大。

（3）汇率改革前，人民币兑美元收益率数据的 Hurst 指数为 0.1328，表明汇率时间序列存在反状态持续性，即汇率在后期与前期呈反向变动；而人民币兑欧元、日元收益率数据的 Hurst 指数介于 0.5～1，汇率时间序列存在状态持续性。

表 6.11　人民币兑美元、欧元、日元汇率改革前后 Hurst 指数对比

汇率名称	Hurst 指数（样本）	Hurst 指数（汇改前）	Hurst 指数（汇改后）
人民币兑美元汇率	0.7161	0.1328	0.5509
人民币兑欧元汇率	0.5562	0.5801	0.5807
人民币兑日元汇率	0.5710	0.5967	0.5696

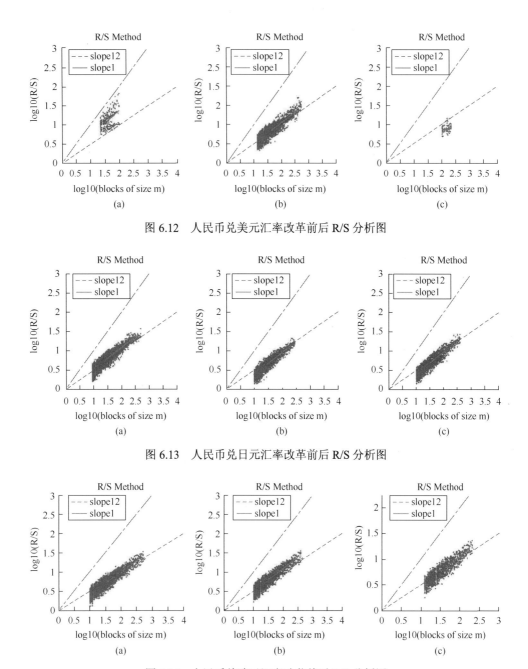

图 6.12　人民币兑美元汇率改革前后 R/S 分析图

图 6.13　人民币兑日元汇率改革前后 R/S 分析图

图 6.14　人民币兑欧元汇率改革前后 R/S 分析图

表 6.12　人民币兑美元、欧元、日元汇率 Hurst 指数估算

汇率名称 \ 参数		区间	回归截距	回归系数 H	标准误差	调整 R^2	F 统计量	相关系数 R	关联尺度 C
人民币兑美元汇率	汇改前	$160 \leqslant n \leqslant 1390$	0.4805	1.2996	0.0562	0.9019	1132.385	0.9501	2.0298
		$160 \leqslant n \leqslant 260$	0.9974	0.5521	0.0412	0.8834	70.2187	0.8671	0.0749
		$260 \leqslant n \leqslant 1390$	0.1242	0.3521	0.0448	0.9259	1402.305	0.9626	−0.1854
	汇改后	$10 \leqslant n \leqslant 1940$	−1.5115	0.5604	0.1690	0.9581	4419.096	0.9790	0.6204
		$10 \leqslant n \leqslant 60$	2.1047	0.6082	0.2058	0.9515	2236.099	0.9759	0.1618
		$60 \leqslant n \leqslant 1940$	5.0625	0.5476	0.0449	0.9259	1402.305	0.1789	0.0682
人民币兑欧元汇率	汇改前	$10 \leqslant n \leqslant 820$	0.1425	0.4915	0.1122	0.9418	1312.184	0.9708	−0.01164
		$10 \leqslant n \leqslant 200$	−0.5329	0.6485	0.0498	0.9911	2125.87	0.9958	0.2286
		$200 \leqslant n \leqslant 820$	1.0418	0.3449	0.0864	0.7027	145.168	0.8412	−0.1934
	汇改后	$10 \leqslant n \leqslant 1940$	0.3846	0.5560	0.1071	0.9428	3182.49	0.9711	0.0807
		$10 \leqslant n \leqslant 60$	−0.1175	0.6516	0.0469	0.9912	6502.121	0.9956	0.2339
		$60 \leqslant n \leqslant 1940$	1.7373	0.5230	0.0902	0.9838	126.5959	0.9711	0.0460
人民币兑日元汇率	汇改前	$10 \leqslant n \leqslant 1390$	−0.2375	0.5704	0.1259	0.9479	2514.135	0.9738	0.1026
		$10 \leqslant n \leqslant 30$	−0.5296	0.6796	0.0035	0.9999	22931.91	0.9999	0.2826
		$30 \leqslant n \leqslant 1390$	−0.2513	0.5725	0.1270	0.9292	1771.495	0.9642	0.1057
	汇改后	$10 \leqslant n \leqslant 1940$	0.2994	0.6002	0.1064	0.9450	3317.897	0.9723	0.1490
		$10 \leqslant n \leqslant 370$	−0.2410	0.5795	0.0316	0.9961	9090.311	0.9981	0.1164
		$370 \leqslant n \leqslant 1940$	0.2976	0.5180	0.1042	0.8960	609.8774	0.8929	0.0253

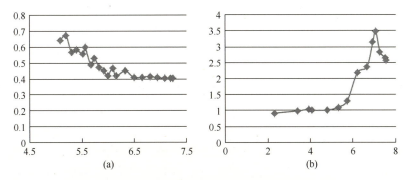

(a)　　　　　　　　　　　　　　(b)

图 6.15　人民币兑美元汇率改革前后 V_n 统计量分析图

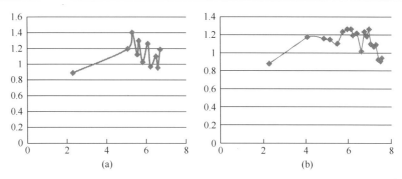

图 6.16　人民币兑欧元汇率改革前后 V_n 统计量分析图

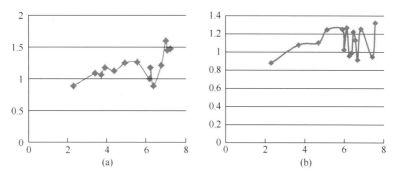

图 6.17　人民币兑日元汇率改革前后 V_n 统计量分析图

由表 6.12 和图 6.15～图 6.17 可以确定汇率改革后人民币兑美元、欧元、日元的统计循环长度分别为 60 天、60 天、370 天，汇率收益率在循环长度内长期记忆性逐渐增强，但在这一天会产生突变，此后逐渐下降甚至消失；表 6.12 给出了整个样本区间和以统计循环长度为分界线的两段区间的回归结果，三种汇率在第一段即统计循环长度内的回归系数 H 均介于 0.5～1，具有明显的分形特征，且大于第二段的回归系数，说明统计循环长度内分形特征更明显。

由此可见，人民币兑美元汇率的实际 Hurst 指数为 0.6082，平均循环长度为 60 天，这表明人民币兑美元汇率具有状态持续性，某一时期的状态与其前 60 天的状态持续相关；人民币兑欧元汇率的实际 Hurst 指数为 0.6516，平均循环长度为 60 天，人民币兑日元汇率的实际 Hurst 指数为 0.5795，平均循环长度为 370 天。

6. 人民币汇率市场分形维数分析

分形维数是刻画分形最重要的指标，它决定了系统混沌吸引子的自由度，通过对汇率市场分形维数的研究，可以得出市场的关键决定因素数目。分形维数有很多种，如维数、计盒维数、关联维数等。计盒维数是对汇率市场分形维数进行分析最简单最常用的方法。

对人民币兑美元、欧元、日元汇率的收益率时间序列的计盒维数进行研究，可得出三种汇率关键影响因素的个数，如表 6.13 所示。

表 6.13　人民币兑美元、欧元、日元汇率计盒维数

样本区间 计盒维数 汇率名称	人民币对美元汇率	人民币兑欧元汇率	人民币兑日元汇率
总区间（2000～2013 年）	1.2429	1.3108	1.2907
汇改前（2000～2005 年）	1.2449	1.2243	1.2555
汇改后（2005～2013 年）	1.2538	1.2778	1.2722

（1）三种汇率的分形维数均在 1～1.5，说明影响人民币兑美元、欧元、日元的主要因素变量在两个以内。因此，可以通过对市场中不同变量调控而引起市场数据波动大小来判断市场中的主要因素变量，从而为实现对真实市场的调控提供有利的帮助。

（2）从单个汇率的分形维数变化趋势来看，三种汇率在汇改后的分形维数都大于汇改前的分形维数，说明汇改后市场对汇率的影响程度加深。

（3）与人民币兑美元、日元汇率相比，人民币兑欧元汇率的计盒维数波动性较大，说明人民币兑欧元汇率市场噪声更多，更加不稳定，复杂性更高。

6.2.5　小结

在分形金融理论的思想和方法的基础上，通过对人民币兑美元、欧元、日元汇率进行非线性检验、自相似性检验、Hurst 指数、V_n 统计量以及计盒维数的计算等一系列实证分析，可以证明人民币汇率市场具有明显的分形结构特征，结论如下。

（1）人民币兑美元、欧元、日元汇率的收益率序列不满足传统有效市场理论的线性假设，而是呈现出非正态分布，具有明显的自相似性、标度不变性、长期记忆性等分形特性，这说明人民币汇率市场是个复杂的非线性动力系统。

（2）汇率的收益率序列多具有长期记忆性且与汇率改革前不稳定的 Hurst 指数相比，汇率改革后的 Hurst 指数更加稳定和有规律可循，现在或将来的汇价会与过去的状态相关，这为汇率市场的短期预测提供了可能，而从长期来看，由于金融系统复杂性的存在，所处外部环境的动态变化以及以往和现有信息对滞后时期的影响，随时间推移衰减加速（刘超，2009），汇率是不可测的。

（3）统计循环长度的确定揭示了汇率市场的汇价波动规律。汇改后人民币兑美元、欧元、日元汇率的平均循环长度分别是 60 天、60 天和 370 天，在平均循

环长度内，汇价的波动具有记忆性和状态持续性；人民币兑日元汇率的平均循环长度明显比前两者短，说明其波动受历史信息的影响程度大。

（4）计盒维数的确定揭示了影响汇率波动的主要因素变量的数目。根据汇率决定理论，影响汇率波动的主要因素有国际收支、通货膨胀、利率、经济增长率、财政赤字、外汇储备等，人民币兑美元、欧元、日元汇率的计盒维数均介于1～2，说明其主要因素变量均在两个以内，这为实现外汇市场优化调控的决策制定奠定了有利基础；三种汇率改革后的计盒维数均比改革前大，说明改革后的汇率市场比改革前更具复杂性；此外，人民币兑欧元、日元汇率的计盒维数略大于人民币兑美元汇率的计盒维数，这表明人民币兑欧元、日元汇率市场的复杂程度比人民币兑美元汇率市场更深。

6.3　系统动力学视角下的汇率波动研究——以人民币为例

汇率问题是国际金融和国际贸易的核心问题之一，商品的国内价格和国际价格通过汇率相互联系，起到价格转换的职能。汇率的变动受到诸多经济因素的影响，同时，汇率的波动也会影响经济的多方面。一般而言，本币贬值有利于出口及其相关部门的投资扩大，使本国经济逐渐向外向型经济转化。

本书运用系统动力学的方法对汇率系统进行研究，以人民币为例，构建了汇率系统的因果反馈模型，并运用计算机对汇率与经济发展系统进行仿真与预测，克服了以往研究中系统反馈机制和制约因素不清以及动态模拟预测困难的缺点，通过对汇率系统仿真与运行参数调控模拟，依据调控结果得出结论，提出相关政策建议。

6.3.1　文献综述

汇率决定问题是当前国际货币学研究的热点问题之一，国内外相关学者对此做了大量研究，取得了一定进展。

1. 国外研究状况

（1）汇率决定理论的研究现状。瑞典经济学家 Cassel（1921）提出的"购买力平价说"是最早也是最持久的汇率决定观点，其中有两种基本形式，一是绝对购买力平价，另一种是相对购买力平价。Keynes（1923）提出了"利率平价说"，他认为汇率变动与两国相对利差有关，投资者根据两国利差大小以及对未来汇率的预测进行投资选择，以期获取收益或防范风险。法国学者 Aftalion（1927）提出的"汇兑心理说"用纯心理因素来解释汇率的决定及其变化，把汇率的决定完全看成是主观随意和不可捉摸的，完全是无秩序的。这些理论丰富了汇率理论的内容，从而推动了汇率理论的发展。英国学者 Goschen（1861）较为完整地给出 "国际借贷学说"。该理论认为汇率是由外汇市场的供求关系决定的，成为当时汇率理论中占统治地位的学说，并且对后来的汇率理论产生了很大的影响。

（2）汇率测算的研究现状。Frenkel（1976）提出柔性价格货币模型（FLMA），Frenkel（1979）又吸收了黏性价格假设对 FLMA 进行改进，提出实际利差模型（RID），指出汇率的决定与两国的相对实际利差有关。Colm 和 Andrew（1995）针对包含法国法郎、德国马克、意大利里拉和欧洲货币单位在内的欧洲货币体系的汇率波动传导机制构造了一个多元 GARCH 模型，分别利用 1979 年 4 月到 1997 年 3 月的日数据和周数据对模型进行估计。Tse（2002）用多元 GARCH 模型研究了传导中的波动溢出效应。Bollerslev（1990）从国际货币市场年报中选取欧洲货币体系中的五种货币，采用它们周三银行同业拆借的收盘现价价格，应用多元 GARCH 模型进行极大似然估计，考察了短期名义汇率的联动性。

2. 国内研究状况

（1）用购买力平价理论研究人民币汇率。施建淮和余海丰（2005）通过建立均衡汇率模型对汇率错位进行了一系列实证研究后认为，相比较 FEER 方法，均衡真实汇率理论（ERER）方法只涉及单一方程约化型模型的估计，操作性更强。王维国和黄万阳（2005）认为，PPP 由于没有考虑由基本经济要素引起的均衡汇率变化，中国是一个转型中的发展中国家，基本经济要素变化尤为剧烈，应考虑基本经济要素变化对均衡汇率的影响。赵西亮和赵景文（2006）运用行为均衡汇率 BEER 方法，采用 1995~2005 年的季度数据，考虑非贸易品与贸易品的相对价格，相对贸易条件，对外净资产占 GDP 比重、对外贸易政策、政府支出占 GDP 比重建立均衡汇率方程，并估计了人民币均衡实际汇率。李正辉和范玲（2009）认为我国均衡汇率测算研究结果不同主要是由对均衡汇率的定义和确定的影响因素不同等方面造成的。

（2）非线性动力学研究人民币汇率。魏巍贤（1996）应用非线性系统动力学理论研究了汇率的复杂性，进而提出了基于非线性系统动力学理论的人工神经网络结构的确定方法，研究了人工神经网络的预测理论，首次将人工神经网络方法应用于汇率预报。朱孟楠等（2011）采用非线性 Markov 区制转换 VAR 模型实证研究了 2005 年人民币汇率形成机制改革以来人民币兑美元汇率与我国房地产价格之间的非线性动态关系。

3. 文献评述

通过对国内外有关文献的梳理可以发现，对于汇率波动的研究方法大多是以均衡理论为基础的，所运用的模型主要有 ARIMA 和 ARCH 模型，这类模型的预测往往具有滞后性，也无法对实际利率波动中的一些现象进行解释。此外，由于在建模过程中都设置了约束条件，这也会让仿真和预测结果的可信度降低。一方面，由于影响汇率波动的原因复杂，影响因素众多且相互关系复杂，很难从多个角度入手揭示汇率波动的机制；另一方面，随着经济全球化，各个国家的联系越来越密切，在对外贸易的过程中各国汇率之间也会相互影响。为了将定量分析与定性分析相结合，更深层次地探讨汇率波动问题，本书选用系统动力学模型模拟汇率的运行机制，从而揭示汇率波动与其影响变量之间的关系，为汇率波动的长期预测和分析提供坚实的理论基础。

6.3.2 汇率与经济发展系统的系统动力学仿真与预测

1. 系统动力学建模原理

1）系统动力学及其特点

系统动力学（SD）始创于 1956 年，是一门分析研究信息反馈系统的学科，主要用来研究社会、经济、生态和生物等具有高度非线性、高阶次、多变量、多重反馈、复杂时变特点的大系统的问题。系统动力学有四个主要特点：一是研究对象主要是具有内部动态结构与反馈机制的开放系统；二是采用定性与定量相结合的方法；三是具有多因素动态反馈研究的特点，能够建立规范模型，对存在的问题进行剖析和对政策实验进行驾驭，适用于研究社会、经济的相关复杂性问题；四是建模过程便于实现建模人员、决策者和专家群体的三结合，仿真预测具有可靠性。

2）汇率与经济发展系统动力学建模的思想、原则和目的

（1）建模的指导思想。建立汇率与经济发展系统模型要以系统论、控制论和信息论为指导思想，使模型建立在当代最新科学的基础上。此外，模型涉及的参数要兼顾经济、社会等各个方面，并以现行的统计口径为基础。

（2）建模的原则。模型事实上是实际系统的"实验室"，是真实系统的简化与代表，应防止原原本本、一一对应按真实世界去建模的错误倾向。同时，由于对客观事物认识有限，因此也只能建立阶段性的，能够达到预定目标和满足预定要求的相对有效的模型。

（3）建模的目的。运用系统动力学对系统建模是探索一种从定量和定性相结合的角度反映汇率与经济发展系统运行机制的方法，观测系统的行为特性，找到系统中起主要作用的反馈回路和政策的杠杆作用点，为政府制定相应的政策提供依据。

2. 汇率与经济发展系统的结构

1）子系统的划分

作为复杂的汇率系统，系统中的各个因素存在复杂的因果反馈关系，因此构建其系统动力学模型的主要任务是划分汇率与经济发展系统的结构及子系统。按照系统分解原理，该系统是由经济增长子系统、物价子系统、国际收支子系统和就业子系统之间相互影响相互作用而构成的，具有非线性、高阶次、多重反馈的特点。

（1）经济增长子系统。经济增长子系统主要包括固定资产投资、社会消费品零售总额、净出口等对汇率的影响。从长期来看，更为灵活并且持续适度升值的人民币汇率似乎更能适应经济长期稳定增长的要求。

（2）物价子系统。汇率水平受到通货膨胀率、物价水平等因素的影响。在一国发生通货膨胀的情况下，该国货币所代表的价值量就会减少，其实际购买力也就下降，对外比价也会下跌。物价子系统中各个变量的相互作用构成影响汇率波动的反馈回路。目前，国内普遍存在人民币升值预期，国际投机性资金大量涌入国内。为维持现汇稳定，央行必然在外汇市场买入外汇。外汇储备的增加直接导致 M2 货币量的增加，加大国内需求，从而使国内通货膨胀压力增大。

（3）国际收支子系统。汇率水平不仅受国内因素的影响，随着经济全球化，一国的对外开放程度不断增强，一国的汇率水平也受国际物价水平的影响，例如，国际粮食价格、国际石油价格等的影响。汇率对国际收支的影响是最直接的，不能为了国际收支平衡而牺牲经济稳定增长和国内充分就业等目标，因为长期的国际收支平衡正是建立在经济长期稳定增长的基础之上的。

（4）就业子系统。汇率对就业的影响是通过影响进出口而间接实现的。汇率对进出口的影响包括两方面，一是通过对贸易进出口价格的影响，从而影响进出口量；二是对贸易条件的影响。人民币汇率波动控制在何等水平，既要考虑长期中汇率保持一定对增进就业的好处，也要兼顾目前汇率因素带来的对外贸易条件的恶化趋向。

2）主要因素变量

通过对四个子系统中因素变量相互影响的分析，本书选取六个影响汇率变动的因素变量：国内生产总值、经济增长率、国际收支顺差、国际储备净增加额、利率、失业率。

3）主导反馈回路

由于汇率系统较为复杂，普通方法无法清晰地描述反馈回路的机理。因果关系图有利于掌握汇率与经济发展系统的结构及其行为的动态特性。本书运用系统动力学的方法，通过分析所选取的因素变量之间相互影响的反馈机制，运用Vensim软件，构建了汇率与经济发展系统13条主导环路的反馈路径。

（1）GDP→国民收入→政府收入→政府支出→教育投入→劳动力素质→劳动生产率→劳动生产价格→工资→生产成本→物价水平→货币实际价值→外汇汇率→进出口→工业总产值→GDP

（2）GDP→国民收入→居民可支配收入→消费需求→物价水平→货币实际价值→外汇汇率→进出口→工业总产值→GDP

（3）失业率→投资水平→国内需求→进口需求→国际收支→外汇供给→外汇汇率→国际收支→出口需求→国内产出→失业率

（4）失业率→投资水平→工业总产值→GDP→国民收入→居民可支配收入→消费需求→物价水平→外汇汇率→国际收支→出口需求→国内产出→失业率

（5）通货膨胀预期→消费预期→消费需求→产品价格→本币价值→外汇汇率→进口商品价格→国内商品价格→物价水平→通货膨胀预期

（6）通货膨胀→货币实际价值→外汇汇率→进口商品价格→国内商品价格→物价水平→通货膨胀

（7）利率→资本流向→外汇供求→货币价值→外汇汇率→进出口状况→国内产出→国民收入→消费需求→货币需求→利率

（8）利率→投资水平→国民收入→国内需求→进口需求→国际收支→外汇供给→外汇汇率→进出口状况→国内产出→国民收入→消费需求→货币需求→利率

（9）外汇储备→外汇供给→外汇汇率→进出口状况→外汇需求→外汇储备

（10）经济增长率→国民收入→消费支出→进口→外汇汇率→出口→投资水平→经济增长率

（11）经常项目→外汇供求→货币价值→外汇汇率→本国商品国际竞争力→国外需求→经常项目

（12）物价水平→货币实际价值→外汇汇率→进口品价格→国内商品价格→物价水平

（13）汇率水平→货币价值→进出口状况→国际收支状况→外汇市场供求→货币价值→汇率水平

在构建13条主导反馈回路的基础上，对模型中的相关变量进行分析研究可以更好地揭示汇率与经济发展系统的运行机制。

3. 汇率与经济发展系统的定量关系

虽然反馈路径可以简明地描绘汇率与经济发展系统内各要素之间的因果关系和系统结构，但是它不能显示系统各变量之间的定量关系。因此，对系统动力学模型进行定量分析时，结构方程式是不可缺少的组成部分。结构方程式是用专门的 DYNAMO 语言建立的，并运用 Eviews 软件，选取 1998～2008 年的数据，对各相关因素变量进行回归检验，确定其相关系数，构建主要方程式。

1）经济增长子系统

GDP 增长率=0.110543+0.002573×固定资产投资占 GDP 比重+0.558651×净出口占 GDP 比重–0.097683×社会消费品零售总额占 GDP 比重

总人口=INTEG（出生速率–死亡速率，132802）

M2 增长率=7.8998+0.00124×外汇储备增加额+0.00073×中央银行对政府贷款+0.581434×贷款增长率

2）物价子系统

通货膨胀率=0.080418×M2 增长率+0.02522×进口商品价格指数–2.42768×失业率+5.11417×流动性+11.2

贷款增长率=（0.5×存贷比+1.81284×GDP 增长率–9×贷款利率–1.25×法定存款准备金率）/100

居民储蓄存款变化率=（0.000133×居民可支配收入+2.86999×名义存款利率–1.07942×通货膨胀率）/100

3）国际收支子系统

财政收支差额=财政收入–财政支出

国际收支顺差=出口总额–进口总额+资本和金融项目顺差

人民币汇率变化率=–0.000302×（国际收支顺差/外汇储备增加额）–0.0004198

4）就业子系统

失业率=$5.36×10^{-5}$×职工平均工资+0.386803×人民币汇率中间价–0.006453×GDP 增长率+1.5

4. 汇率与经济发展系统预测

1）模型边界检验

汇率与经济发展系统涉及的主要因素变量有外汇储备净增加额、国际收支顺差、失业率、财政收支差额、GDP 等，从基本模拟对外汇储备净增加额、GDP 等指标预测可以看出，该系统基本可以通过这些变量之间的相互关系反映出来。因此可以认为所构造的汇率与经济发展系统模型与实际系统近似。

2）模型有效性检验

对模型进行历史仿真检验，以外汇储备增加额、GDP 和失业率为检验变量，时间范围为 2008～2010 年，检验结果如表 6.14～表 6.16 所示。根据历史验证结果，外汇储备增加额、GDP 和失业率的仿真值与历史值误差较小，模型通过有效性检验。

表 6.14 GDP 实际值与仿真值比较

年份	GDP 实际值/亿元	GDP 仿真值/亿元	相对误差
2008	314045.4	314045	−0.0000012
2009	340902.8	350123	0.027
2010	401202	384877	−0.04

数据来源：2009~2011 年《中国统计年鉴》

由以上结果可以计算相关系数 R^2，得到模型对 GDP 拟合的相关系数为 0.999。其中，$R^2 = 1 - \dfrac{\sum_i (y_i - \hat{y}_i)^2}{\sum_i (y_i - \overline{y}_i)^2}$，$y_i$、$\hat{y}_i$ 和 $\overline{y}_i$ 分别表示第 i 年的实际值、仿真值和实际值的平均值。

表 6.15 外汇储备增加额实际值与仿真值比较

年份	外汇储备增加额实际值/亿元	外汇储备增加额仿真值/亿元	相对误差
2008	4177.81	4177.81	0.000012
2009	4531.22	4531.22	0.0013
2010	4481.86	4482.13	0.0255

数据来源：2009~2011 年《国际收支平衡表》

由以上结果可以得到模型对外汇储备增加额拟合的相关系数为 0.998。

表 6.16 失业率实际值与仿真值比较

年份	失业率实际值/%	失业率真值/%	相对误差
2008	4.2	4.2	0
2009	4.3	4.3	0
2010	4.1	4.19	−0.109

数据来源：2019~2011 年《中国统计年鉴》

由以上结果计算相关系数可以得到模型对失业率拟合的相关系数为 0.999。

3）模拟结果

模型通过有效性检验后，用模型对人民币汇率中间价、国际收支顺差、GDP 增长率、外汇储备增加额、失业率等参数进行预测，得到 Vensim 软件输出的模拟结果如图 6.18~图 6.27 所示。

（1）汇率水平预测。由图 6.18 可以看出，从 2008 年开始，人民币汇率中间价呈现不断下滑的趋势，其中，2011 年末汇率约为 6.1 与实际值偏差较小，可反映总体趋势，截止到 2020 年，人民币汇率中间价预测结果约为 4.3。

（2）汇率波动预测。由图 6.23 所示，自 2008 年开始，人民币兑美元汇率变化率一直是负值，表明人民币兑美元汇率中间价一直呈下降趋势。

首先，结合图 6.23 可以看出，当汇率变化率为负值时，GDP 增长率与人民币汇率变化率绝对值呈正向波动关系，GDP 增长速度越快，汇率下降的速度越快，表明经济增长会使人民币币值升高。如图 6.24 所示，当 GDP 增长率提高 10% 时，长期内人民币对美元汇率中间价较原先下降趋势明显。

其次，结合图 6.20 和图 6.23 可以看出，当汇率变化率为负值时，国际收支顺差与人民币汇率变化率绝对值呈正向波动关系，国际收支顺差越大，人民币汇率下降速度越快，表明国际顺差增大会使人民币币值升高。如图 6.25 所示，当国际收支顺差额提高 10% 时，从长期来看，人民币兑美元汇率中间价下降趋势明显且受国际收支顺差影响幅度较大。

再次，结合图 6.21 和图 6.23 可以看出，当汇率变化率为负值时，外汇储备额与人民币汇率变化率绝对值呈正向波动关系，外汇储备额越大，人民币汇率下降速度越快，表明外汇储备增大会使人民币币值升高。如图 6.26 所示，当外汇储备增加额提高 10% 时，从长期来看，人民币兑美元汇率中间价下降趋势明显且受外汇储备影响幅度较大。

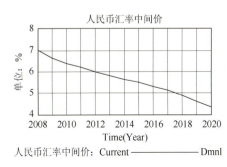

图 6.18　人民币兑美元汇率中间价

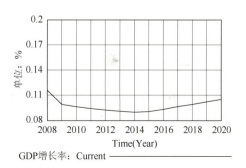

图 6.19　GDP 增长率趋势

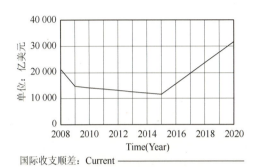

图 6.20　国际收支顺差趋势

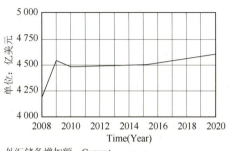

图 6.21　外汇储备增加额趋势

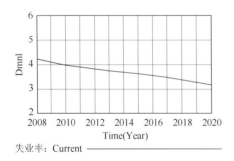

失业率：Current

图 6.22　失业率趋势

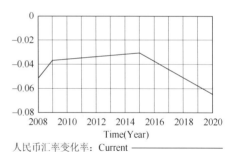

人民币汇率变化率：Current

图 6.23　人民币汇率变化率趋势

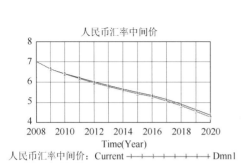

人民币汇率中间价：Current ⊢⊢⊢⊢⊢⊢⊢⊢⊢⊢⊢⊢⊢ Dmnl
人民币汇率中间价：Current 1 ²²²²²²²²²²²² Dmnl

图 6.24　调控 GDP 影响汇率线

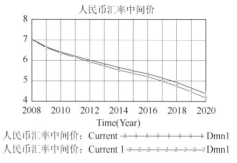

人民币汇率中间价：Current ⊢⊢⊢⊢⊢⊢⊢⊢⊢⊢⊢⊢⊢ Dmnl
人民币汇率中间价：Current 1 ²²²²²²²²²²²² Dmnl

图 6.25　调控国际收支顺差影响汇率线

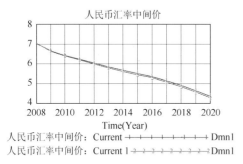

人民币汇率中间价：Current ⊢⊢⊢⊢⊢⊢⊢⊢⊢⊢⊢⊢⊢ Dmnl
人民币汇率中间价：Current 1 ²²²²²²²²²²²² Dmnl

图 6.26　调控外汇储备影响汇率线

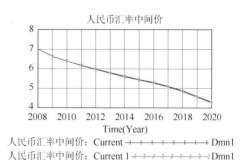

人民币汇率中间价：Current ⊢⊢⊢⊢⊢⊢⊢⊢⊢⊢⊢⊢⊢ Dmnl
人民币汇率中间价：Current 1 ²²²²²²²²²²²² Dmnl

图 6.27　调控失业率影响汇率线

最后，结合图 6.22 和图 6.23 可以看出，当汇率变化率为负值时，失业率与人民币汇率变化率绝对值呈反向波动关系，失业率下降越慢，人民币汇率下降速度越快，表明失业率升高会使人民币币值降低。如图 6.27 所示，当失业率下降 10% 时，从长期来看，人民币兑美元汇率中间价有下降趋势且受失业率影响的变动幅度较大。

6.3.3　小结与政策建议

1. 小结

本书运用系统动力学的方法，从系统的角度对影响汇率波动的内部机制进行了分析，提出汇率与经济发展系统是由经济增长子系统、物价子系统、国际收支子系统和就业子系统构成的复杂多重反馈系统，并运用系统动力学 Vensim 软件建立了因果反馈模型，从而揭示了影响汇率波动的主导因素。通过建立结构流图和结构方程式，对汇率与经济发展系统进行了动态的定量分析，调整相关参数进行仿真和预测，得出以下结论。

（1）我国经济增长速度放慢，人民币产生贬值压力；国民经济增长速度加快会使人民币产生升值压力。

（2）我国国际收支顺差增大会使人民币有升值压力。

（3）我国外汇储备额增长过快会使人民币产生升值压力。

（4）我国失业率过高会使国际收支顺差减少，人民币产生贬值压力。

2. 政策建议

通过上述仿真预测结果发现，人民币汇率波动受经济发展系统中众多因素变量的影响。其中，国内生产总值、外汇储备净增加额、国际收支顺差和失业率四项指标对人民币汇率波动影响明显。综合上述仿真与预测结果，对汇率政策提出以下建议。

（1）培育健全的外汇市场。首先，提高人民币汇率波动的灵活性。人民币实现浮动汇率是一个过程，这个过程应该随着资本项目的开放而不断推进。应扩大人民币汇率的浮动幅度，减少中央银行对外汇市场的直接干预，逐步放宽对外汇率浮动幅度的限制；其次是改进和完善中央银行的干预机制。充分发挥市场的作用，央行进行有选择的干预，只有在市场受到不良因素的长期干扰时，央行才采取措施进行调控。这样既有利于对外经济贸易公平竞争和国内经济结构的调整，也有利于积极发挥市场的价格信号作用，实现内部均衡。

（2）建立与汇率改革相适应的货币政策框架。在加强汇率灵活性调整的初期，经济中不确定性增加，汇率波动频繁。因此，货币政策要随之不断改进，与之同步，维持市场对政策的信心。首先，可以将调控货币供应量转变成控制通货膨胀；其次，可以在确保物价稳定的前提下微调汇率；最后，要使货币政策与汇率政策相配合，使二者协调运行。

（3）正确处理汇率和经济目标之间的关系。目前，我国的四大经济目标为经济增长、物价稳定、充分就业和国际收支平衡。它们之间既有一致性又有矛盾性。

实际经济运行中，同时实现四个目标非常困难。因此，在制定政策目标时，要根据国情在一定时间内选择一个或两个目标为货币政策主要目标，从而合理调控汇率水平，使其与当前的经济目标相适应。

参 考 文 献

蔡晓春，邹克. 2012. 基于 ARCH 类模型的人民币汇率波动特征比较. 统计与决策，13：152-156.

陈雨露，侯杰. 2005. 汇率决定理论的新近发展：文献综述. 当代经济科学，5：45-52.

陈雨露. 2011. 人民币汇率争端问题. 党建研究，2：60-61.

戴国强，徐龙炳，陆蓉. 1999. 国际汇率波动的非线性探索及其政策意义. 国际金融研究，10：9-15.

黄诒蓉. 2004. 中国股市分形结构的理论研究与实证分析. 厦门：厦门大学博士学位论文.

惠晓峰，柳鸿生，胡伟. 基于时间序列 GARCH 模型的人民币汇率预测. 金融研究，2003，（5）：99-105.

姜波克，李天栋. 2006. 人民币均衡汇率理论的新视角及其意义. 国际金融研究，4：60-66.

姜凌，马先仙. 2005. 正确认识人民币汇率稳定的若干问题. 金融研究，8：53-62.

雷强，郭白滢. 2010. BDS 替代数据法的人民币汇率非线性特征研究. 管理学报，7（2）：289-293.

李正辉，范玲. 2009. 人民币均衡汇率测算模型研究中的相关问题. 统计研究，26（3）：17-23.

刘超. 2009. 系统动力学范式下中国证券投资基金制度研究. 天津：天津大学出版社.

刘超. 2013. 系统科学金融理论. 北京：科学出版社.

陆前进. 2000. 汇率理论研究的新方法——混沌理论及其评述. 国际金融研究，2：21-25.

戎如香. 2008. 人民币汇率非线性特征研究. 山西财经大学学报，10：107-111.

施建淮，余海丰. 2005. 人民币均衡汇率与汇率失调：1991-2004. 经济研究，4：34-45.

孙洪军，赵丽红. 2005. 分形理论的产生及其应用. 辽宁工学院学报，4：113-117.

孙继国，伍海华. 2006. 基于 R/S 方法的中日外汇市场非线性分析. 统计与决策，16：70-72.

王维国，黄万阳. 2005. 人民币均衡实际汇率研究. 数量经济技术经济研究，7：3-14.

魏巍贤. 1996. 中国名义实际有效汇率的构造及其应对. 国际金融研究，6：24-29.

谢赤，杨妮，孙柏. 2008. 汇率时间序列混沌动力学特征及实证. 系统工程理论与实践，8：118-122.

谢赤. 2013. 汇率预测与外汇干预研究. 北京：科学出版社.

杨成义，王大鹏，刘澄. 2009. 基于 R/S 分析的中国股市分形结构的实证研究. 北京科技大学学报，1：30-34.

苑莹，庄新田. 2012. 基于多重分形的金融市场复杂特性分析及应用. 北京：中国经济出版社.

曾振宁，谢冰. 2000. 日元汇率的混沌特征与受益分布. 财经理论与实践，2：21-25.

翟爱梅. 2010. 基于 GARCH 模型对人民币汇率波动的实证研究. 技术经济与管理研究，2：20-23.

张永安. 2003. 汇率交易的非线性模型及其应用. 数量经济技术经济研究，2：116-121.

赵华，燕焦枝. 2010. 汇改后人民币汇率波动的状态转换行为研究. 国际金融研究，1：60-67.

赵西亮，赵景文. 2006. 人民币均衡汇率分析：BEER 方法. 数量经济技术经济研究，12：33-42，145.

郑术专，黄永强. 2006. 现代汇率波动研究方法及实证分析. 当代经理人，1：21-22.

朱孟楠，刘林，倪玉娟. 2011. 人民币汇率与我国房地产价格——基于 Markov 区制转换 VAR 模型实证研究. 金融研究，5：58-71.

Aftalion A. 1927. Money Price and Exchange. The Review of Economics and Statistics.

Bask M. 1996. Dimensions and Lyapunov exponents from exchange rate series. Chaos，Solitons. 12：2199-2214.

Bollerslev T. 1990. Modelling the coherence in short-run nominal exchange rates: A multivariate generalized ARCH mode.

The Review of Economics and Statistics，72（3）：498-505.

Cassel G. 1921. Money and Foreign Exchange after 1914. New York：The Macmillan Company.

Frenkel J A，Rodriguez C A. 1979. Portfolio equilibrium and the balance of payments：A monetary approach. American Economic Review，65（9）：674-688.

Frenkel J A. 1976. A Monetary approach to the exchange rate：Doctrinal aspects and empirical evidence. Flexible Exchange Rates and Stabilization Policy. Palgrave Macmillan UK：200-224.

Goschen G J. 1861. The Theory of the Exchange Rate. London：Effinham Wilson.

Greene M T，Fielitz B D. 1977. Long-term dependence in common stock return. Journal of Financial Economics，4：339-349.

Kearney C，Patton A J. 2000，. Multivariate GARCH modeling of exchange rate volatility transmission in the European monetary system. Financial Review，35（1）：29-48.

Keynes J M. 1923. A Tract on Monetary Reform. New York：The Macmillan Company.

Mckenzie M D. 2001. Non-periodic Australian Stock Market Cycles：Evidence from Rescaled Range Analysis. Economic Record，77（239）：393-406.

Nieuwland F G M C，Verschoor W F C，Wolff C C P. 1998. EMS exchange rate expectations and time-varying risk premia. Economics Letters，60（3）：351-355.

Peters E E，1991. Chaos and Order in the Capital Markets. New York：John Wiley & Sons Press：82-121.

Peters E E. 1996. Chaos and Order in the Capital Markets. NewYork：John Wiley and Scons.

Scarlat I，Sristina S，Cristescu P. 2007. Chaotic features in Romanian transition economy as reflected onto the currency exchange rate. Chaos，Solitons&Fractals，33（02）：396-404.

Schwartz B，Yousefi S. 2003. On complex behavior and exchange rate dynamics. Chaos，Solitons& Fractals，18：503-523.

Tse So. 2002. Price discovery in the Hang-Sang index markets：Index，future，and the tracker fund. Journal of Futures Markets：887-907.